葬禮式 예식기도

한국문서선교회

우리가 예수께서 죽으셨다가 다시 살아나심을 믿을진대
이와 같이 예수 안에서 자는 자들도
하나님이 그와 함께 데리고 오시리라

- 데살로니가전서 4장 14절 -

머리말

초기 한국 교회는 수천 년을 내려온 전통 문화와 많은 갈등이 있었습니다. 선교 100년이 지난 오늘 날까지도 전통적인 한국 고유 문화와 기독교 문화와의 사이에 애매 모호한 면이 완전히 해소됐다고는 할 수 없습니다.

그래서 지금 한국 기독교는 한국적인 문화의 특수성과 전통을 말살함이 아니라 복음진리를 창조적으로 수용해서 건설적이고 생산적인 기독교 문화를 개척해 나아가야 할 시점에 와 있습니다.

목회를 하면서 수많은 장례예식을 집례할 때에 흔쾌하지 못하고 어색하기 그지없는 경우를 수없이 겪었습니다. 이는 오랜 전통 문화에 기독교 문화가 뿌리내려지는 과정이라 생각합니다.

그런데 이번에 한국문서선교회에서 임종・위로・입관・발인・하관 예식의 각종 기도문을 각 교단의 목사님들과 함께 집필한 본서를 출간함으로써 장례예식기도의 바른 모범을 제시한 것은 기쁜 일이 아닐 수 없습니다. 고인이 하나님을 영접지 못하고 세상을 떠났을 때 혹은 부지중 고인을 위해 기도할 수 있는 오류를 범하지 않기 위해서는 기도 맡은 자의 각별한 주의가 요구됩니다. 이를 감안하여 이 기도문에서는 각 가정의 장례예식 상황에 맞게 살아생전 고인의 신앙에 따라 신자와 불신자로 구분하여 엮어 놓았습니다.

이 책이 출판되어 빛을 보는 날 장례예식에 기도 순서를 맡고 어떻게 해야 좋을지 당황하며 고민하던 모든 일이 말끔히 가셔지는 장례예식기도의 좋은 지침서가 되기를 바랍니다.

집필자를 대표하여 **홍순우**

목차

1. 임종예배기도 ··· 7
  신자(고인) · 18편
  사고사(고인) · 1편
  불신자(고인) · 10편

2. 위로예배기도 ··· 39
  신자(고인) · 28편
  사고사(고인) · 14편
  불신자(고인) · 10편

3. 입관예배기도 ··· 93
  신자(고인) · 20편
  사고사(고인) · 11편
  불신자(고인) · 17편

4. 발인예배기도 ··· 143
  신자(고인) · 24편
  사고사(고인) · 12편
  불신자(고인) · 12편

5. 하관예배기도 ··· 193
  신자(고인) · 24편
  사고사(고인) · 12편
  불신자(고인) · 12편

6. 추모예배기도 ··· 243
  신자(고인) · 10편
  첫성묘(고인) · 1편
  불신자(고인) · 1편

* 이 책의 신자·불신자의 표기는 고인의 신앙 유·무에 따라 구분된 것입니다.

임종예배기도

† 신자(고인) 18편
† 사고사(고인) 1편
† 불신자(고인) 10편

나는 죽을 것이나 하나님이 당신들을 돌보시고
당신들을 이 땅에서 인도하여 내사
아브라함과 이삭과 야곱에게 맹세하신
땅에 이르게 하시리라 하고
(창 50:24)

임종예배기도

　말씀으로 천지를 창조하시고 인간의 사는 것과 죽는 것을 임의로 주관하시는 전능하신 하나님! ( )년 전에 주님께서 이 땅에 보내셨던 ○○○성도님이 온 가족과 친지들이 지켜보는 가운데 오늘 이 땅에서의 삶을 마감하고 주님의 부르심을 받았습니다.
　몸은 아직 우리의 곁에 있지만, 어려운 인생 여정을 주님만 의지하고 사셨던 고인의 영혼은 죽음과 동시에 주님의 품에 안겨 세상의 언어로는 표현할 수 없는 복되고 복된 삶을 누릴 것을 저희들은 분명히 믿습니다.
　하지만 인간의 육정으로 아쉬워하며 힘들어하고 슬퍼하는 고인의 유족들을 이 시간 성령님께서 위로하여 주옵소서. 그리고 주님께서 주신 말씀이 유족들에게 위로와 소망이 되게 하여 주옵소서.
　믿는 자가 맞이하게 될 죽음 이후의 세계는 슬퍼하고 두려워해야 할 세계가 아니라는 사실을 저희들은 압니다. 그래서 육신의 장막을 벗는 그 순간, 주님께서 예비해 놓으신 영원한 천국에서 주님과 함께 얼굴을 대하며 영원한 복락을 누리게 될 것을 알기에, 먼저 가신 고인의 죽음 앞에서도 저희들은 위로를 받습니다.
　이 시간 고인을 사랑했던 유가족들과 이 자리에 함께한 친지들 모두가 성도의 죽음은 끝이 아니라 새로운 삶의 시작인 것을 기어하게 하시고, 장례의 모든 절차가 진행되는 동안 성령의 위로를 체험하게 해 주시옵소서.
　생명의 주가 되시는 예수님의 이름으로 기도드립니다. 아멘　　(남)

임종예배기도

　모든 인생들의 주인 되시는 하나님, 수많은 사람들이 이 세상에 왔다가 돌아가지만 이러한 모든 일들이 결코 우연히 일어나는 일이 아니라, 하나님 뜻 안에서 이루어지는 일임을 저희들은 믿습니다.
　하나님의 영원하신 섭리 가운데 창세전부터 하나님의 백성으로 택하심을 받았던 고인은 세상 사는 동안 주님을 마음속에 영접하였고, 주님을 향한 신앙을 고백하며 살았습니다. 그리고 고인은 하나님의 부르심을 받아 나그네 길을 마치고 영원한 본향으로 들어갔습니다.
　저희들의 부족한 생각으로는 고인이 이 세상에서 좀더 오래 사셨더라면 하는 아쉬움이 있지만, 인간의 뜻을 넘어서 언제나 최선의 뜻을 이루어가시는 하나님이시기에, 부르심을 받은 고인의 죽음은 슬픔이 아니라 모든 이들에게 선을 이루는 과정이 될 것임을 믿습니다.
　하나님을 모르는 세상 사람들은 아무도 죽음을 대신해 줄 수 없는, 혼자 맞이해야 하는 과정일뿐만 아니라 그 이후를 알지 못하기 때문에, 죽음을 슬퍼하고 두려워합니다.
　그러나 성도의 죽음은 예수님이 우리를 영원한 천국으로 인도하는 관문일 뿐 아니라, 하나님께서 귀하게 보신다는 성경의 약속이 있기 때문에, 고인은 지금 천국에 계시는 아버지의 품안에서 영원한 안식을 누리고 있음을 믿습니다.
　고인의 영혼을 하나님께 돌려보내고 슬픔에 잠긴 유족들에게 위로를 내려 주시옵소서.
　영원한 생명을 주신 예수님의 이름으로 기도합니다. 아멘　　(남)

임종예배기도

생명의 주가 되시고, 우리의 삶을 주관하시는 하나님 아버지, 우리에게 생명을 주시는 분도 하나님이시요, 생명을 거두어가시는 분도 하나님이심을 믿습니다.

주님이 사랑하시고 주님을 사랑했던 ○○○성도가 오늘 절대적인 주권을 가지신 주님의 부르심을 받았습니다. 하지만 주 안에서 죽은 자들은 복이 있다 하셨으며 그들은 수고를 그치고 영원한 안식을 누리게 된다고 하셨습니다.

그리고 십자가 위에서 회개하는 강도를 향하여 "오늘 네가 나와 함께 낙원에 있으리라"(눅 23:43) 하신 주님의 말씀대로, ○○○성도는 죽음과 동시에 영원한 안식의 나라인 천국으로 들어가 있음을 저희들은 믿습니다. 인간이기에 사랑하는 고인을 이 세상에서 떠나보내고 슬퍼하는 유족들을 저희들이 무슨 말로 위로할 수 있겠습니까? 하나님께서 친히 그들의 눈물을 닦아 주시고, 그들의 마음을 위로하여 주옵소서. 죽음 너머에 있는 천국을 바라보게 하시고, 부활의 그날을 소망하면서 모든 슬픔을 극복할 수 있도록 주님께서 붙들어 주시기 원합니다.

고인을 먼저 보내고 앞으로 살아갈 일에 대한 염려들이 있을지라도, 모든 염려를 주님께 맡기게 하시고, 이제는 영원토록 변함없이 동일하신 주님만 바라보며 살게 하여 주시옵소서.

주님이 이 가정의 가장이 되어 주시어, 언제나 곁에 계신 주님을 체험하고 간증하는 복을 누리게 하여 주시옵소서. 앞으로 진행될 장례의 모든 절차 위에도 하나님께서 함께하여 주시기를 원합니다.

예수님의 이름으로 기도합니다. 아멘   (남)

임종예배기도

영원하신 하나님 아버지, 한 사람의 생명을 이 세상에 보내시는 분이 하나님이요, 때가 되면 그를 데려가시는 분도 하나님이신 줄을 믿습니다. 아버지의 섭리와 경륜 가운데 ○○○성도를 이 땅에 보내시어 주님의 몸 된 교회에 중요한 직분을 맡아 충성하게 하시고, 가정을 이루어서 자녀를 낳아 양육하고 성장시켜 하나님 나라 확장에 귀하게 쓰임 받게 하셨습니다. 이제는 땅 위에 수고를 그만하라 하시며 주님 품 안에서 편히 쉬게 하시려고 ○○○성도를 부르시는 줄 믿습니다.

사랑하는 사람들과 작별해야 하는 이 시간, 이별의 서글픔이 적지 않지만, ○○○성도가 주님의 약속을 믿고 담대히 떠날 수 있게 해주옵소서. 혹시 아직 해결되지 못한 일이 있다면 주님의 긍휼을 베풀어 주시옵소서. 행여, 자녀들이 임종하는 ○○○성도에게 섭섭하게 했거나 잘못한 일이 있으면 주님께서 도우셔서 전부 깨끗이 풀어 용서하고 화해할 수 있게 해주옵소서.

이 세상에서의 인연이나 애착을 버리지 못해 아직 아쉬움이 남아 있다면 하나님 나라에 예비되어 있는 면류관과 칭찬과 상급을 바라볼 수 있는 영안이 열리게 하옵소서.

여기 모여 ○○○성도의 임종을 지켜보는 가족과 교회 성도들 모두가 언젠가는 이 성도의 뒤를 따라가야 할 때가 찾아올 것입니다. 이 땅에서 사는 날까지 성실하게 생활하면서 그날을 준비하는 지혜를 주시옵소서.

주 예수 그리스도의 이름으로 기도합니다. 아멘 (우)

임종예배기도

　만유의 주 하나님, 아버지께서 말씀하신 대로 세상에 모든 일들은 정한 때와 기한이 있다 하시며, 날 때가 있고 죽을 때가 있다고 하신 그 말씀이 지금 여기에서 일어나고 있습니다.
　우리와 함께 교회를 위해 충성하던 ○○○성도(직분)께서 지금 이 세상과의 끝을 맺으려 합니다. 우리의 인간적인 육정으로는 헤어짐의 아픔과 떠나감의 애달픔을 가눌 길이 없습니다.
　그러나 전능하신 하나님께서 예정하고 계획하신 대로 데려가심에 대해 우리 인간이 무어라 말할 수 있겠습니까. 다만 하나님께서 하시는 일에 순종할 때, 마지막 순간의 고통이 없게 하시고 죽음의 공포를 믿음으로 극복하게 하옵소서. 승리의 순간이 되게 하옵소서.
　하나님 나라에 신앙의 개선용장으로 입성하게 하시옵소서. 비록 이 세상에서는 비애와 패배와 고통이 있었지만 나사로와 같이 주님의 품에 안아 주시고, 주님의 따듯한 손길로 어루만져 주실 줄 믿습니다.
　이런 복된 광경을 그 자손들이 영적인 눈으로 볼 수 있게 해주옵소서. 그래서 죽음을 영원한 이별이라고 믿고 통곡하지 않게 하시고 장차 하나님 나라에서 다시 만날 수 있음을 확신하는 신앙의 자손들이 되게 하옵소서. 아직도 이 세상일에 매여서 하나님 나라에는 무관심하며 아무런 준비도 안 하고 있는 자손들이 있다면 ○○○성도가 주 예수를 구주로 믿고 하나님 나라에 갈 자격을 얻은 것처럼 그들도 주 예수를 구세주로 믿음으로 말미암아 천국에서 다 함께 다시 만나게 해주옵소서.
　주 예수 그리스도의 이름으로 기도합니다. 아멘　　　　　　(우)

임종예배기도

　만유의 주 하나님 아버지, 지금 여기에 하나님 아버지를 충성되게 잘 믿고 순종하다가 이제 막 천국문을 향해 떠나려하는 이 성도를 아버지 손에 의탁합니다. ○○○성도에게 강하고 담대한 믿음을 주사 모든 두려움을 이기게 하옵소서. 그 옛날 다윗이 죽을 날이 임박했을 때 저가 '이제 나는 이 세상 모든 사람의 가는 길로 가게 되었다' 고 아들에게 말한 것처럼 이 성도에게도 그와 같은 고백이 있게 하옵소서. 또한 "너는 힘써 대장부가 되고 네 하나님 여호와의 명을 지켜 그 길로 행하여 그 법률과 계명과 율례와 증거를 모세의 율법에 기록된 대로 지키라 그리하면 네가 무릇 무엇을 하든지 어디로 가든지 형통 할지라" (왕상 2:2~3)는 하나님의 말씀 그대로가 이 성도의 유언이 되게 하옵소서. 그래서 ○○○성도가 지키던 교회에서의 자리를 계속 해서 그의 가족들이 지키게 하시고, 이 성도가 충성하던 그 직분에 충성할 수 있게 하옵소서. 그리하면 하나님 나라에 들어갈 ○○○성도가 회심의 미소를 짓게 될 것입니다.
　하나님 우리 아버지이시여, 이 세상을 살면서 저희가 말한 수많은 말들 가운데는 신실치 못한 말도 많사오나 세상을 떠나면서 하는 말은 가장 정직하며, 무엇보다 더 힘이 있는 줄 믿습니다.
　주님께서 죽음에 임한 ○○○성도에게 말씀을 주옵소서. 그래서 사랑하는 자손들에게 귀하고 소중한 유언을 하게 하옵소서. 또한 다윗의 자손들이 왕위를 뺏기지 않음같이 ○○○성도의 자손들이 이 세상에서 왕 같은 제사장의 자리를 지키게 하옵소서.
　주 예수 그리스도의 이름으로 기도합니다. 아멘　　　　　(우)

임종예배기도

　사람을 지으시고 가장 기뻐하신 하나님, 이제 사람이 다시 하나님의 품으로 돌아가는 것도 하나님께서 기뻐하시는 일인 줄 압니다. 하나님께서 사람을 지으실 때 한 사람도 하나님의 뜻없이 지으신 사람이 없고 데리고 가실 때도 하나님의 뜻없이 데리고 간 사람이 없으신 줄 압니다.
　천지를 창조하실 때에 마지막 사람을 창조하시고 "보시기에 심히 좋았더라" 하신 하나님, 주님께서 ○○○님을 이 땅에 보내 주시고 우리 곁에 있게 하셨음을 감사드립니다. 또한 사람을 창조하실 때에 하나님의 형상대로 만드시고 하나님을 찾게 하시고 알게 하신 하나님께 감사를 드립니다.
　하나님, 이제 고인은 하나님의 거룩하신 품에 안기셨습니다. 남은 유족들이 하나님 품에 안긴 그의 모습을 생각하며 영생의 소망을 갖게 되길 간절히 원합니다. 세상에서는 온갖 인간의 고통이 있었지만 영원한 하나님의 나라에서는 안식의 삶을 살게 될 줄로 믿습니다.
　이제 고인은 하나님 나라에 들어가셨지만 슬픔에 잠긴 유족들을 주께서 위로하여 주시기를 원합니다. 주님의 강하신 팔로 안으시어 가족을 잃은 슬픔보다 좋은 가족을 주셨던 하나님께 감사하는 마음이 더 크게 하시옵소서. 고인의 죽음을 통해 잃은 것보다 더 많은 것을 얻게 하셔서 예수님을 믿으며 세상을 살고, 이미 구원받은 사람으로 세상을 떠나는 것이 얼마나 복된가를 알게 하소서.
　우리에게 안식과 평화를 주시는 예수 그리스도의 이름으로 기도드립니다. 아멘　　　　　　　　　　　　　　　　　　　　　(희)

임종예배기도

　하나님의 은혜로 이 땅에 살게 하신 고인은 이제 하나님께서 데려가시어 이 땅에 없지만 우리들 마음에는 아름다운 사람으로 살아있습니다.
　하나님께서는 고인이 세상에 사는 동안 모든 것을 은사로 주셔서 부족함 없게 하셨고, 그 가운데 가장 귀한 예수님을 믿는 믿음을 선물로 주셔서 신앙의 사람으로 살게 하셨음을 감사드립니다.
　주님을 위해 살다가 주님을 위해 죽었던 스데반에게 하나님 나라를 보여 주시며 힘을 주셨던 하나님, 돌에 맞는 그 아픔과 두려움을 하나님 나라를 보이심으로 이기게 하셨습니다. 고인에게도 돌에 맞는 고통과 죽음의 두려움을 하나님 나라를 보여 주심으로 이기게 하심을 믿고 감사드립니다.
　고인이 세상을 떠날 때에 보여 주셨던 그 얼굴의 평안함 속에는 스데반의 웃음이 있었고 천사의 미소가 있었습니다. 하나님은 생명의 창조자이시며, 예수님은 평안의 창조자이셨음을 우리들은 압니다. 그 평안으로 죽음을 맞이하게 하시고 영원한 평안으로 들어가게 하셨기에 우리들도 소망을 갖고 슬픔 가운데서도 또 다른 기쁨을 갖습니다.
　이제 남아 있는 모든 유족들에게도 그 평안과 기쁨이 있게 하소서. 세상이 주지 못하는 예수님의 평안이 늘 유족들의 삶을 지배하게 하시고 고인을 잃은 슬픔의 얼굴 대신 평안의 얼굴을 주시옵소서.
　이제 남은 장례 절차가 하나님의 은혜 가운데 마치게 하시고 좋은 날씨를 주시며 모든 유족들에게는 건강을 주시옵소서.
　인류의 소망이신 예수님의 이름으로 기도합니다. 아멘　　　(희)

임종예배기도

　세상이 무너지고 온 천지가 빛을 잃은 암담함이 우리에게 있습니다. 하나님, 사랑하시는 ○○○성도님이 고인이 되어 이제 하나님의 품에 안겼습니다. 하나님께서 두 팔을 벌리사 그를 받아 주심으로 영원 속에 들어가셨습니다. 그러나 유족들의 마음에는 고인을 잃은 아쉬움과 아픔이 남아 있습니다. 슬픔과 암담함 가운데 있는 유족들과 주님 함께하셔서 위로가 되시고 빛이 되어 주옵소서.
　악한 일에 평생을 바치며 악을 쫓던 강도가 십자가 상에서 예수님께 구함으로 구원을 받은 것처럼 주님은 모두가 구원받기를 원하시고 하늘문을 활짝 열어 놓으신 것을 압니다. 우리가 행한 일을 돌아보면 부끄러운 것밖에 없는 부족한 사람인데 주께서는 부족하다 아니하시고 구원의 문을 열어 주신 것에 감사드립니다.
　찬란한 영광으로 하나님 나라를 지으시고, 그 나라의 주인 되게 하신 하나님, 이제 고인은 영광의 주님과 함께 그 나라에 있는 것을 우리들은 믿음의 눈으로 보며 믿습니다. 하나님을 알지 못하고 하나님 나라와 영원히 사는 것도 알지 못하는 사람들은 이제 모든 것이 끝이라고 합니다. 그러나 우리에게는 죽음이 끝이 아니라 또 다른 시작인 것을 알게 하심을 감사드립니다. 근심 대신 희락을 주시고, 재 대신 화관을 주신 하나님께서 사랑하는 유족들에게 슬픔 대신 감사를, 고통 대신 기쁨 주시기를 원합니다.
　고인을 가족으로 주시고, 이 땅에서 사랑을 나누게 하신 하나님께 영광의 제단을 쌓게 하소서. 고인의 죽음이 유족들의 믿음을 새롭게 하는 부활의 역사가 되게 하소서.
　예수님의 이름으로 기도합니다. 아멘　　　　　　　　　　(희)

임종예배기도

생명의 주인이 되시는 하나님 아버지! 주님을 그토록 사랑하고 몸된 교회를 위해 충성, 봉사해오신 ○○○장로님께서 이제 세상에서의 수한이 다하여 하나님의 부름을 받았습니다. 이 시간, 그 유해를 앞에 모시고 엄숙한 마음으로 예배를 드립니다.

장로님의 영혼은 지금 주님 품에 안겨 저 천국에서 안식하실 것을 믿지만 남편을 잃은 권사님, 아버지를 잃은 자녀들, 그리고 존경하는 장로님을 뵈올 수 없는 성도들, 어찌 슬픈 마음이 없겠습니까?

주님, 자비로운 손길로 슬픔에 잠겨 있는 유족들과 성도들의 마음을 어루만져 주옵소서.

요셉이 임종시에 말하기를 "나는 죽을 것이나 하나님이 당신들을 돌보시고 당신들을 이 땅에서 인도하여 내사 아브라함과 이삭과 야곱에게 맹세하신 땅에 이르게 하시리라"(창 50:24)고 한 것같이 성도의 죽음은 하나님께 가는 것이며 영원한 죽음이 아니기에 주님의 위로를 받게 하시고, 세상에 남은 모든 식구들도 영원한 아브라함의 품에 안기도록 크신 소망을 허락하여 주옵소서.

요셉이 고향을 떠나 세상 같은 애굽에서 산 것같이 모든 성도들은 애굽 같은 이 세상에서 살다가 영원한 하나님 나라에 가는 것이 정한 길이요, 유일한 소망이기에 남은 모든 식구들이 위로와 소망을 더욱 더 갖게 하옵소서.

이 시간 목사님을 통하여 말씀을 주실 때 성령의 감화가 넘치게 하시고, 장로님의 믿음을 본받아 신앙의 계보를 이어갈 새로운 결단과 다짐이 있게 하옵소서.

예수님의 이름으로 기도합니다. 아멘 (수)

임종예배기도

　자비로우신 하나님! 오랫동안 병상에 누워 투병생활을 하면서도 하늘의 소망 붙잡고 끝까지 믿음을 지켜오신 고 ○○○집사님, 이제 우리와 유명을 달리해서 그 유해를 앞에 모시고 예배 드리오니 주님 위로의 영으로 친히 오셔서 함께해 주옵소서. 사람은 이 세상에서 하나님이 허락하신 얼마의 세월을 살다가 주님의 부름을 받아 가는 것이 모든 인생들의 정해진 길임을 아옵니다.
　다윗 임금도 그가 임종 시에 고백하기를 "이제 세상 모든 사람의 가는 길로 가게 되었다"고 말했듯이 집사님도 그 길을 따라갔기에 유족들과 모든 성도들이 아무리 애석하고 슬퍼도 참고 주님의 위로를 기다리게 하옵소서. 다윗이 그의 아들 솔로몬에게 힘써 대장부가 되라 하였고 법률과 계명과 율례와 증거를 모세의 율법에 기록된 대로 지키라 그리하면 무슨 일에나 형통할 것이며 하나님이 함께 하신다(왕상 2:1~4)고 하였사오니 여기 살아남은 자도 앞서가신 집사님이 세상에서 주님을 잘 섬긴 것처럼 모든 식구들이 우리 주님을 잘 섬기며 하나님의 교회를 잘 받들어서 주님의 뒤를 따르는 참된 제자의 길을 걷게 하시옵소서.
　우리 모두는 지금도 죽음의 길로 가고 있는 산 사람들이오매 살아 있는 동안 죽음을 준비하게 하시고 보다 주님의 일을 힘써서 행하는 자들이 되게 하시옵소서.
　이 자리가 죽음을 슬퍼하기보다 주님의 뜻대로 살지 못했음을 반성하면서 집사님의 믿음을 본받아 남은 날 동안 주의 뜻을 따라 살기를 다짐하는 엄숙한 결단의 자리가 되게 해주옵소서.
　부활하신 예수님의 이름으로 기도합니다. 아멘　　　　　　　(수)

임종예배기도

하나님이시여!
주님께서 고 ○○○성도를 이 땅에 보내셨고 또한 주님께 부름받아 저가 주님 앞에 간 것을 믿기에 슬픔 중에서도 위로를 받고, 부활의 소망이 있기에 믿음 안에서 임종한 것을 감사드립니다.
고 ○○○성도의 죽음을 통하여 인간의 한계를 배웠사오며 순종을 알게 되었나이다.
사도 바울도 "우리가 담대하여 원하는 바는 차라리 몸을 떠나 주와 함께 있는 그것이라"(고후 5:8)고 증언했듯이 이는 모든 성도들의 소원이기도 합니다.
그러나 "우리는 몸으로 있든지 떠나든지 주를 기쁘시게 하는 자가 되기를 힘쓰노라"(고후 5:9)고 한 것처럼 우리 성도들은 지상생활에서나 천상생활에서 오직 주님을 기쁘시게 하는 생활의 연속이기에 그저 감사하고 어떤 일에도 찬송할 것뿐인 줄 믿고 살아가게 하옵소서.
앞서간 성도의 뒤를 따라서 여기 남아 있는 권속들과 모든 성도들도 다 주님 앞에 갈 것인즉, 얼마 남지 않은 우리들의 지상 생애가 오직 주님만 기쁘시게 하면서 살도록 주님께서 도와주시기를 간절히 기도드립니다.
짧은 이 땅에서의 생활을 영원히 살 것으로 알고 행여나 잘못 살지 않게 도와주옵소서. 남은 유족들을 위로하여 주시고, 집사님이 못다한 일을 유족들이 계승해서 헌신하게 하시고, 생업 위에도 복을 주셔서 어려움이 없게 해주옵소서.
우리를 위해 돌아가신 예수님의 이름으로 기도합니다. 아멘   (수)

임종예배기도

우리의 목자장이 되시는 아버지 하나님!

죄악이 관영한 어지러운 세상 중에서 믿음으로 살고, 교회에서 귀한 직분을 맡아 충성스럽게 봉사해오신 고 ○○○성도님께서 하나님의 부름을 받고 잠든 시신 앞에, 사랑하는 유족들과 성도들이 모여 예배하오니 위로의 영으로 채워 주옵소서.

인생은 나그네요, 길 잃은 어린양 같습니다. 사람들은 광야 같은 세상을 살면서 이 같은 나그네 길을 가고 있습니다. 오늘 죽음을 맞은 분 앞에서 우리 인생들은 옷깃을 여미고 인생의 죽음에 대하여 깊은 생각에 젖습니다. 나그네인 인생은 본향인 천국을 향하여 가야 함에도 불구하고 많은 사람들이 집을 떠난 탕자처럼 주님을 떠나 사는 경우를 보게 됩니다.

우리 앞에 언제 어떤 형태로 이 같은 죽음이 찾아올 것인지 우리는 아무도 모르고 있습니다. 우리 모두는 살아 건강할 때 죽음을 준비하게 하시고 하나님 나라를 소망하게 하옵소서.

인생은 길게 살거나 짧게 살거나 한 번은 죽음을 맞이하여야 하는 것이 정한 일인 줄 아오니 창조주가 정하신 법칙을 따라 죽음을 준비하는 사람들이 되게 하옵소서.

이 죽음을 준비하는 일은 길이요 진리요 생명이신 주님을 믿고 구원을 받는 길이오매 여기 있는 유족들과 성도들은 주님을 더욱 따르게 하옵소서. 장례식을 마칠 때까지 모든 절차마다 주님께서 도와주옵소서. 집례하시는 목사님에게 성령이 함께해 주시고 좋은 날씨도 주옵소서.

생명 되신 예수님의 이름으로 기도드립니다. 아멘   (수)

임종예배기도

　사랑과 자비가 풍성하신 주 하나님 아버지, 여기 있는 성도의 생명을 주 하나님의 손에 맡깁니다. 그를 땅 위에 보내 주시고 주님의 뜻대로 하나님의 청지기로서 살아오게 하신 것을 감사드립니다.
　예수 그리스도의 속죄의 은혜를 입고 영원한 소망과 하나님 나라의 기업을 덧입게 하신 은혜를 찬양합니다. 그동안 병중에서도 하나님의 위로와 긍휼을 입고 이 시간까지 인내하게 하신 것을 감사드립니다. 주여, 인간적으로 생각해 볼 때 이 성도는 더 살아야 할 사명이 있는 줄 믿습니다. 주께서 생명을 연장해 주셔서 더 큰 충성을 주님께 다하기를 비옵니다.
　인간의 살고 죽는 것이 주님의 손에 있음을 고백하오니 주님의 뜻이라면 이 성도의 생명을 살려 주시고 전능하신 손길로 고쳐 주시옵소서.
　살아계신 하나님 아버지, 인간의 죽음의 때를 정하시고 그날을 다 아시는 줄 믿습니다. 이 성도의 정한 날이 언제인지 우리는 알지 못하나 주께서 그 길을 인도하여 주시옵소서.
　자비로우신 주 하나님 아버지, 이 성도의 생명을 주의 손에 의탁하나이다. 주님의 뜻대로 주장하여 주시옵소서. 우리는 거하든지 떠나든지 주를 기쁘시게 하는 자 되기를 원하옵니다. 성령의 빛으로 오시는 주여, 숨을 거두는 마지막 순간까지 주님께서 동행하사 하나님 나라로 인도해 주시옵소서.
　예수 그리스도의 이름으로 기도합니다. 아멘　　　　　　(호)

임종예배기도

　살아계신 주 하나님 아버지여, 여기 누워 있는 성도의 고통을 하감하여 주옵소서. 오랜 투병생활 중에서도 하나님께서 함께하신 은혜를 감사드립니다. 곧 이곳을 떠나 우리와 만날 수 없게 될지라도 그 영혼이 하나님 나라로 입성함을 믿고 우리들의 마음속에 영원히 아름다운 사람으로 기억되게 하여 주옵소서.
　영화로우신 주 하나님 아버지여, 성도의 죽음을 귀중히 보시는 줄 믿습니다. 이제 생명의 다함을 느끼는 이 순간에 우리가 바라고 기도할 것은 세상 끝날까지 우리와 함께해 주시는 주님의 인도를 바랄 뿐입니다.
　이사야 선지자의 기도와 같이 사람의 죽고 사는 것이 주의 손에 있는 줄 믿습니다. 만약 더 사는 것이 주의 뜻이라면 속히 이 병상에서 일으켜 주옵소서. 전능하신 능력으로 치료하사 살려 주옵소서. 그에게는 아직도 할 일이 많습니다. 좀더 살아서 충성되이 섬기다가 주 앞에 가기를 원합니다. 그러나 우리의 소원대로 마옵시고, 하나님의 거룩하신 뜻대로 이루어 주옵소서.
　주께서 정하신 때가 언제인지 우리는 알지 못합니다. 그러기에 주 하나님의 주권을 신뢰하면서 우리의 생명을 주님께 맡깁니다.
　성령의 빛으로 찾아오시는 주님이시여, 이 성도의 생명은 이미 주님의 것입니다. 살든지 죽든지 주님의 것으로 삼으소서. 영생의 약속을 믿습니다. 이 땅의 장막을 벗고 나면 영원한 생명으로 옷 입는 그 나라로 인도해 주옵소서.
　주 예수 그리스도의 이름으로 기도합니다. 아멘　　　　　(호)

임종예배기도

생명과 죽음의 권세를 갖고 계시는 주 하나님 아버지여, 이 성도의 고통을 기억하여 주옵소서. 주의 사람으로 불러 주시고 주를 위해 살게 하시며, 주의 일에 충성하게 하신 은혜를 감사드립니다.

긴 병상의 생활에서도 항상 하나님을 의지하게 하시고 고통의 시간을 견디게 하신 주님께 찬양을 드립니다.

욥의 신앙고백처럼 나의 가는 길을 다 아시는 주님, 이 성도의 죽음의 때까지도 다 정하신 줄을 압니다. 그러나 우리는 그날을 모르기에 더욱 주를 의지하며 바라봅니다.

죽음을 이기신 주님이시여, 이 성도에게 죽음의 두려움이 찾아올 때 소망되신 주께서 평강을 주옵시고, 하나님 나라의 영광으로 가득 채워 주옵소서.

이 땅의 생을 마치면 아버지께서 예비한 집에 이를 줄을 믿습니다. 이 성도에게도 확고한 믿음으로 아버지의 집에 이를 줄을 믿게 하옵시고, 영원한 소망 중에서 기쁨이 충만케 하옵소서.

영원토록 동일하신 주 하나님 아버지여, 진정 이 성도의 생명이 더 남아 있다면 이 성도의 몸을 병상에서 일으켜 주시고 그리 아니하실지라도 주 하나님을 찬양하게 하옵소서.

"너희는 마음에 근심하지 말라 하나님을 믿으니 또 나를 믿으라"(요14:1)는 주님의 약속을 의지합니다. 눈물과 질고의 고통이 없는 하나님 나라, 내 아버지의 집으로 인도해 주옵소서.

주 예수 그리스도의 이름으로 기도합니다. 아멘 (호)

임종예배기도

사랑의 하나님, 사람을 향하여 "너는 흙이니 흙으로 돌아갈 것이니라"(창 3:19) 하신 말씀대로 ○○○성도님이 이제 하나님의 명령을 따라 흙으로 돌아가려 합니다.

고인을 지켜보는 유족들에게 주님께서 이 세상에 그를 보내 주신 것과 가정을 이루어 자녀들을 남긴 것에 감사하게 하옵소서.

무엇보다도 고인에게 믿음을 주시어 영생의 삶을 살게 하시고, 이와 같이 사랑하는 가족들과 믿음의 형제들이 모여 찬송하며 기도하는 가운데 임종하게 된 것을 감사하게 하여 주옵소서.

고 ○○○성도님의 영적인 눈을 열어 주시어 영접하시는 예수님을 보게 하시고, 영적인 귀를 열어 천군천사들의 환영하는 소리를 듣게 하신 줄 믿습니다.

고인의 마지막 순간에 주님께서 은총을 베풀어 주심으로 그 얼굴에 미소가 있게 하셨사오니 마지막 순간의 그 평안한 미소가 이 땅에 있을 때 행한 전도들 가운데서 가장 아름답고 힘 있는 것이 되게 하셔서, 임종의 모습을 지켜본 유족들이 구원의 반열에 들어서게 하옵소서.

고인의 출생과 성장과 생애의 모든 일이 주님의 은총 안에서 이루어진 것과 같이 임종 역시 주님의 은총 가운데 이루어진 것임을 믿게 하옵소서.

주님은 이 세상에서뿐만 아니라 저 세상에서도 우리와 동행하는 분이시오니, 이 임종의 순간에 주님의 손을 더욱 꼭 잡게 해주옵소서.

예수님의 이름으로 기도합니다. 아멘 (지)

임종예배기도

주님, 주님을 사랑하며 섬기기에 힘쓰던 ○○○성도의 임종을 맞이하여 다윗의 믿음을 생각합니다. 그의 첫아들이 심히 앓았을 때 다윗이 먹지 아니하고 밤새도록 땅에 엎드렸으나 아들이 죽은 것을 알고는 몸을 씻고 기름을 바르고 의복을 갈아입고 먹으며 "나는 그에게로 가려니와 그는 내게로 돌아오지 아니하리라"(삼하 12:23) 했습니다.

이제 하나님의 부름을 받은 고 ○○○성도는 우리에게 다시 올 수는 없으나 우리는 믿음 가운데 살다가 하나님이 부르시는 날 하나님 나라에 가서 고인을 다시 만날 수 있다는 사실을 믿게 하옵소서. 그리 하여 슬픔을 이기고 장례를 잘 치르게 하시며 고 ○○○성도가 다 하지 못한 일들을 위해 힘쓰게 하옵소서.

훗날 하나님 나라에서 고인을 만날 때 떳떳하게 '성도께서 세상을 떠난 다음에 우리는 이와 같이 살았습니다' 라고 말할 수 있도록 주의 일에 힘쓰게 하옵소서. 저희들이 고인을 다시 만날 때까지 하나님이 함께하셔서 훈계로써 인도하시고 보호해 주옵소서. 유족들이 믿음을 버리거나 믿음이 약해지는 일이 없게 하옵소서. 유족들 가운데 믿지 않는 분들이 이 일을 계기로 믿음을 갖게 하옵소서.

여호와의 공의는 자손의 자손에게 이른다(시 103:17)는 말씀에 의지하여 기도하오니 유족들을 지키시며 고인이 이 세상에 계셨을 때 힘쓴 믿음의 행동들과 선행이 후손들에게 큰 복으로 돌아오게 하옵소서. 영생에 대한 믿음과 다시 만날 수 있다는 소망과 서로 간의 우애, 사랑이 깊어지는 시간이 되게 하옵소서.

예수님의 이름으로 기도합니다. 아멘 (지)

임종예배기도(사고사)

인간의 생사화복을 주관하시는 하나님 아버지!

빈손으로 이 세상에 와서 살다가 빈손으로 갈 수밖에 없는 것이 우리 인생인 줄 압니다. 그러나 고 ○○○성도가 젊은 나이에 세상을 하직했기에 시신을 앞에 놓고 모든 유족들과 성도들이 함께 슬퍼하며 애통하고 있나이다.

지금까지 고 ○○○성도의 삶을 돌보시고 이끌어 주시며 또한 하나님께서 예정하신 시간에 불러 가심을 믿음으로 받들게 하소서.

이 시간, 세상의 어떠한 말로도 혼자 남은 부인과 자녀들의 슬픔을 달랠 수가 없습니다. 부활이요, 생명이신 주님이 오셔서 위로해 주시고 마음을 붙잡아 주시옵소서. 유족 중에는 아직도 주님을 믿지 않는 사람들이 있는 줄 압니다. 예기치 않게 닥치는 죽음을 보면서, 이 시간 결단하여 주님을 영접함으로 구원받는 모든 백성들이 되게 해주옵소서.

우리들에게는 하나님의 말씀과 계명이 살아있음에도 불구하고 하나님의 말씀에 불순종하는 어리석음이 있나이다. 이 같은 우리의 불순종을 용서하여 주시고, 여기 모인 우리 모두는 주님 앞에 순종하는 백성들이 다 되게 하시옵소서.

누구나 한 번은 가야 하는 이 죽음의 길에서 사랑하는 식구를 잃은 남은 식구들이 두려워하거나 좌절하지 않게 하옵소서. 우리 주님 말씀하시기를 "너희는 마음에 근심하지 말라 하나님을 믿으니 또 나를 믿으라"(요14:1)고 하셨사오니 믿음 안에서 승리하고, 말씀으로 평강을 누리는 가정이 되게 하여 주시옵소서.

우리의 구주 되시는 예수님의 이름으로 기도합니다. 아멘   (수)

임종예배기도(불신자)

 인생의 창조주이시며 산 자와 죽은 자의 심판자가 되시는 주님, 한 번 죽는 것은 사람에게 정해진 것이요, 날 때가 있으면 죽을 때가 있다는 성경의 말씀처럼 ○○○님은 오늘, 그때가 되어 이 세상에서의 나그네 삶을 마치고 고인이 되셨습니다.
 고인의 죽음은 고인만의 문제가 아니라 남아 있는 저희들도 언젠가는 맞이하게 될 문제입니다. 한 사람도 예외 없이 이 길을 가게 될 것이라는 사실과 함께, 죽음 이후에 우리를 기다리고 있는 것은 무엇인가를 다시 한번 생각하게 됩니다.
 하나님을 모르는 사람들에게 죽음의 길은 남녀노소, 빈부귀천의 구별 없이 모두 가는 길일뿐만 아니라 어떤 일이 기다리고 있는지 모르는 미지의 세계요, 두려움의 세계입니다. 그러나 성경은 한 번 죽는 것은 사람에게 정하신 것이요, 그 후에는 심판이 있다고 말씀하셨습니다. 그렇다면 우리는 죽음 이후에 어떠한 심판을 받게 될 것인지 경건한 마음으로 진지하게 생각해 보는 이 시간이 되게 하여 주옵소서.
 그리고 주님 앞에 서게 될 그날을 생각하며, 죽음 이후에 대하여 준비된 삶을 살아가는 지혜를 이 자리에 모인 유족과 친지들에게 주시기를 원합니다. 그리하여 이 시간, 길이요 진리요 생명이신 주님을 마음속에 영접하여 죽음이 더 이상 두려움이 되지 않게 하옵시고, 천국에 대한 확신과 소망을 가지고 살아가게 하여 주시옵소서.
 이 세상에서의 삶을 마치고 오늘 부르심을 받은 고인의 별세에 슬픔을 가누지 못하는 유족들을 위로하여 주옵소서.
 우리 구주 예수 그리스도의 이름으로 기도드립니다. 아멘   (남)

임종예배기도(불신자)

　인생의 삶과 죽음을 임의대로 주관하시는 전능하신 하나님, 하나님께서 이 세상에 보내셨다가 때가 되매 불러 가신 고인의 죽음을 보면서, 이 시간 하나님께 기도를 드립니다.
　고인은 한평생을 자신과 가족을 위하여 그리고 자신에게 주어진 사회적인 책임을 다하기 위해 앞만 보고 열심히 살아왔지만, 결국은 모든 인생들이 한 사람도 예외 없이 가야만 하는 죽음의 길을 갔습니다.
　고인이 이날까지 살아오는 동안에 수고를 마다하지 않고 땀흘려 이루어 놓은 그 모든 일들이 과연 누구를 위함이었습니까? 죽음을 맞이 한 바로 그 순간 모든 것을 놓아둔 채 빈손으로 돌아가는 것이 인생일진대, 고인의 죽음 앞에서 남아 있는 우리도 지금까지 무엇을 위해 살아왔는지를 생각하게 됩니다.
　이 자리에 함께한 유족과 친지들에게 고인의 죽음은 영원한 끝이 아니며, 이 세상에서의 삶 또한 다른 다음 세상을 준비하기 위한 과정임을 알게 해주옵소서.
　자신의 날을 계수할 줄 아는 지혜를 주시고, 호흡이 있을 동안에 창조주 하나님을 기억하게 하시며, 영원한 생명이신 예수 그리스도께 자신의 인생을 맡길 수 있는 믿음을 주시옵소서.
　죽음이란 내세로 이어지는 관문이기에, 그 문을 통과할 때 모든 인생은 영생과 영벌의 세계로 들어가게 된다는 사실을 기억하면서, 살아있는 동안에 주님을 영접하고 영생 얻는 복들을 모든 유족들에게 허락하여 주시옵소서.
　고난과 수고의 삶을 사는 인생들에게 위로자가 되시는 예수님의 이름으로 기도합니다. 아멘　　　　　　　　　　　　　　　(남)

임종예배기도(불신자)

　사랑이 무한하신 하나님, 지금 여기 있는 ○○○님은 하나님 말씀에 순종하고, 주 예수 그리스도를 구세주로 믿는 신앙생활을 미처 하지 못하고 죽음의 앞까지 왔습니다. 아버지 하나님께서 ○○○님을 돌아보지 않으시면 이 자리는 그의 가족과 영원한 이별의 자리가 될 것이며 저는 하나님 나라의 영생복락을 상실할 수밖에 없을 것입니다.
　지금 이 자리에는 가족들이 답답하고 민망하여 애절하게 흐느끼고 있습니다. 진작 교회로 인도하지 못한 아쉬움과 후회의 눈물을 흘리고 있습니다. 그러나 지금 죽음을 목전에 둔 이 형제(자매)는 영적인 눈으로 하나님 나라를 감지하고 지나온 삶을 후회하며 뉘우치고 있습니다.
　사랑의 하나님, 당신께서는 능치 못하심이 없는 전능하신 분이십니다. 이 자리에 있는 모든 이들을 불쌍히 여겨 주시옵소서. 주께서는 천년을 하루같이 참으사 아무도 멸망치 않고 다 회개하기에 이르기를 원하시지 않으셨습니까.
　이 형제(자매)로 하여금 지난날을 뉘우치게 하시고, 통절히 회개하여 주 예수 그리스도를 영접하게 하옵소서. 이는 인간이 할 수 없는 일입니다. 오직 주님만이 하실 수 있습니다. 주님의 자비의 은총을 베풀어 주셔서, 지금 이 순간 이 형제(자매)의 영혼을 일깨우시고, 체념하고 낙심했던 마음에 순간적인 구원의 역사가 있게 하옵소서.
　그래서 "오늘 네가 나와 함께 낙원에 있으리라"(눅 23:43) 하신 말씀을 이 형제(자매)에게 분명히 들려주시옵소서. 그리하여 온 가족이 생명력이 넘치는 신앙생활을 하게 해주옵소서.
　우리 주 예수 그리스도의 이름으로 기도합니다. 아멘　　　(우)

임종예배기도(불신자)

　사랑과 자비가 풍성하신 하나님 우리 아버지여, 두세 사람이 주님의 이름으로 모인 곳에 주님께서 임재하시며, 두 사람이 땅에서 합심하여 기도하면 들으시마(마 18:19~20) 약속하신 말씀을 믿고 기도합니다. 지금 이 자리에는 육신의 생명이 끝나는 한 형제(자매)를 위해 믿음의 식구들이 모여서 살아계신 하나님 아버지께 기도를 드리오니 받으시고 긍휼이 여기시어 응답해 주시옵소서. 분명한 것은 이 형제(자매)는 주님의 몸 된 교회를 잘 이해하지 못하여 신앙생활을 등한시하며 살아왔습니다.
　그러나 그의 가족들은 교회에서 충성했고, 이 형제(자매)를 교회로 인도하기 위해 기도하고 무던히도 많은 애를 썼습니다. 이제 그 모든 시도와 노력의 마지막 시점에 와 있습니다. "이 우리에 들지 아니한 다른 양들이 내게 있어 내가 인도하여야 할 터이니 그들도 내 음성을 듣고 한 무리가 되어 한 목자에게 있으리라"(요 10:16)고 하신 주님의 말씀처럼 이 형제(자매)는 양의 우리(교회) 안에 들지 아니한 다른 양임에 틀림이 없습니다만 주님께서 목자장 되심에 우리 밖에 있는 양(형제, 자매)을 버리지 마시고 끌어안아 주실 줄 믿습니다.
　주님의 용서와 사랑은 무한하셔서 십자가에 못을 박은 무지한 죄악을, 그리고 그 배후에서 주님을 없애려고 음모한 십지기의 원수들을 위해 주님께서는 "아버지 저들을 사하여 주옵소서 자기들이 하는 것을 알지 못함이니이다"(눅 23:34)라고 용서를 빌어 본을 보이셨습니다. 그 주님께서 지금 여기에 누워 죽음의 고비를 기다리는 이 형제(자매)의 모든 허물을 사하여 주옵소서.
　주 예수님의 이름으로 기도합니다. 아멘　　　　　　　　　(우)

임종예배기도(불신자)

　천지를 지으시고 사람도 그 형상으로 지으신 하나님, 이제 고인이 세상에서의 모든 생을 마감하고 떠났습니다. 이 세상에 살면서 세상일에 열중하며 세상의 가치를 추구하며 살았습니다. 이 세상이, 마지막이 아니라 그 후에 있는 하나님 나라를 알지 못한 채 죽음을 맞이한 것이 안타깝습니다.
　하나님, 이제 남은 유족들의 마음을 주께서 어루만져 주시고 위로해 주시기를 원합니다. 한 번 죽는 것은 하나님께서 모든 사람에게 정하신 이치이며, 그 후에는 반드시 심판이 있음을 아는 지혜를 주옵소서. 우리가 이 세상에 영원히 살려고 온 것이 아니라 이 세상은 영원한 나라로 들어가는 관문인 것을 알게 하심으로, 이 세상에서 잘사는 사람이 아니라 영원한 하나님 나라에서 잘사는 사람이 되게 하옵소서.
　이제 고인은 이 세상을 떠났습니다. 고인이 사랑하던 가족과 집과 모든 재물을 두고 떠났습니다. 이 세상에 올 때 아무것도 없이 빈손으로 왔던 것처럼 갈 때도 빈손으로 갈 수밖에 없는 존재임을 깨닫게 하셔서, 세상에서 손에 잡을 수 있고 발에 닿을 수 있는 것에 우리의 마음이 빼앗기지 않게 하소서. 대신 영원한 하나님 나라에 마음을 두게 하시고 하나님 나라를 늘 기억하며 살 수 있는 지혜를 허락하소서. 이제 고인의 장례 절차가 기다리고 있습니다.
　하나님, 유족들에게 큰 위로로 함께하셔서 힘 주시기를 원합니다. 장례의 모든 절차를 통하여 유족들이나 모든 조객들에게 예수님이 증거되게 하셔서 그들에게 주를 믿는 기회가 되게 하소서. 그리하여 하나님이 영광 받으시는 장례식이 되게 하여 주소서.
　예수님의 이름으로 기도합니다. 아멘　　　　　　　　　　(희)

임종예배기도(불신자)

　사람에게 생기를 불어넣어 생령이 되게 하신 하나님, 이제 하나님이 지으신 방법대로 다시 ○○○님에게서 생기를 거두시고 흙으로 돌아가게 하셨습니다. 흙으로 지으셨기에 흙으로 돌아가는 인간의 허무함을 이 시간에 보게 됩니다. 하나님, 우리에게 지혜를 주셔서 죽음 앞에서 겸허한 사람들이 되게 하여 주소서.
　이 지구 상에는 60억 이상의 인구가 살고 있습니다. 하나님께서는 그 어느 누구도 의미 없이 세상에 태어나게 하지 않으셨습니다. 또 하나님은 모든 사람을 사랑하시고 구원받기를 원하십니다. 비록 지금은 하나님을 알지 못하지만 하나님은 그들까지도 사랑하시는 것을 우리들은 요나를 통해 압니다. 우리를 통해 하나님이 사랑하시는 모든 사람들이 구원받을 수 있게 하여 주옵소서.
　어리석은 자의 마음은 잔칫집에 있지만 지혜로운 자의 마음은 초상집에 있다고 하신 하나님, 이 시간 모든 사람들이 가장 공평한 죽음 앞에서 세상의 즐거움만 추구하는 어리석은 마음을 버리고 진지하게 생의 의미를 찾는 시간이 되기를 원합니다. 우리 모두에게 죽음의 참된 의미를 발견하게 하여 주옵소서.
　남아 있는 유족들이 더욱 예수 잘 믿는 지혜로운 사람들이 되기를 원합니다. 세상에서 생령으로 살게 하셨으니 살아있는 영처럼 영적으로 살게 하시고 영적인 것을 추구하며 살게 하여 주옵소서. 평생을 살다가 뒤를 돌아보아도 후회할 것 없는 만족된 삶을 살게 하시며 하나님께 칭찬 듣는 삶을 살게 하소서. 이제 남은 모든 장례 절차가 하나님의 살아계심을 증거할 수 있는 복된 시간이 되기를 원합니다.
　예수님의 이름으로 기도합니다. 아멘　　　　　　　　　　(희)

임종예배기도(불신자)

　사람의 생명과 사망을 주관하시는 주 하나님 아버지여, 여기 질병으로 많은 시련을 겪고 있는 형제(자매)를 위하여 주 예수 그리스도의 이름으로 기도할 수 있는 기회를 허락해 주시니 감사합니다.
　이 시간에 뭇사람의 마음을 아시는 주님께서 성령의 빛으로 그의 영혼을 비추어 주시고 성령으로 깨닫게 하여 주옵소서.
　살아계신 주 하나님 아버지여, 여기 함께 기도하고 있는 이 형제에게 하나님의 살아계신 존재를 인정하게 하옵소서. 하나님이 나를 지으신 것을 받아들이게 하옵소서. 사람의 힘으로는 하나님을 믿을 수 없는 줄 압니다. 긍휼을 베푸사 이 형제의 마음을 열어 주시고, 주 하나님을 믿게 하여 주옵소서.
　은혜로 구원을 주시는 하나님 아버지여, 영접하는 자 곧 그 이름을 믿는 자들에게는 하나님의 자녀가 되는 권세를 주시는 줄 믿습니다. 긍휼이 풍성하신 하나님, ○○○형제가 비록 이제까지 살면서 하나님을 잘 몰랐지만 임종하는 이 순간 마음을 열어 주님을 영접하게 하시고, 그가 구원의 문으로 들어가 주님과 함께 하나님 나라에 거할 수 있게 하옵소서.
　주 예수 그리스도여! 성령으로 거듭나게 하사 주님의 자녀로 인 쳐 주시옵소서. 일생 동안 하나님이 살아계시는 것을 믿지 않은 죄와 허물을 용서하옵소서. 긍휼이 풍성하신 하나님이 이 죄인을 구원의 길로 인도하여 주옵소서.
　주 예수 그리스도의 이름으로 기도합니다. 아멘　　　　　　(호)

임종예배기도(불신자)

　천지만물을 지으신 하나님 아버지, 모든 것 중에 인간을 가장 존귀하게 지으신 것을 감사합니다.
　인간의 주인은 바로 하나님이심을 믿습니다. 인간은 주인 되신 하나님을 만나지 않고는 결코 행복할 수 없는 줄 압니다. 여기 이 형제에게 인간의 주인 되신 하나님을 만나게 해 주시옵소서.
　주여, 그의 마음을 성령의 빛으로 밝혀 주시어 예수를 나의 주인으로 그 마음에 영접하게 하옵소서. 믿게 하시는 성령께서 믿어지는 능력을 베풀어 주시옵소서.
　하나님은 만물을 지으신 분이시요, 만물을 다스리시는 분이심을 믿습니다. 여기 그동안 주인 되신 하나님 아버지를 알지 못하고 살았던 이 형제를 만나 주시옵소서. 하나님께서 긍휼과 자비를 허락하여 주시옵소서.
　하나님 아버지, ○○○님의 임종을 지켜보는 가족들을 위로하시고, 지금 이 순간을 통해 서로 청산해야 할 일이 있다면 주님의 도우시는 손길로 화해하고 용서할 수 있게 하옵소서. 죽음의 때가 언제인지 우리들은 잘 모르지만 이 땅에서의 수한이 다하여 죽음을 앞에 둔 이 형제가 이 시간 회개하고 하나님의 용서를 받아 구원에 이르도록 은혜를 베푸시옵소서.
　하나님 아버지여, 길 잃은 양과 같이 불쌍한 이 생명을 버리지 마옵시고 구원의 열매로 거두어 주시옵소서.
　한 생명이 임종하는 이 순간에 예수님의 이름으로 기도할 수 있는 기회를 주신 하나님께 감사드립니다.
　주 예수 그리스도의 이름으로 기도합니다. 아멘　　　　　(호)

임종예배기도(불신자)

사랑이 많으신 하나님, "예수여 당신의 나라에 임하실 때에 나를 기억하소서" 하는 행악자를 향하여 "내가 진실로 네게 이르노니 오늘 네가 나와 함께 낙원에 있으리라"(눅 23:42~43) 하신 말씀을 기억합니다. 이 형제의 마지막 순간에 행악자에게 하신 주님의 구원의 말씀을 듣기 원합니다.

하나님, 저희들은 지금까지 이 형제로부터 믿음의 고백을 듣지 못했습니다. 말로 표현하기조차 힘든 안타까운 우리의 심정을 주님은 아시는 줄 믿습니다. 놀라운 일을 행하시는 경우가 많은 것을 저희는 알고 간구하오니 주여, 이 형제에게 구원의 은총을 베풀어 주옵소서.

주여, 가족들을 위해 기도드립니다. 바울 사도가 "우리의 모든 환난 중에서 우리를 위로하사 우리로 하여금 하나님께 받는 위로로써 모든 환난 중에 있는 자들을 능히 위로하게 하시는 이시로다"(고후 1:4)라고 하였으니 가족들을 특별히 위로하여 주옵소서. 가족들에게 믿음이 가장 귀한 것임을 알게 하옵시고, 믿음만을 통해 가질 수 있는 영생의 소망이 새로워지게 하옵소서. 이 큰 슬픔이 큰 믿음으로 변화되는 유익이 있게 하옵소서.

주여, 이 형제를 좀 더 적극적으로 전도하지 못한 것을 회개하오니 용서하여 주옵소서. 그리고 주변에 복음을 듣지 못해 구원받지 못하는 영혼이 없도록 전도에 힘쓰는 저희들이 되게 하옵소서.

주여, 죽음을 목전에 둔 이 형제의 영혼을 주님께 의탁합니다. 모든 일이 합력하여 선을 이루게 하옵소서.

예수님의 이름으로 기도합니다. 아멘 (지)

임종예배기도(불신자)

　필요한 때에 필요한 사람을 이 세상에 보내시고, 그가 그의 소임을 다했을 때 다시 부르시는 하나님, 이 세상에 ○○○님을 보내시고 맡겨진 일을 하게 하셨으며, 가정을 이루어 자녀들과 후손들을 주셨고, 이제 정하신 때가 되어 그를 다시 부르셨나이다. ○○○님의 임종을 맞이하여 "다 흙으로 말미암았으므로 다 흙으로 돌아가나니 다 한 곳으로 가거니와"(전 3:20)라는 말씀을 기억하나이다.
　주여, 고인이 세상에 있을 때 보여준 근면과 성실과 정결함과 그 밖에 모범된 삶의 자세들이 그의 자녀들을 통해 더욱 확대되게 하옵소서.
　간절히 구하옵기는 그 모든 것 위에 믿음이 더해지게 하옵소서. 인생은 그날이 풀과 같으며 그 영화가 들의 꽃과 같지만 여호와를 경외하는 자에게는 여호와의 인자하심이 영원부터 영원까지 이른다(시 103:15~17)는 말씀을 기억하게 하옵소서.
　또한 구하옵기는 고인이 이 땅에서 수고한 일들이 뿌리를 튼튼하게 내리고 열매가 많게 하옵소서. 하던 일들 가운데 아직 마무리되지 못한 일들이 있으면 선하게 끝맺을 수 있도록 도와주옵소서.
　좋은 이름이 좋은 기름보다 낫고(전 7:1) 하였사오니 고인의 이름이 아름답게, 오래 전해지게 하옵소서.
　고인의 죽음을 통해 전도의 중요성을 다시 한번 깨닫사오니 주여, 이 깨달음이 행동으로 옮겨지게 하옵소서.
　예수님의 이름으로 기도합니다. 아멘　　　　　　　　　　　(지)

위로예배기도

† 신자(고인) 28편
† 사고사(고인) 14편
† 불신자(고인) 10편

사람이 감당할 시험 밖에는 너희가 당한 것이
없나니 오직 하나님은 미쁘사 너희가 감당하지
못할 시험 당함을 허락하지 아니하시고
시험 당할 즈음에 또한 피할 길을 내사 너희로 능히
감당하게 하시느니라
(고전 10:13)

위로예배기도

독생자 예수 그리스도를 이 땅에 보내 주셔서 인생들의 죄와 함께 죽음의 문제를 해결해 주신 하나님께 감사와 영광을 돌려 드립니다.
육신의 질병으로 고통당하면서도 끝까지 주님을 향한 믿음을 저 버리지 않았던 고인이 이제 주님의 부르심을 받았으니 슬픔 중에도 감사를 드립니다. 그러나 고인을 보내고 허전한 마음으로 저희들은 이렇게 다시 모였습니다.
이 시간, 성령님의 위로가 유족들 가운데 임하여 주옵소서. 저희들의 텅 빈 마음을 주님께서 채워 주시고, 주님을 향한 믿음과 부활의 순간, 고인을 다시 만날 수 있는 소망을 놓지 않게 해 주시기를 원합니다. 병마와 싸우면서 힘들어했던 고인은 지금 이 순간, 다시는 눈물도 탄식도 고통도 없는 영원한 천국에서 주님과 함께 살면서 안식을 누리고 있음을 믿습니다. 천국에서 다시 만나게 될 그날까지 먼저 가신 고인처럼 믿음의 선한 싸움을 싸우며 달려가는 유족들이 되게 하여 주시기를 원합니다.
고인이 보여주셨던 신앙과 인격을 유산으로 길이 간직하게 하시고, 고인이 원했던 선한 계획들을 이루어 드릴 수 있도록 도와주시옵소서. 고인은 가셨으나 주님은 영원히 이들과 함께하셔서, 슬픔 가운데서도 실망하거나 용기를 잃지 않게 하시고, 주님의 약속과 사랑을 기억하면서 끝까지 승리하게 하여 주시옵소서. 유족들이 모두 한마음 되어서 고인의 이름에 부끄럽지 않는 아름다운 삶을 살아가게 하여 주시옵소서.
예수님의 이름으로 기도드립니다. 아멘   (남)

위로예배기도

　인간들의 삶과 죽음을 임의로 주관하시는 생명의 주님, 질병으로 인해 힘들어하는 가운데서도 선한 싸움을 싸우며 믿음을 지키셨던 고인을 흙으로 돌려보냅니다.
　저희들은 이 시간, 다윗이 임종을 앞두고 아들인 솔로몬에게 '내가 이제 세상 모든 사람의 가는 길로 가게 되었노니 너는 힘써 대장부가 되라'(왕상 2:2)고 했던 유언을 생각합니다.
　이 말씀처럼 고인은 혼자만 가는 죽음의 길이 아니라 세상 모든 사람이 가는 길로 가셨고, 살아계실 때 주님을 향한 믿음이 있었기에, 그의 이름은 하나님 나라의 생명책에 기록되었을 줄 압니다.
　마지막 순간까지 힘들어하셨지만, 육신의 생명이 끝나는 바로 그 순간 그 영혼이 영원한 하나님 나라의 안식에 들어가셨음을 믿습니다.
　이제는 돌아가신 고인이 이 자리에 남아 있는 유족들에게 진정으로 원하는 것이 무엇이었을지를 생각해 봅니다. 다윗이 솔로몬에게 유언했던 것처럼 유족들이 신앙의 대장부가 되게 하시고, 영적인 싸움에서 승리하는 믿음의 용장들이 되게 하여 주시옵소서.
　이 시간, 성령님의 위로가 유족들 가운데 임하여 주옵시고, 세상에서 사는 동안 주님나라를 위해서 충성하셨던 고인의 지난날들을 기억하시고, 앞으로 하나님을 경외하는 자의 후손들에게 주시겠다고 약속하신 복들을 이 가정에 베풀어 주시옵소서.
　그래서 고인의 후손들과 유족들을 지켜 주시고, 그들을 통하여 고인이 이루지 못한 일들을 이루어가는 복을 누리게 하옵소서.
　예수님의 이름으로 기도드립니다. 아멘　　　　　　　　　　(남)

위로예배기도

　인생들의 위로자가 되시는 살아계신 하나님 아버지, 이 시간 그를 아는 모든 사람들로부터 사랑을 받았던 고인을 흙으로 돌려보내고 주님의 위로를 바라며 주님 앞에 머리를 숙입니다. 이 예배를 통해서 영광받으시고, 예비하신 성령의 위로로 저희들의 텅 빈 가슴을 채워 주시옵소서.
　할 일이 아직도 많이 있지만, 육신의 질병으로 인해서 너무 일찍 하나님의 부르심을 받은 고인을 생각할 때 아쉬운 마음을 금할 길 없으며, 고인이 남기고 간 삶의 흔적과 차지했던 마음의 공간이 너무 넓어서 힘들어하는 가족들을 위로하여 주옵소서.
　주님이 마음을 붙잡아 주셔서, 고인이 살아있을 때보다 가족들의 믿음이 더욱더 견고해지게 하옵소서. 고인이 평소에 남긴 뜻을 따라서 온 가족들이 신앙의 길을 감으로 교회와 국가를 위해 꼭 필요한 인물들이 많이 배출될 수 있도록 은혜를 베풀어 주시기 원합니다.
　그리하여 주님 앞에 설 때에 모든 유족들이 주님의 칭찬과 함께 하나님 나라의 상급을 받으며, 먼저 가신 고인에게 부끄럽지 않은 삶을 살아갈 수 있도록 도와주시옵소서.
　남은 가족들이 물질의 어려움을 겪지 않게 하시고, 이전에도 그리하셨던 것처럼 일용할 양식과 땅의 기름진 복으로 이 가정을 충만케 채워 주시기 원합니다.
　이 예배를 통해 사랑이신 하나님께서 가족들의 마음에 큰 위로와 힘이 되어 주실 줄 믿사오며 임마누엘 되시는 예수님의 이름으로 기도합니다. 아멘.　　　　　　　　　　　　　　　　　　　　　　(남)

위로예배기도

　자비롭고 은혜로우신 하나님 아버지, 고 ○○○성도의 영혼을 주님의 품으로 부르셔서, 이 땅의 모든 슬픔과 고통과 근심에서 해방시켜 주시니 감사합니다. 고인은 살았을 때 오랫동안 병으로 고생하셨지만 이제는 영원한 하나님 나라의 평안과 안식 속에 들어가 있음을 믿습니다.
　위로의 주님, 이 시간에는 사랑하는 이를 잃은 유족들의 슬픈 마음과 아픔이 성령의 은혜로 치유되게 하시고, 새로운 마음으로 세상을 살아갈 힘과 능력도 공급하여 주시옵소서. 또한 하나님께서 친히 이 가정의 피할 바위가 되어 주셔서, 암탉이 그 새끼들을 날개 아래 품어 보호하는 것같이 험난한 세상 가운데서 이 가정을 보호하시고 평안함을 주시기 원합니다.
　이 세상의 형적은 다 지나간다고 하셨습니다. 아침 안개와 같이 들의 풀과 같이 연약하고 허무한 인생들이 사라져갈 이 세상에 소망을 두지 않게 하시고, 고인이 가신 그 하나님의 나라, 영원히 없어지지 아니하는 천국을 소망하며 살게 하여 주시옵소서.
　주님 계신 영원한 천국에 대한 소망을 갖고 살았던 고인처럼 남은 유족들에게도 이 믿음과 소망을 주셔서 지금의 안타까운 마음을 위로 받게 하시옵소서. 또한 나그네와 같이 이 세상 살 때에 하나님이 동행하며 인도해 주시고 지치지 않게 하옵소서.
　예수님의 이름으로 기도합니다. 아멘　　　　　　　　　　　(남)

위로예배기도

　( )년 전에 고 〇〇〇성도를 이 땅에 보내 주시고 믿음의 복을 주셔서 이 세상에 사는 동안 오직 하나님을 믿고 의지하며 살도록 은혜주신 것 감사합니다. 오랫동안 투병생활하던 고인을 하나님이 부르셔서 육신의 질고로부터 놓아주시니 그 은혜 또한 감사드립니다. 육신으로 헤어지는 슬픔이 크나 주 예수 그리스도 안에서 영광의 모습으로 다시 만날 것을 기억하게 하옵소서. 이 세상이 전부가 아니라 우리가 영원히 살아갈 세상이 있음을 알게 하시고, 그 세상을 소망하며 살게 하옵소서.

　고인은 참으로 신실한 믿음의 본을 보여주셨습니다. 주님을 예배하는 것과 기도하는 것을 인생의 참된 가치로 여기며 사셨고, 그렇게 자녀들을 교육시켰습니다. 모든 성도들에게 경건한 신앙의 본을 보여주셨습니다. 그의 신앙이 저희에게 도전이 되게 하시고, 그 신앙의 본을 따르고자 하는 경건한 열망들을 주시옵소서.

　슬픔을 당한 유족들과 성도들에게 주님의 신령한 은혜를 베푸셔서, 그들을 위로하여 주시옵소서. 그래서 고인이 가신 복된 나라, 하나님 나라를 소망하며 살게 하옵소서. 세상은 우리를 위로할 수 없사오나 주님만은 우리의 위로가 되실 줄 믿습니다. 목사님을 통해 주실 말씀으로 저희들에게 깨달음을 주옵소서. 소망의 말씀이 되게 하옵소서.

　자비로우신 하나님 아버지, 앞으로의 모든 장례 일정에도 매 순간마다 주님께서 함께하여 주시고 하늘의 위로와 영원한 소망으로 저희들을 붙드시옵소서.

　예수님의 이름으로 기도합니다. 아멘　　　　　　　　　　(남)

위로예배기도

　우리의 참된 위로자가 되시며 피난처가 되시는 살아계신 하나님, 헛되고 헛되고 헛되고 헛되니 모든 것이 헛되다고 탄식했던 전도자의 고백처럼, 이 땅에 왔다가 흔적도 없이 사라져가는 수많은 죽음들을 보면서 인생이란 무엇이며 죽음이란 과연 무엇인가 하는 의미를 생각해 봅니다.
　학대받는 자가 눈물을 흘리되 위로자가 없고, 아파하는 자들이 있어도 참으로 그들과 함께 아픔을 나누어 줄 자가 없는 것이 인간 세상의 모습이기에 전도서의 기자는 말하기를, '살아있는 산 자보다 죽은 지 오랜 죽은 자를 복되다' 고 했습니다. 거기다가 더러는 건강의 복을 누리면서 오래 사는 사람들도 있고, 큰일을 행했던 사람들도 있지만, 세월이 흘러가면 그 이름조차 잊혀지고마는 것이 인생이기 때문에 하나님과 관계없이 살아가는 인생은 허무할 수밖에 없습니다.
　하지만 고인은 하나님의 사람으로서 육신의 질병으로 병마와 싸우면서도, 자신보다 이웃을 생각했고, 자신의 아픔보다 다른 이들의 아픔을 생각했던 고귀한 인품의 소유자셨습니다.
　그리고 주변 사람들에게 많은 감화를 주었던 인격자였기에 지금도 많은 이들의 마음속에 여전히 살아있고, 앞으로도 영원히 저희들의 마음속에 남아 있을 것입니다.
　이제 고인을 흙으로 돌려보내고 유족들의 마음에는 허전한 공간이 생겼을지라도 이러한 공간을 주님께서 채워 주시고, 유족들이 모두 다 한마음이 되어서 고인의 이름에 부끄럽지 않도록 아름다운 삶을 살아가게 하여 주시옵소서.
　예수님의 이름으로 기도드립니다. 아멘　　　　　　　　　　(남)

위로예배기도

　사랑이신 하나님, 모든 영광을 홀로 받으시옵소서. 여기 주님을 구세주로 영접하며 믿고 순종하는 삶을 살아온 ○○○성도(직분)께서 소천하셨습니다. 하나님 말씀에 범사에 기한이 있고 천하 만사가 다 때가 있다 하셨으며 사람에게는 날 때가 있고 죽을 때가 있다고 하셨습니다(전 3:1~2). 이 말씀대로 고 ○○○성도는 (　)년 전에 이 세상에 출생했다가 이번에 하나님의 부르심을 받았습니다.
　하나님께서 일찍이 "네가 흙으로 돌아갈 때까지 얼굴에 땀을 흘려야 먹을 것을 먹으리니 네가 그것에서 취함을 입었음이라 너는 흙이니 흙으로 돌아갈 것이니라"(창 3:19)고 말씀하신 그대로 고인의 육신은 흙으로 돌아가기 위해 그의 영혼이 떠났습니다. 이 땅에 사는 사람 가운데 그 누가 이 말씀에서 예외가 있겠습니까. 그 누가 죽음의 관문을 통과하지 아니하고 이 세상에서 영원한 삶을 누릴 수 있겠습니까!
　지금 고 ○○○성도(직분)께서는 하나님 나라에 들려 올라가서 주님의 품안에 안겨 있음을 믿습니다. 이는 이 괴로운 세상의 근심과 걱정, 우환질고에서의 해방인 줄 믿습니다.
　고인의 죽음은 곧 칭찬과 면류관으로 직결될 소망의 사건입니다. 그 외 모든 유가족들과 우리 성도들은 고인의 훌륭한 신앙생활을 본받아서 남은 여생 동안 하나님 앞에 부끄럽지 않은 삶을 살기로 결단하게 하옵소서. 인간적인 육정의 서글픔을 믿음으로 이겨내는 유족들과 우리 성도들이 되게 하옵소서.
　주 예수님의 이름으로 기도합니다. 아멘　　　　　　　　　(우)

위로예배기도

위로의 하나님 감사합니다. 여기 우리와 함께 주님의 몸 된 교회를 섬기고 선교, 봉사에 힘쓰던 ○○○성도(직분)께서 병중에 계시다가 세상을 떠났습니다. 우리의 마음이 허탈하고 애달픔을 금할 길이 없습니다. 그의 유가족들을 위로해 주옵소서.

"만일 땅에 있는 우리의 장막집이 무너지면 하나님께서 지으신 집 곧 손으로 지은 것이 아니요 하늘에 있는 영원한 집이 우리에게 있는 줄 아느니라"(고후 5:1)라고 하신 말씀은 지금 여기에 고인이 떠나감으로 헤어짐의 서글픔을 달랠 길 없는 저희들에게 크나큰 위로와 희망을 안겨 주는 약속의 말씀인 줄 믿습니다.

이 세상의 집들은 낡아서 허물어지는 것이오나 하나님께서 지으신 집은 영원히 새 집이며, 그곳으로 고인을 데려가신 줄 믿고 위로를 받습니다. 거기에는 무엇을 먹을까, 무엇을 마실까, 무엇을 입을까(마 6:25) 염려가 없다고 하셨사오니 그렇게 좋은 곳으로 고인을 데려가신 하나님께 감사하오며, 우리들도 때가 되면 그 좋은 집으로 데려가실 줄 믿고 소망 가운데 여생을 살게 하옵소서.

은혜로우신 하나님, 이 죄악 많은 세상에서 사단과 싸워 이기고 자기 자신과의 싸움에서도 이기게 하시어, 고 ○○○성도(직분)와 같이 최후 승리를 할 수 있게 하옵소서. 고 ○○○성도(직분)께서 충성하던 그 직분과 임무를 잘 맡아서 계승할 수 있게 해주옵소서. 또한 유가족들의 모든 슬픔을 믿음과 소망으로 극복하여 힘 있는 신앙생활을 할 수 있게 하시고, 모든 일에 고인이 살아있을 때보다 더 잘되어 나아가게 하여 주옵소서.

우리 주 예수 그리스도의 이름으로 기도합니다. 아멘　　　　(우)

위로예배기도

　사랑과 은혜가 풍성하신 하나님, 이 땅에서 하나님 영광을 위해 살다가 때가 되매 하나님께서 데려가신 고 ○○○성도(직분)는 이제 더 이상 아픔도 없고, 고통도 없는 하나님 나라로 가신 줄 믿습니다.
　그러나 그 유가족들이 이 세상의 육신적인 헤어짐을 슬퍼하고 있습니다. 성도들 또한 고인을 먼저 보내는 허전한 마음을 달랠 길이 없나이다. 오직 사랑의 하나님께서 성령의 감화하심과 위로하심을 주옵시고, 하나님의 말씀으로 권고해 주옵소서. 그래서 떠나가는 고인과 세상에 남아 있는 유가족 그리고 우리 믿음의 가족들이 성령 안에서 말씀을 통하여 소망이 넘치게 하시옵소서.
　주님 말씀하시길 "너희는 마음에 근심하지 말라 하나님을 믿으니 또 나를 믿으라"(요 14:1) 하셨나이다. 이 말씀을 의심없이 믿을 수 있게 해주옵소서. 죽음의 불안과 공포를 믿음으로 극복하게 하시옵소서. 또한 "내 아버지 집에 거할 곳이 많도다……내가 너희를 위하여 처소를 예비하러 가노니 가서 너희를 위하여 처소를 예비하면 내가 다시 와서 너희를 내게로 영접하여 나 있는 곳에 너희도 있게 하리라"(요 14:2~3)고 하신 이 말씀은 만고 불변의 진리인 줄 믿습니다.
　주님께서 먼저 가셔서 예비해 놓으신 그 처소에서 주님과 함께 회심의 미소를 짓고 있는 고인의 모습을 볼 수 있는 영안을 주시옵소서. 또한 고 ○○○성도가 세상에 남겨 두고 간 유가족들을 특별히 돌봐주옵소서. 주님 약속하시길 "내가 너희를 고아와 같이 버려 두지 아니하고 너희에게로 오리라"(요 14:18)고 말씀하신 대로 유가족들의 앞날을 지켜 보호해 주시옵소서.
　주 예수 그리스도의 이름으로 기도합니다. 아멘　　　　　　(우)

위로예배기도

인류의 역사를 주재하시며 모든 나라의 흥망성쇠도 다 심판하시는 만유의 주 하나님 아버지이시여, 저희들과 함께 교회에서 충성하던 고 ○○○성도(직분)를 잃고, 저희는 너무나 허망한 것이 인생임을 새삼 깨닫습니다.

저희들의 믿음이 약함을 용서하여 주시고, 더 큰 믿음을 선물로 주시옵소서. 주님께서 "나는 부활이요 생명이니 나를 믿는 자는 죽어도 살겠고 무릇 살아서 나를 믿는 자는 영원히 죽지 아니하리니 이것을 네가 믿느냐"(요 11:25~26)고 하신 말씀을 추호도 의심없이 믿을 수 있는 저희들이 되게 하옵소서.

여기 주님을 잘 믿던 고 ○○○성도(직분)가 비록 질병으로 말미암아 우리와 유명을 달리했사오나 그가 분명히 주 예수 그리스도를 구세주로 믿고 살았으므로 "죽어도 살겠고" 하신 말씀따라 부활의 앞에는 영광된 모습으로 다시 살아날 줄을 믿습니다.

하나님 아버지시여, 인간의 생명에 관한 절대적 권한을 홀로 가지신 당신께서 고인을 데려가신 줄 믿습니다. 그것은 곧 이 땅 위에 수고를 그치라 하심인 줄로 믿습니다.

고인이 세상 사는 동안 육신의 질병으로 많은 고통을 겪었습니다. 이제는 아픔도 고통도 없는 오직 감사와 찬양만이 가득한 하나님 나라에서 저희들의 서글퍼함을 연민의 시선으로 보고 있을 줄 믿습니다.

사랑의 하나님 아버지여, 저희들 살아있는 동안에 항상 종말론적 신앙에서 벗어나지 않도록 인도해 주옵소서.

주 예수 그리스도의 이름으로 기도합니다. 아멘 (우)

위로예배기도

　인간의 병을 치료하시는 하나님, 죄를 지은 인간에게 구원의 길을 여시려고 외아들 예수님을 보내 주셔서 그를 믿음으로 말미암아 구원받게 하신 하나님의 이름을 찬양합니다.
　하나님을 알지 못하여 구원받지 못한 사람은 자신의 죄로 병들어 신음하고 고통당하며 죽어가지만, 하나님의 백성들은 이 땅에서 병들지라도 그 때문에 멸망당하지 않으며 죽지만 영원히 죽지 않는 믿음을 주시오니 감사합니다.
　은혜의 주님, 주님이 사랑하시고 주님을 사랑하던 고인이 이 땅에서 하나님 나라를 사모하다 이제 그 그리던 고향으로 가셨습니다. 병들어 신음하고 고통으로 괴로워할 때도 주님은 늘 함께 계셔서 힘이 되시고 위로자가 되셨음을 감사드립니다. 이제는 영원히 떠나지 아니하시고 늘 곁에 계시는 주님이 되심을 믿습니다.
　주님께서는 고인의 평생에 선하심과 인자하심으로 함께하셨습니다. 고인을 통하여, 하나님을 사랑하는 사람은 영원히 죽지 않고 다시 사는 참 소망을 보게 하셨습니다. 주님은 그를 곁에 두시려고 우리 곁을 떠나게 하셨습니다.
　소망의 주님, 유족들에게 소망을 주시옵소서. 하나님 나라가 있는 것을 분명히 보게 하시고, 구원받은 자는 영원한 생명을 얻게 되는 것을 알게 하소서. 위로자 되시는 성령님께서 유족들의 마음을 주의 영으로 가득 채워 위로받게 하소서. 슬픔보다 감사가 크게 하시고, 눈물이 변하여 기쁨이 되게 하소서. 그리하여 위로받는 자가 아닌 위로하는 자가 되게 하소서.
　예수님의 이름으로 기도합니다. 아멘　　　　　　　　　　　(희)

위로예배기도

세상에 계실 때에 온갖 병자들을 고치시고 죽은 자를 살리신 주님, 지금도 우리 주님은 그 권능을 가지고 계십니다. 그러나 우리 주님의 최후 기적은 죽음입니다. 세상의 권세가 다시는 고통을 주지 못하며, 마귀의 권세가 다시는 해하지 못하는 죽음을 주신 주님께 영광을 돌립니다. 예수님 없이 죽는 죽음은 어두움이지만 예수와 함께 죽는 죽음은 빛인 것을 우리는 압니다.

이 땅에 오신 예수님은, 세상이 감당할 수 없는 고통을 당하셨고, 우매한 자들로 인해 슬퍼하시며 우셨고, 굶주리셨으며, 마지막에는 죽으시기까지 하셨습니다. 우리는 우리의 죄로 인해 죽을 수밖에 없는 사람이 죽어 이렇게 슬퍼합니다. 주님의 그 죽으심으로 위로받게 하여 주소서. 주님이 죽으셨기에 우리가 사함을 받은 것과 주님의 죽으심이 곧 부활인 것을 다시 한번 깨닫게 하소서.

생명의 주님, 예수님을 믿었기에 구원의 은총을 입었던 고인은 이 땅에서 가장 귀한 선물을 받았습니다. 그래서 세상에서 육체의 고통을 당했지만 그 은총으로 주님께서 함께하셨고, 이제 이 세상을 떠났지만 하나님의 영원하신 그 나라로 가셨습니다. 주님의 부활을 믿었기에, 주님이 다시 이 땅에 오실 때는 부활의 몸으로 다시 살 것을 확신합니다.

위로의 성령님, 고인을 잠시 보지 못하는 유족들의 슬픔을 위로해 주셔서 마음의 괴로움이 오래 가지 않도록 힘을 주소서. 유족들의 마음에는 예수님의 구원 감격이 넘치게 하시고, 귀에는 성령의 위로 소리가 충만하게 하시며, 눈에는 하나님 나라의 영광이 보이게 하소서.

예수님의 이름으로 기도합니다. 아멘 (희)

위로예배기도

  병든 나사로를 사랑하셔서 죽음을 무릅쓰고 다시 유대로 가신 사랑의 예수님, 이 시간 주님이 사랑하시던 고인이 흙으로 돌아갔습니다.
  나사로의 주검 앞에서 눈물을 흘리신 예수님, 이 시간 고인의 죽음을 보시며 주님도 눈물을 흘리실 것입니다. 우리의 슬픔을 주님이 대신하시고, 주님의 슬픔으로 우리가 위로받게 하시니 감사합니다.
  사랑이 풍성하셔서 슬픈 자를 위로하시는 주님, 나사로의 누이들이 깊은 수렁 같은 고통의 심연에 잠겨 있을 때 베다니에 가셔서 그들을 만나 주시고, 그들이 보는 앞에서 나사로를 무덤에서 나오게 하심으로 그들에게 나사로를 주신 주님을 찬양합니다.
  이 시간도 주님께서 유족들에게 친히 오셔서 나사로의 누이들에게 하셨던 것처럼 풍성한 위로로 함께하여 주옵소서. 고인이 오랜 병상에서 고통을 당하셨기에 유족들의 마음은 더 아픕니다. 신음하고 아파하지만 도와줄 수 없었고, 꺼져가는 생명에 대하여 손끝 하나 까딱할 수 없어 마음의 원통함이 더합니다. 이런 유족들의 비통함을 주님께서 아시오니 그 마음을 위로해 주소서.
  그동안 고인을 위하여 쏟은 사랑이 다 하나님 나라의 상급이 되기를 원합니다. 이제 유족들에게 더 큰 믿음과 소망을 주시며, 힘과 용기를 주셔서 고인이 섬기던 빈자리까지 유족들이 빈틈없이 잘 섬기게 하시고, 그리하여 하늘에서도 기쁨이 충만하게 하여 주소서.
  이제 남아 있는 장례의 모든 절차가 온전히 하나님께만 영광되기를 원합니다.
  예수님의 이름으로 기도합니다. 아멘 (희)

위로예배기도

　사람이 되셔서 사람을 섬기신 주님, 종의 형체를 가지고 이 땅에 오셔서 사람과 같이 되신 그 주님을 찬양합니다. 사람들의 아픔을 함께 아파하셨으며 사람들의 고통을 함께 체험하셨고, 죽을 수 없는 하나님이 죽으심으로 사람의 가장 큰 슬픔을 몸소 겪으셨으며, 다시 사심으로 부활의 첫 열매가 되심을 감사합니다.
　이제 고인은 세상에서의 모든 삶을 접고 하나님 나라로 가셨습니다. 그를 그렇게 괴롭히던 질병도 이제는 그를 더 이상 해하지 못하고 그를 놓아 주었습니다. 그가 누렸던 삶의 시간들을 주님도 누리셨으며, 그가 가졌던 육체의 고통을 주님도 겪으셨고, 그가 죽었던 죽음을 주님도 겪으셨습니다. 그러므로 이제 주님이 부활하셨던 그 영원한 생명이 그에게도 있는 줄을 분명히 믿습니다.
　사람을 지으신 하나님, 남은 유족들에게 고인이 못다 이룬 모든 것을 이룰 수 있는 능력 주시기를 원합니다. 천하에 구원받을 이름이 예수 외에 없다고 했사오니 예수님을 잘 믿어 고인이 가지셨던 믿음보다 더 큰 믿음을 주소서. 우리의 몸이 성령께서 거하시는 거룩한 성전이라고 했사오니 우리의 몸에 건강을 주셔서 성령께서 함께하실 만한 몸이 되게 하소서. 그리고 영혼이 잘됨 같이 범사가 잘되고 강건한 복을 허락하옵소서.
　장례 절차가 남아 있습니다. 남은 절차 가운데 피곤치 않도록 하나님께서 친히 손으로 붙잡아 주셔서 강건하게 하시고, 모든 조객들에게 하나님이 증거되게 하소서. 좋은 날씨를 주셔서 불편함이 없게 하시고 모인 이들에게 은혜가 충만한 장례가 되게 해주소서.
　예수님의 이름으로 기도합니다. 아멘　　　　　　　　　　(희)

위로예배기도

믿는 자의 구원이 되시고 소망이 되시는 주님,
평생토록 변함없이 주님만을 믿고, 몸 된 교회를 위해 충성해오신 고 ○○○성도님이 주께서 정하신 때, 정하신 장소에서 주님의 부르심을 받았사오니 저가 구원에 이르렀음을 믿고 슬픔 중에도 감사드립니다.
이 죽음 앞에서 유가족들과 모든 성도들이 슬퍼하나 오직 주님의 부르심인 줄 알고 순종하게 하옵소서.
우리 주님께서 "나는 부활이요 생명이니 나를 믿는 자는 죽어도 살겠고 무릇 살아서 나를 믿는 자는 영원히 죽지 아니하리니"(요 11:25~26) 하신 말씀대로 사랑하는 성도는 주님 앞에 설 것을 확신하오며 잠시 몸으로는 헤어져 있으나 영으로는 주 안에 함께 있음을 믿고 위로받게 해주옵소서.
우리는 부활의 신앙을 갖고 있기에 죽음이 우리 앞에 다가올지라도 두려움 없이 순종함으로 받아들이게 하시옵소서.
성도의 죽음은 영원한 이별이 아니오매 다시 만날 날을 기억하며 소망 중에서 평강을 누리게 하시옵소서.
슬픔에 잠겨 있는 유족들도 먼저 가신 고 ○○○성도님의 신앙을 본받아 선한 싸움 잘 싸워 승리하게 하시고, 주님 앞에 서는 날 다시 만나게 하시옵소서.
부활하신 예수님의 이름으로 기도합니다. 아멘   (수)

위로예배기도

주님의 신실한 일꾼 고 ○○○성도님이 건강하게 더 오래오래 사셨으면 좋았으련만 무서운 병마로 인하여 주님의 부르심을 받았습니다. 우리 모두는 할말을 잃었나이다. 병마에 시달리면서도 주님을 의지하는 믿음을 지킨 귀한 성도의 죽음은 거룩한 죽음이며, 이제 주님 앞에 가서 편히 쉴 것을 믿습니다.

위로의 손길 앞에서 모든 눈물이 걷히게 될 것이기에 성도들에게 있어서는 죽음도 또 다른 복인 줄 알고 엄숙한 마음으로 감사를 드리나이다.

병마에 시달렸던 고 ○○○성도님을 그 고통으로부터 쉬게 하기 위해 주님께서 부르심을 받게 하였사오니 또한 감사를 드리오며, 살아 있어 건강한 우리들을 위해서는 건강의 복을 주신 것에 감사드리옵니다.

우리 성도들은 고난 당할 때나 일이 형통할 때 기도와 찬양으로 주님께 영광을 돌리게 하옵시며, 그 어떤 경우에도 좌절하거나 낙심하지 말게 하시고, 주님을 행여나 원망하면서 살지 않도록 도와주옵소서.

사나 죽으나 오직 우리 주님만 의지하여 살다가 주님께 다가가는 삶이 되도록 유족들과 성도들을 지켜 보호해 주옵소서.

유해를 장지에 안장하기까지 장례의 모든 절차를 주님께서 주장해 주셔서 예식을 잘 마치도록 인도해 주시고, 집례하는 목사님과 장례식을 준비하는 모든 분들에게 함께해 주옵소서.

예수님의 이름으로 기도드립니다. 아멘 (수)

위로예배기도

하나님은 창조주이시요, 우리는 피조물인바 우리의 병마를 낫게도 하시겠거니와 하나님의 특별한 뜻이 있어서 우리 사랑하는 성도를 부르시고, 성령을 보증으로 주사 믿음으로 죽음을 맞게 하셨음을 아나이다.

그 영혼은 저 천국에서 영생복락을 누릴 것을 믿지만, 육정으로 생각할 때 슬픔과 안타까움을 이루 형언할 길이 없습니다. 그의 가족과 권속들을 위로하시고 새 힘을 주시옵소서.

주님이시여! 우리 성도들은 "만일 땅에 있는 우리의 장막집이 무너지면 하나님께서 지으신 집 곧 손으로 지은 것이 아니요 하늘에 있는 영원한 집이 우리에게 있는 줄 아나니 참으로 우리가 여기 있어 탄식하며 하늘로부터 오는 우리 처소로 덧입기를 간절히 사모하노라 이렇게 입음은 우리가 벗은 자들로 발견되지 않으려 함이라"(고후 5:1~3)고 말씀하신 것처럼 우리 육신은 죽으나 영은 살고 더욱 덧입게 하려 함인 줄 아나이다. 믿음의 눈으로 영생의 소망을 바라보게 하옵소서.

이 땅에 살다 간 많은 인생들 가운데는 얼마나 많은 성도들이 병마로 죽었습니까? 살아 남아 건강한 우리 성도들도 지상생활에서 병들고 약한 사람들을 위하여 사는 삶이 계속되게 하시옵소서.

특별히 유족들을 성령께서 도우시사 십자가 붙들고 슬픔을 극복하여 육체의 남은 날을 하나님 아버지의 뜻대로 살게 하옵소서.

소망을 주신 우리 예수님의 이름으로 기도드립니다. 아멘 　　(수)

위로예배기도

　우리 사람은 다 질그릇과 같아서 살아가는 동안에 웃는 날보다 슬픈 날이 더 많고 건강한 날보다 병든 몸으로 살아갈 때가 더 많습니다. 그 가운데도 평소 모범적인 신앙생활을 해오신 고 ○○○성도님께서 끝까지 믿음을 지키고 가셨음을 감사드립니다.
　우리의 바람은 고인께서 병마를 이기고 일어나서 주님의 일을 감당하며 우리들과 같이 오래오래 서로 돌보다가 가기를 원하였사오나 주님의 뜻이 아니기에 보다 일찍 부르셨음을 이제사 깨닫게 되나이다.
　이제는 어린양의 보좌 앞에서 천군천사가 노래하며 앞서간 성도들의 환영과 영광 속에 세상에서 맛보지 못했던 기쁨과 영광을 누릴 것을 생각하니 슬픔 중에도 감사가 넘치나이다.
　그 고통과 괴로움을 연약한 몸으로 지탱하면서 살았는데, 주님께서 이 죽음을 통하여 오히려 해방시켜 주셨으니 이제는 눈물과 슬픔과 괴로움과 고통이 없는 곳에서 주와 함께 즐기게 될 것임을 저희들은 확신합니다.
　이 땅에 남아 있는 모든 유족들이 건강하게 살다가 앞서가신 분과 함께 주님 앞에서 다시 만날 것을 다짐하며 위로와 평강을 누리게 하옵소서. 자자손손 믿음을 계승해서 아름다운 믿음의 가문이 되게 하옵소서.
　이제 장례의 모든 절차를 주님께 온전히 의탁하오며 예식을 끝까지 잘 마치도록 도와주옵소서.
　위로의 주님이신 예수님의 이름으로 기도드립니다. 아멘　　(수)

위로예배기도

위로의 성령께서 ○○○님의 죽음을 맞이한 모든 유가족들을 위로하여 주옵시고, 이 죽음을 통하여 위로의 주님을 만날 수 있는 좋은 기회를 허락하여 주시옵소서. 사람의 생명을 사람이 어떻게 할 수 없음을 깨닫게 하옵소서. 고도로 발달한 세상의 의약으로도 죽음에서 해방될 수 없음을 우리는 원망할 때가 있지만 바로 이것이 사람 능력의 한계임을 알게 되나이다.

고인께서 병석을 차고 일어날 수 있도록 모든 가족들과 성도들이 그토록 소원하며 간구했으나 하나님의 뜻은 사람의 생각과 다른데 있음을 깨닫고 겸허히 받아들이게 하옵소서.

남은 식구들의 건강을 지켜 주시고, 인간의 생명이 주님 손에 있음을 깨닫게 하시사 건강할 때 어떻게 살아야 할 것인가를 아는 지혜의 영을 모든 심령에 부어 주시옵소서.

성령의 감화를 통하여 유가족들과 예배하는 모든 조문객들이 큰 위로를 받는 시간이 되게 하옵소서. 또한 이 엄숙한 시간에 주시는 말씀 앞에서 우리 인생을 다시 한번 조명해 보는 은혜가 있게 하옵소서.

가정에서 고인의 빈자리를 유족들이 하나가 되어서 메꾸어가게 도우시고, 교회에서 고인이 하던 일도 남아 있는 우리 성도들이 잘 감당하도록 인도해 주옵소서.

생명의 주인 되시는 예수님의 이름으로 기도드립니다. 아멘   (수)

위로예배기도

　사랑과 자비가 풍성하신 하나님 아버지, 사랑하는 성도의 생명을 주관하사 하나님의 섭리 안에서 불러 가심을 믿음으로 받아들이게 하시니 감사합니다.
　주님, 우리의 간구와 찬양을 통하여 영광을 홀로 받으시옵소서. 앞서가신 종은 주 안에서 일하며 살다가, 주 안에서 부름받아, 주 안에서 천국에 가신 것을 감사드립니다.
　하나님 아버지, 남편과 아버지를 잃은 유족들에게 슬픔 가운데도 주 안에서 소망을 가지고 하나님의 위로를 받고 인내할 수 있게 해주옵소서. 이제는 주 예수 그리스도를 주인으로 삼고 하나님을 경외하면서 당신의 말씀을 따라 살게 하여 주옵소서. 사람의 위로는 한계가 있음을 압니다. 이 땅에서 얻을 수 없는 하나님 나라의 위로로 충만케 하옵소서.
　주 하나님 아버지, 고인이 가신 그곳에는 영원히 슬픔이 없고 아픔도 없으며, 죽음이나 괴로움이 없는 완전한 치유가 있는 영광의 나라임을 믿습니다.
　땅 위에 사는 우리가 전혀 염려하지 않아도 될 영원한 안식기에 들어가신 고인의 영혼을 생각할 때에 우리도 함께 주님을 찬양합니다. 주안에서 모든 질고를 벗고 완전한 치유를 입은 성도의 죽음을 주께서 귀중히 보신 줄 믿습니다. 오늘의 슬픔이 변하여 찬송이 되게 하여 주옵소서.
　주 예수 그리스도의 이름으로 기도합니다. 아멘　　　　　　(호)

위로예배기도

　사랑과 자비의 주 하나님 아버지여, 사람이 겪는 고통을 다 아시고 필요한 위로를 베푸시는 손길을 믿습니다. 주 안에서 하나님의 부름을 받은 성도의 죽음 앞에서 기도를 드립니다.
　땅 위에 남겨 둔 유족들에게 하나님의 평강과 위로가 충만하시기를 비옵니다. 고인은 병중에서도 굳건한 믿음으로 하나님의 영광스러운 나라를 소망하면서 큰 믿음을 고백하였나이다.
　하나님 아버지, 인간에게 온 질고가 인간의 죗값으로 온 것이며 그 고통으로 인하여 죽음에 이르는 사실을 보면서 다시 한번 사죄의 은혜를 찬양합니다.
　예수 그리스도께서는 십자가에 죽음을 통하여 인간의 죄와 질고의 짐을 다 담당해 주셨습니다. 우리가 당할 죽음을 대신 당하신 그 주님을 찬양하고 감사를 드립니다.
　하나님 아버지, 유가족들이 고인의 병간호로 인하여 많이 지쳐 있습니다. 위로부터 부어 주시는 새 힘으로 굳건히 세워 주소서. 그동안 경제적 어려움도 많았습니다. 주께서 필요한 대로 채워 주시옵소서.
　살아있는 우리가 다시 한번 건강의 은총을 감사하고 기회가 주어져 있을 때 더욱 충성하며 섬기게 하옵소서. 주님은 공평하시 의로운 자에게 갚으시는 줄을 믿습니다.
　나아가 오늘의 허전함과 슬픔이 변하여 충만과 기쁨의 삶으로 채워지게 하옵소서.
　주 예수 그리스도의 이름으로 기도합니다. 아멘　　　　　(호)

위로예배기도

살아계신 주 하나님 아버지여, 다윗이 병중에서 드린 기도를 기억하옵니다. "가난한 자를 보살피는 자에게 복이 있음이여 재앙의 날에 여호와께서 그를 건지시리로다"(시 41:1).
주님은 병을 치료하시는 손길로 병중에 있는 성도들을 돌아보시나이다. 건강의 회복을 주시되 고치지 못하는 병을 죽음이라는 처방으로 온전히 치유하시는 손길을 믿습니다.
하나님의 위로는 우리의 모든 슬픔과 고통을 다 씻어 주시나이다. 여기 고인을 보내고 슬퍼하는 유족들의 마음을 하늘에서 부어주시는 위로와 평강으로 채워 주시옵소서.
특히 고인의 곁에서 오랜 병간호로 수고하신 가족들에게 강하고 담대한 힘을 주시고 그 피로가 다 회복되게 하여 주옵소서. 다시 돌아오지 못하는 길로 간 고인을 우리들의 마음속에 간직하며 새로운 소망의 날을 살아가게 하옵소서.
하나님 아버지, 고인은 인간적으로 보면 아직 더 살아서 해야 할 일들이 많이 있습니다. 가족이나 교회를 위해서도 큰 사명이 있음을 알지만 하나님의 부르심에 묵묵히 순응할 뿐입니다.
주님, 자녀들이 잘 배우고 잘 자라서 고인이 못다 하고 간 그 남은 일들을 충성되이 이루어 드리게 해주옵소서. 주님의 교회와 복음을 위하여 남은 때를 살게 하시고 여호와를 경외하며, 그 도를 행함으로써 복을 받게 하옵소서. 또한 건강과 부요의 복이 함께하사 주를 위해 헌신하게 하옵소서.
주 예수 그리스도의 이름으로 기도합니다. 아멘   (호)

위로예배기도

  사랑과 자비의 주 하나님 아버지여, 사랑하는 성도의 병사는 하나님의 섭리 안에서 이루어진 하나님의 주권적 결과임을 받아들이게 하옵소서.
  하나님 아버지, 사람을 보내기도 하시고 데려가기도 하시는 주 하나님의 긍휼과 자비를 베풀어 주시옵소서. 고인이 병중에서도 늘 기도와 찬미로 하나님을 묵상하며 믿음의 승리를 거두게 하신 은혜를 감사합니다. 죗값으로 주어진 질고의 고통을 인간이 대항하기에는 불가항력적인 일이기에 죽음의 사실을 그대로 받아들입니다.
  하나님 아버지, 병사는 하나님의 치유 방법 중에 하나인 줄 압니다. 이제는 고통도 두려움도 없는 하나님 나라에서 안식을 누리는 줄 믿고 슬픔 중에서도 위로를 받습니다.
  고인이 남기고 간 유족들을 이 시간 긍휼과 자비로 돌아 보시옵소서. 아버지와 남편을 잃은 그들에게 하늘의 평화와 위로로 충만케 하여 주옵소서.
  하나님 아버지, 죽음의 사실 앞에서 하나님의 존재와 손길을 새겨봅니다. 우리가 건강할 때 더욱 진실하게 믿고 살기를 바랍니다. 고인이 더 살아서 할 일을 이제는 후대들이 이어서 충성하며 복받고 살기를 원합니다.
  인간의 생사화복이 주님의 손안에 있기에 남은 자의 생명과 가정도 주님의 능력의 팔에 맡깁니다. 때를 따라 돕는 은혜로 유족들의 남은 생애를 이끄시고 돌보아 주시옵소서.
  주 예수 그리스도의 이름으로 기도합니다. 아멘   (호)

위로예배기도

　만물을 지으시고 통치하시는 주 하나님 아버지여, 하나님이 계시는 것을 알게 하여 주옵소서. 인간의 양심은 하나님을 의식하오며 만물에 나타난 자연의 오묘함과 원리에는 하나님의 손길이 나타나 있는 것을 압니다.
　여기 뜻하지 않는 질병으로 고인이 된 ○○○성도님의 유족들을 주 예수 그리스도의 이름으로 위로해 주시옵소서.
　하나님 아버지, 인생을 이 땅에 낳게 하는 것도 하나님이시요, 또 생명을 거두어가시는 이도 하나님이시니이다. 한 생명이 천하보다 소중한 것은 하나님의 형상대로 지음을 받은 존재이기 때문인 줄 압니다.
　유족들이 살아계신 하나님을 믿고 삶으로 인생의 최대 가치를 깨닫게 하여 주옵소서. 고인의 죽음이 이 가정을 복음화시키는 복음의 불 씨가 되게 해 주시고 성령께서 온 가정을 주님 앞으로 불러 주시기를 비옵나이다.
　주여! 유족으로 하여금 인생의 주인이 하나님이심을 믿게 하시며 우상을 버리고 하나님께로 돌아와 하나님을 섬기는 복을 베풀어 주시옵소서.
　하나님은 보이지 않으면서도 분명히 계시며, 아무 일도 안 하는 것 같으면서도 모든 일을 이루어가시는 줄 믿습니다. 이제 우리가 하나님을 인식하고 경외하면서 일하게 하시고 하나님을 기쁘시게 하는 믿음으로 살게 하여 주옵소서.
　주 예수 그리스도의 이름으로 기도드립니다. 아멘　　　　　(호)

위로예배기도

　인생의 주인 되시는 하나님 아버지여, 병사로 인하여 사랑하는 성도를 하나님 나라로 보낸 유족들에게 하나님의 위로와 평강을 주시옵소서. 하나님께서 인간을 지으시고 "너는 흙이니 흙으로 돌아갈 것이니라"(창 3:19) 하신 대로 인생은 죽어서 흙으로 돌아가는 줄 압니다.
　죽음은 돌아가는 길이요, 또 다시 되돌아올 수 없는 길이기에 바르게 살다가 가야 할 신성한 의무가 있는 줄 알게 하여 주옵소서.
　하나님 아버지, 무엇보다도 고인을 잃은 부인과 자녀들에게 하나님을 의지하고 믿는 기회가 되게 해 주시고, 이미 믿고 있는 유족들에게는 더욱 강하고 깊은 믿음을 갖게 하여 주시옵소서. 주님의 긍휼과 자비로 이들을 품어 주시고 영원한 생명의 길로 인도하여 주시옵소서.
　땅 위에서 겪는 충격과 슬픔을 이기게 하시고, 혈육을 잃은 반면 신령한 것으로 다시 찾는 기회가 되게 해주옵소서. 또한 세상의 것을 잃었으나 하나님 나라의 복으로 다시 채워지는 복을 누리게 하옵소서.
　하나님 아버지, 오늘의 슬픔이 변하여 기쁨이 되게 해 주시고, 오늘의 시련이 유족들을 더 강하고 담대한 그리스도인으로 연단하는 기회가 되게 해주옵소서.
　유족들이 주 안에서 새 출발을 하며 하나님을 경외하고, 그 말씀에 의지하여 하나님의 은총을 누리게 하옵소서.
　주 예수 그리스도의 이름으로 기도합니다. 아멘　　　　　(호)

위로예배기도

하나님, 저희들은 육신의 질병으로 고통 가운데 있다가 이 세상을 떠나 하나님의 품에 안긴 고 ○○○성도를 기억하며 예배를 드리고 있나이다.

저희들은 고인이 병중에 있을 때 낫게 하여 주시기를 간구하였고 기적을 구하였나이다. 히스기야왕에게 베푼 수명 연장의 은총을 베풀어 주시기를 간구하였나이다. 하오나 주님께서는 고인을 데려가셨나이다. 저희들의 믿음이 흔들리거나 주님을 원망하는 어리석음이 없게하여 주옵소서. 하나님의 뜻은 항상 우리의 생각보다 높고 깊음을 알게 하여 주옵소서.

고인을 사랑하시는 하나님께서 그가 병으로 인해 고통받을 때 더 이상의 고통을 줄이기 위해 데려가신 것임을 알게 하옵소서. 고인이 병석에서도 하나님을 찾으며 기도하고 찬송하게 하였음을 감사하게 하옵소서.

지금 하나님은 고인과 함께 계셔서 모든 눈물을 그 눈에서 닦아 주시어 다시는 사망이 없고 애통하는 것이나 곡하는 것이나 아픈 것도 있지 않는 가운데 있음을 생각하며(계 21:3~4) 감사하게 하옵소서. 또한 이기는 자가 되어 하나님이 감추었던 만나를 받고 그의 이름이 기록된 흰 돌을 받은 것으로 믿고(계 2:17) 감사하게 하옵소서. 그가 질병으로 인해 육신의 호흡이 끊어졌으나 둘째 사망의 해를(계2:11) 받지 아니한 것을 감사하게 하옵소서.

범사에 감사하라고 하신 주님, 저희들이 이 일에도 감사하게 하옵소서.

예수님의 이름으로 기도합니다. 아멘 (지)

위로예배기도

저희들을 이 세상에 보내신 주님께서는 저희들을 다시 부르실 때 여러 가지 방법을 사용하시는 것을 알고 있나이다. 질병도 주님께서 저희들을 부르는 방법 가운데 하나인 것을 믿으며, 이 시간 조용히 주님 앞에 무릎을 꿇나이다.

주님, 고인이 세상에 있을 때는 질병으로 인하여 육신이 자유롭지 못했으나 하나님 나라에서는 질병의 고통에서 벗어나 자유로이 걷고 뛰며 주님을 찬양할 줄 믿고 감사 드리나이다. 고인의 육신이 질병으로 인해 파리하였고, 그 몸에는 상처와 수술자국이 많았으나 주님의 나라에서는 흠 없고 티없는 모습일 것을 또한 믿나이다.

헌데 투성이의 나사로가 천사들에게 받들려 아브라함의 품에 들어간 것처럼(눅 16:22) 고인도 지금 주님의 품 안에 안기어 많은 위로를 받고 있음을 보게 하옵소서. 땅에서 고난받은 나사로를 위로하시는 주님(눅 16:25), 고인에게도 그 위로를 베풀어 주실 줄 믿습니다.

주님, 바울 사도가 육신에 가시를 지니고도 주님께 감사하며 "내 은혜가 네게 족하도다 이는 내 능력이 약한 데서 온전하여짐이라"(고후 12:9)는 주님의 음성을 들으며 전도의 삶을 살았던 것처럼 이 고인이 깊은 병을 가지고도 주님을 원망하지 않고, 병문안 오는 이들에게 주님이 사랑을 증거하는 아름다운 모습을 보여준 것을 감사 드리나이다. 그 믿음이 향기가 되어 장례식장에 감돌게 하시고 오래오래 전해지게 하옵소서.

저희들의 모든 것을 통해 영광받으시기 원하시는 주님, 이 일을 통해서도 영광 받으옵소서.

예수님의 이름으로 기도합니다. 아멘 (지)

위로예배기도

생명의 근원이 되시는 주님, 육신의 질병으로 세상을 떠난 고인의 시신 앞에서 무릎 꿇고 예배를 드리나이다.

질병은 믿지 않는 이들에게는 징벌의 방법이 되어서, 광야에서 하나님을 거역하던 사람들이 질병으로 목숨을 잃은 일과 예수 믿는 사람을 핍박하던 헤롯도 질병으로 죽게 한 일을 기억하나이다. 그러나 하나님을 믿는 이들에게는 질병이 하나님의 사랑을 표현하는 방법 가운데 하나인 것을 아나이다. 하나님께서는 질병을 통해서 사람의 한계를 깨닫게 하시며 하나님의 능력을 나타내시고 더욱 열심히 기도하게 하시며, 때로는 사랑하는 성도를 고통이 없는 영원한 세계로 인도하심을 믿나이다. 고인이 질병으로 세상을 떠난 것도 하나님께서 그를 사랑하시기 때문인 것을 믿게 하옵소서.

의가 있는 곳인 새 하늘과 새 땅에는 질병도 없는 것을 믿게 하시고 이 성도가 그 가운데 점도 없고 흠도 없이 평강 가운데 거하게 되었음을(벧후 3:13~14) 믿게 하옵소서.

주여, 고인은 지금 보좌 앞 금 제단에 어린양이신 주님과 함께 있는 것을 믿나이다. 저희들의 기도가 향연(香煙)이 되어 그 앞에 피어오르게 하옵소서(계 5:8, 8:3~4).

또한 고 ○○○성도의 아름다운 믿음과 행실이 그리스도의 아름다운 향기가 되게 하옵소서. 특별히 믿지 않는 자들에게 그리스도의 살아계심과 오묘하신 사랑의 섭리를 증거하는 향기가 되게 하옵소서.

고인의 병상생활에 함께하신 주님, 장례 절차에도 함께해 주옵소서.

예수님의 이름으로 기도합니다. 아멘   (지)

위로예배기도(사고사)

　인생들의 머리털까지도 세고 계시며, 참새 한 마리가 죽는 것까지도 외면치 않으시는 살아계신 하나님, 뜻하지 않은 사고로 인해서 주님의 부르심을 받은 고인의 유가족들이 슬픔 가운데 있습니다. 이 시간, 하나님의 위로를 바라오며 기도드립니다. 주님의 몸 된 교회와 함께 하나님을 사랑했고, 누구보다 주님을 향한 충성이 뜨거웠던 고인이, 어째서 생각지도 못했던 사고로 인하여 그렇게 빨리 가야 했는지 저희들은 알 수 없으나 거기에도 분명히 하나님의 깊은 뜻이 있으신 줄 믿습니다.

　지금은 이해할 수 없으나 그 뜻을 깨닫게 하옵시며, 앞으로 하나님의 뜻이 이루어지게 하시고, 그 뜻이 이루어지는 것을 보면서 남은 유족들이 위로받고, 하나님께 영광을 돌릴 수 있는 그날이 속히 오게 하여 주시옵소서.

　유족들로 하여금 고인이 남긴 유훈과 유업을 길이 간직하게 하시며, 그분이 바라고 소망했던 일과 이루지 못했던 일들을 계승하여 성취하게 하여 주시옵소서. 그리고 고인이 걸어가신 믿음의 길을 따라가면서 끝까지 승리하게 하여 주시옵소서.

　하나님을 경외하는 자들에게 주시겠다고 약속하신 성경에 기록된 모든 복들을 고인의 후손들을 통해 이루어 주옵시고, 고인이 보여 주셨던 신앙과 인격을 유산으로 길이 간직하면서, 고인이 원했던 선한 계획들을 이루어 드릴 수 있도록 도와주시옵소서.

　남은 유족들이 한마음이 되어서 고인의 이름에 부끄럽지 않도록 아름다운 삶을 살아가게 하여 주시옵소서.

　예수님의 이름으로 기도드립니다. 아멘　　　　　　　　　　(남)

위로예배기도(사고사)

생명의 주인이 되시는 하나님 아버지, 고 ○○○성도의 죽음으로 인해 할말을 잊어버린 유족들과 우리 성도들이 주님의 위로를 받기 위하여 모였습니다. 사람의 말로는 위로할 수 없으나 하나님은 하실 수 있는 줄 믿습니다. 유족들을 위로하여 주옵소서.

평소에 열심히 땀 흘려 일하였고, 늘 밝고 긍정적으로 생각하며 살던 고인의 모습을 생각해 봅니다. 아직도 할 일이 많이 남아 있는데 너무나 갑작스럽게 우리의 곁을 떠나니 안타까운 마음을 금할 수 없습니다. 늘 우리에게 기쁨을 주었고 용기를 주었던 그의 모습을 이제 더 이상 볼 수 없다고 생각하니 더욱 슬픔이 큽니다. 그러나 이제는 우리에게 그 아픔과 고통을 이기고 삶에 대한 새로운 용기를 주시옵소서. 고인은 가셨지만 하나님을 더 믿고 의지하며 이 험난한 세상을 살아가게 하옵소서.

앞으로도 슬픈 일이 있을 것이고 기쁜 일도 있을진대 그때마다 하나님과 함께 슬픔을 극복하고 하나님과 함께 기뻐하며 영원한 세상에 이르기까지 굳건한 믿음의 가정이 되게 하옵소서.

우리 모두 인생의 연약함을 다시 한번 깨닫게 하시고, 죽음 앞에 어느 누구도 항거할 수 없는 연약한 존재이며, 오직 그리스도 안에 있는 영생을 통해서만 이 죽음의 권세를 이김을 알게 하옵소서.

우리의 눈을 들어 영원한 천국을 바라보게 하옵시고, 하나님 나라의 영원한 복락 속에 평안을 누리고 있는 고인의 모습도 보게 하옵소서. 그리하며 위로를 얻고 천국에 대한 소망 가운데 살게 하옵소서.

우리의 유일한 소망이 되고 우리를 영원히 지켜 주시는 예수님의 이름으로 기도합니다. 아멘

(남)

위로예배기도(사고사)

하나님 아버지이시여, 지금 여기에 교회에서 신앙생활을 충실히 하셨던 고 ○○○성도(직분)께서 뜻하지 않은 사고로 말미암아 그 영혼이 육신을 떠나갔습니다. 저희들은 이 자리가 어리둥절할 뿐입니다. 또한 이해할 수 없는 의혹도 솟구쳐 오릅니다. 용서하옵소서.

"화가 네게 미치지 못하며 재앙이 네 장막에 가까이 오지 못하리니"(시 91:10) 하신 약속의 말씀대로 라면 고인이 사고가 날 때 하나님께서 그것을 피하게 하시든가 화가 미치지 못하게 막아 주시고 죽음의 사고가 가까이 못하게 보호해 주셔야 하지 않겠습니까. 성경 부분 부분에 씌어진바 의인 성도를 환난 중에 보호해 주신다 하셨사온데 지금 이 성도가 사고를 당해 죽은 것을 우리는 이해하지 못하고 있습니다. 하나님의 뜻을 알지 못하는 부족한 저희들을 깨우쳐 주옵소서.

혹시나 고인이 벌받을 만큼 잘못한 일이 숨겨져 있습니까? 또는 "모든 일이 합력하여 선을 이루는"(롬 8:28) 진리를 깨우쳐 체험하게 하시려는 겁니까? 잠시 잠깐 머무는 나그네 같은 인생길에 너무 집착하지 말고 영원한 본향을 향해 과감하게 출발하라시는 주님의 원대한 계획과 섭리입니까? 그러나 어리석은 인간들은 하나님을 그렇게 잘 믿으면 큰 복을 받아 만사가 형통하는 줄 알았더니 그 모양으로 비참하게 세상을 떠나느냐고 비아냥댑니다.

자비로우신 아버지 하나님, 저희들의 소망은 오직 성경의 진리뿐입니다. 그 옛날 욥이 일조일석에 처절한 운명으로 몰락했음에도 불구하고 그 신앙 자세를 흐트러뜨리지 않음으로 나중이 더 창대하게 된 진리의 빛을 우리에게 주옵소서.

예수 그리스도의 이름으로 기도합니다. 아멘 (우)

위로예배기도(사고사)

하나님 우리 아버지!
"너희가 내 이름으로 무엇을 구하든지 내가 행하리니 이는 아버지로 하여금 아들을 말미암아 영광을 받으시게 하려 함이라"(요 14:13)는 약속의 말씀을 의지하여 이 기도를 드립니다.

전능하신 하나님 아버지, 지금 이 시간 주님께서 피로 값주고 약속하신 고 ○○○성도(직분)께서 불의의 사고로 죽음을 당하여 위로예배를 드리오니 고갈되지 않는 주님의 사랑으로 위로해 주시길 간절히 원합니다.

그런데 어떻게 이 성도가 사고를 당하여 이렇게도 끔찍하게 죽어야 합니까? 이 문제는 하나님의 약속의 말씀이 아니고서는 해답을 얻을 길이 없습니다. 갑자기 찾아온 죽음인지라 우리 모두는 할말을 찾지 못하고 있습니다. 인간의 힘으로는 위로할 길이 없어 앞이 캄캄하고 아찔함을 느낍니다.

주여, 어찌하오리까! 무슨 말로 위로할 수 있사옵니까? 하나님은 전능하시고 사랑이 무한하신 분이시옵니다. 하나님의 생각은 인간의 좁은 생각과 달라서 우리에게 더 좋은 것을 예비하고 계신바 그것을 얻기 위해 우리 인생이 가장 기피하는 핍박과 고난과 순교를 먼저 선행 조건으로 주시는 줄을 깨닫게 해주옵소서. 이 진리를 통해 저희가 위로받게 해주옵소서.

고인을 잃어 슬픔에 빠져 있는 유족들에게 힘과 용기를 불어넣어 주셔서, 고인이 남기신 믿음에 더 큰 믿음을 더하사 가정과 교회를 잘 섬길 수 있도록 은총 베풀어 주옵소서.

주 예수님의 이름으로 기도합니다. 아멘   (우)

위로예배기도(사고사)

한시도 우리의 마음이 편할 날이 없으며, 한곳도 우리의 몸이 안전한 곳이 없는 이 세상에서 곡예 같은 삶을 사는 인생이 주님을 의지합니다. 이 세상은 불안전하지만 하나님 나라는 안전하며, 이 세상은 불안하지만 하나님 나라는 늘 평안인 것을 믿습니다. 우리가 이 세상에 살다가 죽어서 모든 것이 끝난다면 허무하기 짝이 없지만 하나님 나라가 있기에 늘 만족하며 기뻐합니다.

하나님, 불의의 사고로 하나님의 귀한 백성이 하나님의 곁으로 갔습니다. 사고로 세상을 떠났기에 안타까움이 더하지만 하나님의 사랑을 의심치 않게 하소서. 갑작스러운 죽음으로 마음이 허탈하기 짝이 없지만 하나님을 원망하지 않게 하소서. 하나님의 사랑은 변치 않음을 믿게 하시고, 지금도 그 사랑을 느끼게 하소서.

이 세상은 험하고 우리들은 약합니다. 세상을 사는 우리는 온갖 사고에 노출되어 있고 작은 바람에도 견디기 힘든 약한 존재입니다.

하나님, 이 시간 겸허하게 우리의 약함을 고백하게 하시고, 강하신 주님께 의지하는 믿음을 유족들에게 주소서. 지금까지 내 힘을 의지하며 살아왔음을 고백합니다. 내 지식과 지혜로 세상을 얻겠다고 생각한 어리석음을 용서하소서.

하나님, 유족들이 우리의 힘이시며 반석이시고, 방패이시며 구원의 뿔이시고, 산성이신 여호와 하나님만을 의지하며 살게 하소서. 또한 하나님께서 주신 그 힘으로 유족들이 낙심치 않게 하소서.

모든 장례 절차가 끝날 때는 하나님께 대한 원망보다 소망이, 의심보다 확신이 가득 찬 마음들이 되게 하소서.

예수님의 이름으로 기도합니다. 아멘 (희)

위로예배기도(사고사)

주님, 여기에 낙심하고 슬퍼하는 유족들이 있습니다. 사랑하는 이를 갑작스럽게 잃은 남은 자들이 있습니다. 먼저 주께서 이들의 빈 마음을 주님의 충만하심으로 채워 주시기를 원합니다. 아직도 믿을 수 없는 죽음 앞에 전율하며 아쉬움과 원망의 마음이 있습니다.
주님, 친히 찾아와 위로하시고 주님의 뜻을 발견하게 하소서.
하나님, 어리석은 사람들이 조금 건강한 것을 자랑하고, 조금 더 아는 것을 자랑하고, 조금 더 오래 산 것을 자랑합니다. 이러한 부질없는 자랑을 말게 하시고 주님만을 자랑하게 하소서. "지혜로운 자는 그의 지혜를 자랑하지 말라 용사는 그의 용맹을 자랑하지 말라"(렘 9:23)고 하신 하나님의 말씀을 마음문 열고 받아들여서, 이 세상에서 예수 믿은 것을 자랑하고 주님을 자랑하게 하소서.
지혜의 하나님, 우리는 조금 덜 가진 것을 아쉬워하며, 조금 덜 배운 것을 아쉬워하고, 조금 덜 산 것을 아쉬워합니다. 우리가 그런 세상적인 것에 마음을 빼앗기지 말게 하시고, 주님을 조금 덜 섬긴 것을 아쉬워하게 하시며, 사람을 조금 덜 사랑한 것을 아쉬워하게 하시고, 세상에 조금 덜 베푼 것을 아쉬워할 줄 아는 지혜가 있게 하소서.
사고가 끊일 날이 없는 이 세상에서 갑작스러운 죽음을 당한 고인은 조금 짧은 삶을 살았지만 하나님을 더 많이 사랑하며 살았음을 압니다. 하나님은 그 사랑을 다 받으시고 이제 데리고 가셨습니다. 하나님이 사랑하셔서 이렇게 빨리 데리고 가신 것임을 믿습니다. 유족들도 이 하나님의 사랑을 깨닫게 하시고, 우리도 언제 부르심을 받을지 모르는 존재들인데 준비 잘하여 부르심에 응답하게 하소서.
예수님의 이름으로 기도합니다. 아멘 (희)

위로예배기도(사고사)

    환난과 질고가 많은 이 세상에서 살얼음 같은 삶을 사는 사람들이 매일 불의의 사고로 세상을 떠납니다. 모든 사람들은 세상 고통에서 면제받을 수 없기에 온갖 고통과 더불어 이 세상을 살아갑니다. 이 고통과 죽음은 인생의 한 부분임을 알면서도 멀게만 생각했습니다. 이 시간, 불의의 사고로 우리 곁을 떠난 고인을 보며, 겸허하게 나의 영혼을 볼 수 있는 시간이 되게 하소서.
    세상의 메마른 땅을 종일 걸어가도 쉴 곳을 찾지 못하는 인생들이 주님의 품에서 안식을 얻고 주님께 우리의 몸을 기댑니다. 눈앞에 닥친 세상의 갖가지 환난과 사고를 모른 채 천년만년 이 땅에 살 것 같은 착각 속에 살던 인생이, 이제 주님의 뜻이 아니면 아침 안개처럼 잠깐 있다가 사라지는 한치 앞도 모르는 인생임을 깨닫습니다.
    하나님, 이 시간 불의의 사고로 갑작스럽게 세상을 떠난 고인의 유족들이 슬픈 마음을 가눌 길이 없어 아파합니다. 인간의 말로 위로받지 못하는 그들의 마음을 주님의 말씀으로 위로하시고 치유하여 주소서. 이때야말로 주님의 말씀과 인생의 지혜가 필요한 순간임을 알고 영원하신 하나님께 돌아올 수 있는 유족들이 되게 하소서. 생명의 근원이신 예수님께로 마음을 돌이켜 우리를 위해 십자가에 죽고 부활하신 예수님을 마음에 모시는 시간이 되게 하소서.
    장례 모든 절차를 통하여 믿지 않는 유족들이나 조객들이 하나님을 믿을 수 있게 해주소서. 하나님께서 우리를 지으시고, 이 세상의 창조자이심을 알게 하시며, 예수님께서 하나님의 아들이심과 하나님 나라가 믿는 자에게 약속으로 주어진 것을 믿게 하소서.
    예수님의 이름으로 기도합니다. 아멘   (희)

위로예배기도(사고사)

은혜와 자비가 풍성하신 하나님! 사람은 어리석어 아무것도 모르고 살다가 예기치 않은 때 뜻하지 않은 어려운 일로 인하여 슬퍼하나이다.

자식을 앞세우고 오열하는 부모, 남편과 사별하고 억장이 무너지는 아내, 졸지에 아버지를 잃은 어린 자녀들, 다정했던 벗을 잃은 친우들과 성도들이 한자리에 모여 주님의 위로를 기다리며 예배 드리오니 은혜 위에 은혜를 내려 주옵소서.

욥은 아침에 열 남매의 자식들이 폭풍에 집이 무너져 죽었사오며 온몸에 병이 들어 친구들이 찾아왔으나 그가 누구인지 모를 만큼 큰 고난을 겪었습니다. 그러나 끝내 하나님을 원망하지 않고 오히려 "주신 이도 여호와시요 거두신 이도 여호와시오니 여호와의 이름이 찬송을 받으실지니이다"(욥 1:21)라고 한바 우리들도 이 어려운 일을 당하여 욥의 믿음을 본받게 하시옵소서.

사람은 유약하여 원망하고 낙심하기 쉬우니 강한 욥의 믿음을 모든 분들에게 허락하여 주시옵소서.

욥은 생일을 저주할 만큼(욥 3:1) 슬펐으나 저가 하나님을 찾고 하나님께 위로를 받은 다음에는 "내가 주께 대하여 귀로 듣기만 하였사오니 이제는 눈으로 주를 뵈옵나이다"(욥 42:5)라고 고백하며 신앙의 성숙함을 보였습니다. 갑자기 어려움을 당한 유가족들과 모든 성도들에게도 성령의 감동을 허락하사 욥과 같이 이 어려운 때에 주님을 뵈옵는 믿음을 허락하여 주시옵소서.

예수님의 이름으로 기도드립니다. 아멘 (수)

위로예배기도(사고사)

만군의 주 여호와 하나님!
뜻하지 않은 사고로 주님의 부름을 받은 고인으로 인해 어려운 일을 당하게 된 그 가족과 친지들이 놀람과 충격으로 가득 찼사오나 이런 때일수록 주님의 위로와 평강이 깃들게 하시옵소서.
이 시간 영안을 활짝 열어 주셔서 죽음 너머에 있는 영광의 세계를 바라볼 수 있게 하시고, 부활로 말미암아 이루어지는 영생의 소망으로 위로받게 해주옵소서.
모든 유족들과 성도들에게 힘과 용기를 더해 주시기를 기도합니다. 이 일로 인하여 낙심하는 식구들이 생기지 않게 성령의 감화를 주옵시고, 오히려 주님의 크신 뜻을 깨닫는 지혜의 영을 주시옵소서.
인간의 생명은 잠깐 보이다가 없어지는 안개와 같다 했사오매 무슨 일을 당할지 알 수 없는 험악한 이 세상에서 하룻밤을 지날 때에도 주의 날과 때를 알게 하시고, 우리에게 죽음이 닥칠 때 대처하는 지혜를 허락하여 주옵소서. 그리하여 여기 모인 성도들을 늘 성령으로 보호하시고, 인도하여 주옵시며 창과 방패로 지켜 주시옵소서.
"하나님은 우리의 피난처시요 힘이시니 환난 중에 만날 큰 도움이시라"(시 46:1)는 말씀대로 슬픔 중에 있는 유족들에게 우리 주님께서 피난처와 힘이 되어 주시고 도움의 산성이 되어 주옵소서.
위로하시는 예수님의 이름으로 기도드립니다. 아멘 (수)

위로예배기도(사고사)

　부활이요, 생명의 주인 되시는 주님,
　이 엄청난 일을 만나 슬픔을 겪고 있는 모든 유족들을 위로하여 주시옵소서.
　여기 모인 우리들은 어떠한 말로도 위로할 수조차 없사옵나이다. 오로지 주님만이 위로할 것이오매 하나님의 말씀으로 남은 식구들에게 위로를 허락하여 주시옵소서.
　졸지에 아내와 어머니를 잃은 지상에 있는 유족들은 이처럼 슬픔을 가눌 길이 없지만, 저 천국에서는 천군천사들의 나팔 소리에 맞춰 우리 주님과 함께 먼저 간 성도들의 환영식장에서 승리의 면류관을 받아 쓴 집사님의 모습을 영안으로 바라보면서 모든 아픔을 이기게 하옵소서. 주님 오시는 날, 부활한 몸으로 다시 만날 소망을 가지고 남은 식구들과 성도들은 더 열심히 신앙생활하도록 붙들어 주옵소서.
　다시는 이 땅에, 그리고 모든 사람들에게 불의의 사고로 죽음을 당하는 어려운 일이 일어나지 않게 하시옵소서.
　주님께서 낮에는 구름기둥으로 밤에는 불기둥으로 인도하여 주시옵소서. "어리석은 자는 그 마음에 이르기를 하나님이 없다 하도다"(시편 53:1)라고 하신 하나님의 말씀이 있거니와 다시는 그 누구 하나 하나님이 없다고 말하지 않게 하시고, 하나님의 공의만이 지배하는 세상이 되게 하옵소서.
　예수님의 이름으로 기도드립니다. 아멘　　　　　　　　　(수)

위로예배기도(사고사)

　살아계신 주 하나님 아버지여, 주께서 피로 사신 자기 백성들을 눈동자같이 지키사 인도하시고 보호하시는 손길을 감사합니다.
　수많은 위험이 우리의 옷깃을 스쳐가는 현실 속에서 보이지 않는 주님의 보호하심을 믿습니다. 천사들을 보내어 자기 백성들을 지키시고 사망의 음침한 골짜기에서도 늘 함께해 주시는 손길을 다시금 감사드립니다.
　하나님 아버지, 불의의 사고로 하나님의 부르심을 받은 고인에게 같은 성도로서 아쉬움과 슬픔을 금할 수 없습니다. 하물며 그 유족들이 당한 충격과 슬픔을 사람의 말로는 위로할 길이 없습니다. 자비로우신 주님의 음성으로 위로해 주시고 성령의 비춰심과 위로로 가득 채워 주시옵소서.
　우리의 현실 속에서 생명과 미래를 주님께 맡기고 살아가는 믿음의 자세가 갖추어지게 하시고, 오늘 주 앞에 설지라도 후회 없는 믿음의 삶을 살게 하여 주옵소서. 하나님 아버지, 땅 위에 남겨진 유족들을 긍휼히 여기소서. 슬픔을 씻어 주사 새 힘을 얻게 하시고 예수 그리스도를 주인으로 모시며 더욱 성숙해지는 신앙의 가정이 되게 하여 주시옵소서.
　사람에게 얻지 못하는 위로를 하나님으로부터 얻게 하시고, 땅 위에서 구하지 못하는 은혜를 위로부터 풍성히 받게 하옵소서. 마음의 눈을 열어 주셔서 소망과 능력을 바라보게 하여 주옵소서.
　주 예수 그리스도의 이름으로 기도합니다. 아멘　　　　　(호)

위로예배기도(사고사)

사랑과 자비의 주 하나님 아버지여, 여기 불의의 사고로 하나님 나라에 가신 고 ○○○성도로 인해 슬퍼하는 유족들을 주께서 불쌍히 여겨 주시옵소서. 우리가 살아가는 환경 속에는 예기치 않는 사고와 위험한 일들이 많이 있습니다. 연약한 저희들로 하여금 항상 주님을 신뢰하면서 살아가게 하옵소서.

주여, 충격과 슬픔의 현실 앞에서도 다시 한번 하나님을 경외하는 믿음을 갖게 하여 주옵소서. 사건 속에서 하나님을 원망할 수도 있고 하나님을 두려워할 수도 있는 줄 압니다. 이 자리의 모든 성도들이 하나님의 섭리를 믿고 주권적인 사역에 순응하면서 하나님을 향하여 찬양과 경배로 주를 우러러 영광을 돌리게 하옵소서.

하나님 아버지, 주님의 말씀을 묵상합니다. "사람이 감당할 시험 밖에는 너희가 당한 것이 없나니 오직 하나님은 미쁘사 너희가 감당하지 못할 시험 당함을 허락하지 아니하시고 시험 당할 즈음에 또한 피할 길을 내사 너희로 능히 감당하게 하시느니라"(고전 10:13).

주여, 주님의 약속대로 오늘의 시련과 슬픔을 극복할 수 있는 능력을 베풀어 주셔서 피할 길을 주시고, 이 시련을 통하여 다시 한번 믿음의 연단이 이루어지게 하옵소서.

주는 긍휼과 자비가 풍족하시므로 능히 우리를 위로하사 하나님의 자녀로 세워 주실 줄 믿습니다. 주님의 영광을 위하여 의의 길로 인도하여 주시옵소서.

주 예수 그리스도의 이름으로 기도합니다. 아멘 (호)

위로예배 기도(사고사)

  때때로 저희들로서는 헤아리기 어려운 신묘막측한 섭리로 저희들을 인도하시는 주님, 예상치도 않았고 원하지도 않았던 사고로 고인이 된 ○○○성도의 주검 앞에 모인 저희들에게 깨달음을 주옵소서.
  욥이 자녀들을 잃고서도 "주신 이도 여호와시요 거두신 이도 여호와시오니 여호와의 이름이 찬송을 받으실지니이다"(욥 1:21)라는 믿음을 본받게 하옵소서. 하나님을 원망하지 않게 하옵소서.
  하나님은 저희들이 이해하기 어려운 방법으로 영광을 받으시는 분이시며 저희들이 이해하지 못하고 인간의 안목으로는 큰 불행일수록 하나님의 깊은 사랑이 깃들어 있고 또한 하나님께 큰 영광이 되는 사실을 알게 하옵소서.
  고인이 이와 같은 사고가 없는 천국에 가 있는 것을 생각하며 감사를 드리나이다. 이 사고가 잘 수습되게 하옵소서. 당사자들이 서로 상대방의 입장을 생각하며 양보하고 위로하게 하옵소서. 약간의 이익을 더 얻기 위하여 눈살을 찌푸리는 일이 없게 하옵소서.
  사고 처리를 담당한 공직자들에게도 공정하게 처리할 수 있는 지혜를 주옵시고, 이 사고가 전도의 기회가 되게 하옵소서.
  찬송가 413장의 가사를 지은 스펫포드(Spafford) 집사는 해난사고로 넷 딸을 잃고서도 "내 영혼 내 영혼 평안해"를 노래했는데, 유족들에게도 마찬가지의 믿음을 주옵소서. 이 무서운 풍파 앞에서도 영혼의 평안함을 누리게 하여 주옵소서. 또한 저희들이 언제 어떤 모습으로 하나님의 부르심을 받더라도 조용히 그 부르심에 순종할 수 있는 순비된 삶을 살게 하여 주옵소서.
  예수님의 이름으로 기도합니다. 아멘   (지)

위로예배기도(사고사)

주님, 저희는 사건과 사고가 많은 세상에 살고 있습니다. 고인이 사고로 인해 이 세상을 떠난 것은 주님의 사랑이 부족해서도, 주님께서 고인을 소홀하게 여겨서도 아니고 이것 역시 주님의 사랑 가운데 이루어지는 것임을 깨닫게 하옵소서. 다른 것을 생각하기에 앞서 고인이 주님을 믿고 살았기에 하나님의 품에 안긴 것을 생각하며 감사하게 하옵소서.

주님, 찬송가 549장의 가사를 지은 슈몰크(Schmolck) 목사님은 화재로 전 재산과 두 아들을 잃고서도 "내 주여 뜻대로 행하시옵소서"라고 기도하였나이다. 저희도 "내 주여 뜻대로 행하시옵소서. 내 모든 일들을 다 주께 맡기고 저 천성 향하여 고요히 가리니 살든지 죽든지 뜻대로 하소서"라고 기도하게 하옵소서.

유족들이 헤아리기 어려운 충격 가운데 있습니다. 풍파를 잔잔하게 하시는 주님, 유족들이 겪고 있는 풍랑을 잔잔하게 하여 주옵소서. 저들을 평안의 항구로 인도하옵소서.

유족들이 낙심하지 않게 하옵소서. 낙심은 시험의 미끼가 되기 쉬우니 주여, 지켜 주옵소서. 또한 원망하지 않게 하옵소서. 마귀는 원망하는 마음을 온상으로 삼으니 주여, 지켜 주옵소서.

유족들이 이 일을 믿음으로 받아들이고 믿음으로 이기려 할 때, 그들의 믿음이 놀랍게 성장하고 주님이 주시는 위로가 풍성하며 사고의 수습 또한 원만할 줄로 믿습니다. 고인께서 많은 계획을 가지고 많은 일을 하다가 갑자기 하나님 나라로 가셨기 때문에 남은 일들, 정리해야 할 일들이 많습니다. 도와주옵소서.

예수님의 이름으로 기도합니다. 아멘   (지)

위로예배기도(불신자)

　사랑과 은혜가 충만하신 살아계신 하나님 아버지, 인생이 70이요, 강건하면 80이라도 그날이 화살과 같이 날아간다고 하셨습니다.
　그 말씀처럼 80을 살아도 짧은 인생인데, 고인과 함께 오랫동안 살기를 원했던 유족들의 바람을 저버리고, 고인은 저희 곁을 영원히 떠나고 말았습니다.
　이 땅에서 살아가는 인생이라면 누구나 죽지 않고 영생하기를 원하지만 불로초를 찾던 진시황도, 도를 깨쳐서 죽지 않기를 원했던 수많은 도인들도 그 두려워하던 죽음을 피하지 못했던 것처럼, 고인도 역시 질병을 극복하지 못한 채 한줌의 흙으로 돌아갔습니다.
　고인을 흙으로 돌려보내면서 저희들도 언젠가는 흙으로 돌아가야 할 티끌 같은 인생이라는 진리를 다시 한번 확인하게 되었습니다.
　고인이 가신 죽음의 길이 고인만 가신 길이 아니라 누구나 한 번은 가야 할 길을 갔다는 사실을 기억하면서 유족들의 마음이 위로받게 하여 주시옵소서.
　그리고 고인은 육신의 질병으로 어려움을 겪었지만, 자신의 삶에 대해 책임을 가지고, 누구보다도 최선을 다하는 삶을 살았고, 가족들을 사랑했기에 그를 흙으로 돌려보낸 가족들의 마음은 더욱 허전합니다.
　이 시간 이후로 고인과 헤어지는 이별의 아픔을 통해서 유족들의 마음이 하나님 한 분만을 향하게 하시고, 하나님을 의지하면서 자신들의 남은 삶을 아름답게 가꾸어가는 믿음의 사람들로 변화되게 하여 주시옵소서.
　예수님의 이름으로 기도합니다. 아멘　　　　　　　　　　(남)

위로예배기도(불신자)

　사랑과 은혜가 풍성하신 아버지 하나님, 주 예수 그리스도를 평생 믿지 않고 살다가 병중에 세상을 떠난 고 ○○○님의 시신 앞에 그 유가족들이 눈물을 짓고 있습니다.
　사랑이신 하나님, 고인을 떠나보낸 슬픔과 고인을 예수 그리스도께 인도하지 못한 죄책감으로 고통스러워하고 있는 유가족들의 눈물을 닦아 주시고 긍휼히 여겨 주옵소서. 이 시간 드려지는 예배를 통해 유족들이 위로받게 하시고, 하나님의 사랑을 체험하는 은총을 허락해 주옵소서.
　하나님, 아직도 믿음이 없는 유가족이 있다면 고 ○○○님의 죽음을 통해 주님을 영접하게 하셔서 그들을 구원의 문으로 들어가게 하옵소서. 저희가 고인을 강권하여 전도하지 못한 유감을 억제하지 못하고 있나이다.
　아버지 하나님, 저희 교회에서도 고인의 영혼을 위해 많은 기도를 했습니다. 그것은 유가족들의 소원이기도 했습니다. 그러나 생명이 하나님께 있사오니 고인을 부르신 주의 섭리를 깨닫게 하시고, 이 일을 통해 우리를 향한 하나님의 소리를 듣게 하옵소서.
　생명의 주권자이신 하나님을 만나게 하시고 하나님의 기쁨이 되는 삶을 살게 하옵소서. 생명의 주인이신 하나님께서 우리를 찾으실 때에 부끄러움 당하지 않기를 원합니다. 연약한 저희들을 도우셔서 복음에 합당한 열매를 맺으며 살 수 있도록 인도해 주옵소서. 또한 유가족들로 하여금 사는 동안 감사 감격의 삶을 통하여 하나님께 영광 돌리며 우리 교회 부흥의 주역이 되게 해주옵소서.
　예수 그리스도의 거룩하신 이름으로 기도합니다. 아멘　　(우)

위로예배기도(불신자)

만유의 주재 하나님 우리 아버지여, 지금 여기에 하나님께서 이 세상에 보내셨고, 하나님 영광을 위해 하나님 말씀에 순종하는 삶을 살도록 원하셨으며 기대하셨던 고 〇〇〇님이 병을 앓다가 세상을 떠났습니다. 질병으로 병상에 누워 고통을 호소하던 고인의 음성이 아직도 귓가에 있습니다. 아직 고인의 죽음이 믿어지지 않습니다.

예수 그리스도를 믿는 것 외에 구원 얻을 길이 없음을 알기에 주님을 영접지 못한 채 고인이 된 〇〇〇님의 죽음이 더욱더 안타깝고 고통스럽습니다. 영육간에 구원 얻기를 위해 기도하던 유가족들의 기도가 응답되지 않아 낙망할까 염려됩니다.

하나님 아버지, 유가족들이 고인의 죽음으로 낙망치 않게 하시고, 견고한 믿음으로 새 힘을 얻게 하옵소서. 인간의 뜻대로, 인간의 계획대로 생명을 연장할 수도 단축할 수도 없기에 고인의 죽음을 바라만보고 있을 뿐, 아무것도 할 수 없는 연약하기만한 인생들을 불쌍히 여기시고, 우리의 주인이신 하나님을 더욱더 의뢰하고 순복하는 삶을 살게 하옵소서. 또한 하나님을 전하는 삶을 살 수 있게 하옵소서.

사랑이신 하나님, 낙심 가운데 있는 유가족들을 찾아와 주시고 함께해 주시옵소서. 장례의 모든 절차를 하나님께 의탁 드립니다. 좋은 일기를 허락하시고, 심신이 피곤해져 있는 유가족들에게 강건함을 주옵소서. 장례의 일을 돕는 모든 손길들을 지켜 주시고 필요에 따라 돕는 은혜를 주옵소서.

주 예수님의 이름으로 기도합니다. 아멘   (우)

위로예배기도(불신자)

    거룩하신 우리의 하나님 아버지, 당신은 우주만물의 주재시며 인간의 생사화복을 자유자재로 섭리하시는 줄 믿습니다.
    여기 우리 교회 성도의 가족이 불의의 사고로 세상을 떠났습니다. 고인이 이렇게도 갑작스럽게 세상을 떠남으로 우리의 마음이 심히 민망하고 답답하기 그지없습니다.
    후회스러운 일이 너무나도 많습니다. 영혼을 사랑한다 하면서 고인의 영혼을 사랑하지 못했습니다. 영혼을 구원시키는 일에 최선을 다하지 못했습니다. 우리들이 해야 할 일을 핑계한 죄, 용서하옵소서.
    특별히 유가족들의 슬픔을 위로해 주시고, 하나님의 사랑을 베풀어 주옵소서. 고인의 죽음을 지켜보는 저희들로 하여금 언제 어느 순간에 무슨 일을 당할지 예측할 수 없는 현상 세계에 집착하지 않게 하소서. 또한 지나친 욕심이나 허황된 것에 매달리던 저희들에게 하나님 앞에서 진실무위한 삶을 되찾는 기회가 되게 하시옵소서.
    이 세상은 영원한 것이 아님을 압니다. 무엇보다도 먼저 믿음을 가진 자들이 복음 전하는 일을 충실히 감당함으로 아직도 어두움 가운데 있는 불쌍한 영혼들이 주님의 품으로 돌아올 수 있는 특별한 은총을 허락해 주옵소서.
    주권자 하나님, 생명이 하나님께 있음을 고백합니다. 고인의 생명을 취하신 이가 하나님이시오니 원망할 수 없습니다. 비록 주님을 알지 못하고 하나님의 부르심을 받아 안타깝기 그지없사오나 항변할 수 없는 인생들입니다. 하나님께서 하신 일을 믿음의 눈으로 바라볼 수 있게 하옵소서.
    우리 주 예수 그리스도의 이름으로 기도합니다. 아멘   (우)

위로예배기도(불신자)

하늘에 반짝이는 수많은 별들 가운데 작은 빛만도 못한 인생이 이 땅에 왔다가 그 빛이 다 쇠잔하여 이제 이 세상을 떠났습니다. 고인은 질병의 고통을 혼자 감당하며 사시다가 이제 떠나셨습니다. 세상에서 사랑하던 가족들도, 아끼던 모든 재물도 다 버리고 홀로 떠나셨습니다.

하나님, 고인께서는 이 세상에 사랑하는 유족들을 남기고 떠나셨습니다. 아무에게도 맡기지 못하고 떠난 유족들을 주께서 맡아 주시기를 원합니다. 세상의 친구도, 물질도, 권력도 어떤 것도 맡아 줄 수 없는 사랑하는 유족들을 주님께서 맡아 주님의 품에 안으시고 위로하여 주소서. 세상에서 방탕하게 살다가 돌아온 이들을 사랑으로 반겨준 아버지의 그 품으로 맞아 주시고 안아 주소서.

하나님, 유족들의 슬픔을 위로로 바꿔 주시기를 원합니다. 병상에서 고통당하던 고인에게 생명을 줄 수 없는 무능함을 안타까워하고 있는 유족들을 주께서 위로하소서. 꺼져가는 순간까지도 하나님을 믿게 하지 못해서 더 가슴이 아픈 유족들을 주께서 위로하소서. 사랑하면서도 죽음의 길에 동행하지 못하는 인간의 유한함을 안타까워하고 있는 유족들을 주님께서 위로하소서.

우리 모두가 언젠가는 다 이 길을 갑니다. 우리가 올 때보다 갈 때가, 태어날 때보다 죽을 때가 더 아름답게 하소서. 우리가 올 때는 그 길을 알지만 갈 때는 그 길을 알지 못하는 모호한 삶을 살지 않게 하시고, 가는 길을 확실히 아는 지혜로운 나그네가 되게 하소서.

예수님의 이름으로 기도드립니다. 아멘 (희)

위로예배기도(불신자)

하루에도 인간이 예측하기 힘든 일들이 도처에서 발생하는 이 세상에, 우리는 하나님이 없이는 살 수 없음을 깨닫습니다. 하나님이 안계신 세상은 허무하고 불안하며, 만족이 없는 세상인 것을 압니다. 세상에서 병으로 혼자 아파하다가 홀로 죽음의 길을 떠나야 하는 것이 외롭고 두려운 일임을 압니다.

하나님, 오랜 병상에서 고통 가운데 사시다가 세상을 떠나신 고인으로 인해 슬퍼하는 유족들을 위로하는 자리에 와서 전능하신 하나님께 위로를 구합니다. 고인은 세상에 계시는 동안 인간이 겪는 여러 가지 고통을 경험하셨습니다. 육체의 병을 얻어 많은 고생도 하셨습니다. 그러나 이제 모든 인간의 고통을 뒤로하고 이 세상을 떠나셨습니다. 이제는 병상에 계시던 모습을 바라보던 유족들의 안타까운 마음도 다 거두어 주소서. 고인이 병상에 계시던 동안 온갖 정성 어린 간호를 아끼지 않던 유족들에게 하나님께서 위로하시고 힘을 주소서.

하나님, 이 자리에 있는 유족들 한 사람 한 사람을 주님께서 위로하시고 소망의 빛을 보게 하소서. 이 세상에 사는 동안 가장 보람된 일이 무엇인지 아는 지혜를 주셔서 하나님 안에서 소망을 찾게 하소서. 저녁에 빛을 잃고 지는 해가 다음날 아침, 다시 찬란한 빛으로 뜨는 것을 보게 하소서. 그리하여 인간의 죽음이 삶의 종말이 아니라 새로운 삶으로의 시작인 것을 알게 하소서.

남아 있는 장례의 절차가 있습니다. 모든 절차를 다 마칠 때까지 하나님께서 동행하셔서 위로가 필요할 때에 위로하시고, 힘이 필요할 때에 힘을 주시며, 소망이 필요할 때에 소망을 주소서.

예수님의 이름으로 기도합니다. 아멘 (희)

위로예배기도(불신자)

　만물과 그 가운데 인간을 다스리시는 하나님 아버지여, 불의의 사고로 인하여 혈육을 잃은 유족들을 위로해 주시고, 하나님을 만나는 기회로 삼게 하여 주옵소서.
　이 땅 위에 일어나는 모든 사고는 하나님께서 다 보시며 알고 계시는 줄 믿습니다. 그러기에 고인의 죽음도 하나님께서 알고 계시는 줄 압니다.
　하나님 아버지, 인간은 하나님이 하시는 일에 항거할 수 없나이다. 우리가 당한 슬픔을 수용하면서 하나님의 인도와 도우심을 구합니다. 고인은 원치 않은 사고로 가족들과 이 세상을 떠나갔지만 하나님의 역사 속에서 유족들에게는 큰 교훈이 있는 줄 믿습니다. 죽음의 사실 앞에서 겸허하게 인생을 되돌아보는 삶의 교육장이 되게 해주옵소서.
　이제는 우리도 생명과 가정과 생애 전부를 모두 하나님께 맡기고 의지하면서 믿음으로 살아가게 하옵소서.
　하나님 아버지, 위험한 길에서 우리를 보호하시는 하나님이시지만 우리가 조심하지 않으면 우리의 생명은 사고로 잃어버리기에 우리 자신이 생명을 지키는 청지기로 살게 하여 주옵소서.
　하나님 아버지, 내 생명은 내게 신물로 주신 하나님의 것이기에 소중히 간직하면서 충성되이 살아가게 하시고 선한 일을 힘쓰면서 살다가 주 앞에 서게 하여 주옵소서.
　주 예수 그리스도의 이름으로 기도합니다. 아멘　　　　　(호)

위로예배기도(불신자)

마음이 상한 자를 가까이하시고 충심으로 통회하는 자를 구원하시는 하나님(시 34:18), 혈육이 질병으로 세상을 떠난 것을 슬퍼하며 상한 마음으로 통회하면서 예배 드리는 유족들을 위로하여 주옵소서.

주님, 고인이 병상에 있을 때 저들이 정성을 다하여 간호한 것을 기억하여 주옵소서. 또한 의료진이 최선을 다해 치료한 것도 기억하여 주옵소서.

주님, 구하옵기는 사람의 수명에도 한계가 있고, 최신 의학에도 한계가 있는 것을 깨닫게 하옵소서. 오직 주님만이 전능하시며 능력이 무한하심을 알게 하옵소서. 우리의 한계를 인정하고 주님 앞에 겸손하게 무릎을 꿇게 하옵시며, 우리의 믿음이 전능하신 주님과 연결되는 다리임을 알고 믿음을 갖게 하옵소서.

육신의 질병도 무섭지만 마음의 질병, 영혼의 질병이 더 무서운 것을 알게 하옵소서. 믿음이 마음과 영혼의 치료제가 됨을 깨닫게 하옵소서. 병균들 가운데 죄의 병균이 제일 무서운 것임을 알게 하옵시고, 믿음으로 죄의 병균을 물리치게 하옵소서.

애통이 클수록 주님의 위로 또한 큰 것을 믿나이다. 주여, 헤아릴 수 없는 위로로 이 자리에 임하여 주옵소서.

우리를 찢으셨으나 도로 낫게 하시며 우리를 치셨으나 도로 싸매어 주시는 하나님, 유족들의 상처를 낫게 하시고 싸매어 주옵소서. 슬픔을 이기고 일어설 수 있는 용기를 주옵소서.

예수님의 이름으로 기도합니다. 아멘 (지)

위로예배기도(불신자)

저희의 소망이시요 고난당한 때의 구원자이신 주님,
오랫동안 병으로 시달리던 고인이 이제 더 이상 고통에 시달리지 않고 모든 사람이 가는 길로 갔나이다.
고인이 이 땅에서 하고 싶었던 일, 이루고 싶었던 일이 많았으나 병으로 인하여 다하지 못하고 세상을 떠났나이다. 사람은 불러가셔도 그 사람이 하던 일은 계속되게 하시는 주님, 그가 한 일들이 계속되고 이루어지게 하옵소서.
남들보다 짧은 생애를 살았으나 시간에는 양(量)만 있는 것이 아니라 질(質)도 있으매, 고인이 이 땅에서 누린 시간은 그 성실과 부지런함으로 말미암아 질적으로 우수한 시간이었음을 깨달으며 너무 아쉬워하지 않게 하옵소서.
사랑의 주님, 의학자들에게 지혜를 더하시어 질병으로 어려움을 겪는 사람들을 효과적으로 돕게 하옵소서. 또한 환경 오염을 비롯하여 사람의 건강을 위협하는 것들이 극복되게 하옵소서.
"그리하면 네 빛이 새벽 같이 비칠 것이며 네 치유가 급속할 것이며"(사 58:8) 하신 주님, 저희들이 드리는 기도가 유족들에게 위로와 소망의 빛이 되게 하시며 마음의 상처를 빠르게 치료하는 약이 되게 하옵소서.
유족들이 믿음의 길에 들어서 "내가 그의 길을 보았은즉 그를 고쳐 줄 것이라 그를 인도하며 그와 그를 슬퍼하는 자들에게 위로를 다시 얻게 하리라"(사 57:18) 하신 말씀대로 상한 심령이 고침을 받고 하나님의 인도를 받으며 위로를 얻게 하옵소서.
예수님의 이름으로 기도합니다. 아멘 (지)

위로예배기도(불신자)

주님, ○○○님이 사고 때문에 아까운 목숨을 잃어 우리가 이제는 더 이상 그와 대화를 나눌 수도 없고, 교제를 나눌 수도 없게 되었나이다. 가늠할 수 없는 충격과 슬픔 가운데 있는 저희를 긍휼히 여기사 흔들리지 않게 하여 주옵소서.

주여, 사고가 많고 재앙이 많은 이 세상에서 주님을 방패로 삼고, 주님을 요새로 삼으며 살아가는 저희들이 되게 하옵소서. 하나님을 피난처로 삼고 지존자로 거처를 삼아 화가 미치지 못하게 하고 재앙이 장막에 가까이 오지 못하며 모든 길에서 천사들의 보호를 받는 은혜 속에서 살아가게 하옵소서(시 91:9~11).

주여, 고인이 살아계실 때에 좀 더 적극적으로 전도하지 못한 것이 가슴 아프고 후회가 됩니다. 고인이 갑작스럽게 세상을 떠난 것이 계기가 되어 남은 이들로 하여금 지금이 최후의 기회인 것으로 알고 힘써 전도하게 하옵소서. 먼저 유족들에게 전도하게 하시고 문상 오는 이들에게 전도하게 하옵소서.

또한 저희가 언제 어떤 일로 세상을 떠나더라도 주님의 영광을 가리지 않게 하옵소서. 세상을 떠나기 전에 맑은 정신을 주시어 주님께 영혼을 의탁하게 하시고, 임종을 지키는 이들에게 주님을 증거하게 하옵소서. 그렇지 않더라도 저희들의 얼굴에 구원 얻은 자의 평안함이 있어서 무언의 전도가 되게 하옵소서.

어떤 일을 만나느냐 하는 것도 중요하지만 그 일을 어떻게 해석하며 처리하느냐 하는 것이 더 중요한 줄 아오니, 이 일을 신앙의 눈으로 해석하고 감당하게 하옵소서.

예수님의 이름으로 기도합니다. 아멘 (지)

입관예배기도

† 신자(고인) 20편
† 사고사(고인) 11편
† 불신자(고인) 17편

형제들아 자는 자들에 관하여는
너희가 알지 못함을 우리가 원하지 아니하노니
이는 소망 없는 다른 이와 같이 슬퍼하지
않게 하려 함이라
(살전 4:13)

입관예배기도

생명의 주관자이신 주님, 육신의 질병 가운데서도 믿음을 잃지 않고 주님을 의지하며 투병생활을 하던 고 ○○○성도가 주님의 부르심을 받고, 주님의 품안에 안겼습니다.

그리고 이 시간에는 유가족과 성도들의 아쉬움 속에서 고인의 시구에 수의를 입히고 얼굴을 가리는 입관예배를 드리게 되었습니다.

젊을 때는 누구나 건강을 자랑하지만 흙으로 지어진 연약한 그릇이기에 시간이 흐를수록 겉사람은 후패하고, 결국은 모두 다 주님 앞에 돌아가야 하는 것이 인생의 모습임을 고인의 죽음을 통해서 다시 보게 됩니다.

그러나 우리에게 위로가 되는 것은 고인이 세상에 살아계실 때, 예수님을 구주로 믿는 믿음 안에서 사셨고, 육신의 질병으로 시련을 겪었지만 변함없는 마음으로 주님을 의지했던 것을 알기 때문입니다.

육신의 고통 가운데서도 고인은 언제나 미소를 잃지 않았고, 주님께 대한 소망과 부활에 대한 소망을 주변 사람들에게 증거하며 살았습니다. 그러기에 고인은 죽음과 동시에 그 영혼이 주님의 품에 안겨서 영원한 안식을 누리고 있음을 믿습니다.

이 시간 이후로 우리는 고인의 모습을 다시 보지 못하겠지만, 이것이 영원한 헤어짐이 아니며, 믿음 안에서의 헤어짐이기 때문에 고인과 헤어지는 저희들의 슬픔도 영원한 것이 아니라 잠시 동안의 슬픔인 것을 압니다.

이 시간 주님께서 영으로 저희들과 함께하시어 부활의 소망과 천국에 대한 소망을 다시 한번 굳세게 하여 주시옵소서.

예수님의 이름으로 기도드립니다. 아멘   (남)

입관예배기도

생명의 주인이 되시는 살아계신 하나님, 육신의 질병으로 인하여 고인이 되신 〇〇〇성도의 몸을 입관하면서 모든 유족들과 고인을 아는 친지들이 주님 앞에 머리를 숙였습니다.
이제 고인을 입관하면 그렇게도 인자하셨고, 믿음과 소망과 사랑으로 충만하셨던 그의 얼굴을 다시는 볼 수 없다는 사실 때문에 이 자리에 함께한 유족과 친지들이 슬픔에 젖어 있습니다.
하지만 주님을 영접하고 하나님의 자녀된 고인의 영혼은 이미 천국에 들어갔고, 주님이 다시 오시는 바로 그날에 부활된 영광스러운 몸으로 다시 만나게 될 것을 알기에, 슬픔을 억제하며 하늘로부터 내려오는 위로를 바라봅니다. 이 자리에 함께한 유족과 친지들이 이러한 이별이 영원한 이별이 아님을 다시 한번 기억하게 하여 주시옵소서.
고인이 평소에 사랑하던 유족들에게 권면하고 가르치던 교훈들이 생각나게 하시고, 고인이 한평생 걸어갔던 믿음의 길을 따라가게 하옵소서. 그리고 생명의 유업을 이어받아서, 고인의 뒤를 이어온 가족이 온전한 믿음의 길을 걸어갈 것을 다짐하는 이 시간이 되게 하여 주시옵소서.
이 시간이 슬픔의 시간이 아니라 남은 생애를 믿음으로 살아가겠다는 새로운 결단과 헌신의 시간이 되게 하시고, 스데반 집사가 순교의 순간 눈을 들어 하늘을 바라봄으로 놀라운 위로와 큰 힘을 얻었던 것처럼 저희들도 그러한 은혜를 입게 하여 주시옵소서.
우리의 소망이 되신 예수님의 이름으로 기도합니다. 아멘   (남)

입관예배기도

거룩하신 우리 하나님 아버지, 평소에 주님을 사랑하던 고 ○○○ 성도가 주님의 부르심을 받았습니다.

주님의 선하신 뜻 가운데 그를 이 땅에 보내어 주셨고 그에게 맡겨 주신 모든 사명을 다 마치게 하시고 이제 눈물과 고통이 없는 하나님의 나라로 불러 가신 오늘, 그의 육신을 입관하는 이 자리에 유족들과 성도들이 함께하였습니다.

그의 육신의 모습을 이제 마지막으로 보는 자리이기에, 더 이상 볼 수 없다고 하는 사실이 인간적으로는 이별의 슬픔이 있고 저희들의 마음을 허탈케 하지만, 고인은 지금 육신의 장막을 벗고 하나님의 품에 있음을 생각하며 위로받게 하옵소서.

유족들을 위로하여 주시고 그의 모습을 늘 가슴에 깊이 새길 수 있도록 하여 주옵시며, 앞으로 하나님을 더욱 의지하고 고인께서 걸어온 믿음의 길을 따르는 유족들이 되게 하옵소서.

목사님께서 말씀을 주실 때에 유족들과 모든 성도들에게 위로가 되게 하옵시고 생명의 말씀, 소망의 말씀으로 저희들에게 은혜를 베풀어 주옵소서. 오직 하나님의 말씀만이 우리에게 위로가 되고 우리의 슬픔을 덜어 주실 줄 믿습니다.

인생은 풀과 같고 아침 안개와 같이 쉬이 사라지는 연약한 인생임을 깨닫게 하시며 우리의 생명의 근원이 되시는 주님을 더욱 의지하도록 하옵소서. 안개와 같고 풀과 같은 인생이라도 영원한 세상을 품고 살 때에 소망이 있는 줄 믿습니다. 이 영원한 소망을 주시옵소서.

우리 주 예수 그리스도의 이름으로 기도합니다. 아멘   (남)

입관예배기도

하나님 우리 아버지, 이 시간 우리와 함께 교회를 섬기고 충성하며 신앙생활을 하던 고 ○○○성도(직분)의 입관예배로 모였습니다. 바로 얼마 전까지도 우리와 함께 삶을 같이했던 고인의 음성이 귓가에 있고 고인의 모습들이 생생한데 흙으로 되돌아가기 위한 입관예식을 갖습니다.

우리들이 머물고 있는 이 세상에서는 고인의 얼굴을 다시는 대면하지 못하게 되었습니다. 이 시간 안타까운 마음을 금할 수 없습니다. 애달파하는 유족들의 마음을 위로해 주옵소서. "우리가 세상에 아무것도 가지고 온 것이 없으매 또한 아무것도 가지고 가지 못하리니"(딤전 6:7) 하신 말씀대로 고 ○○○성도(직분)는 수의(壽衣) 한 벌 입은 것뿐 빈손으로 왔다가 아무것도 가지고 갈 수 없는 곳에 빈손으로 가셨습니다. 세상에서 그렇게도 갈급하고 사모하고 원했던 부귀영화가 다 헛된 것임을 보게 됩니다.

하나님 아버지, 고인이 이 세상에 와서 한평생 살아오는 동안에 아끼고 사랑하던 유족들을 전능하신 하나님의 오른팔로 지켜 주시고 보호해 주옵소서.

하나님 아버지, 지금 관 속은 고인이 이 세상에서 살던 집과는 달리 협소하고 답답하기 그지없지만 영원하신 하나님 나라가 인생들의 처소가 되심을 믿기에 위로를 받습니다. 지금 여기 살아서 이 입관예배에 함께 기도하고 있는 우리 모두도 언젠가는 관 속에 들어갈 것을 생각하고 경건된 신앙생활에 힘쓰다가 결정적인 때에 고인과 반가운 만남이 있게 하옵소서.

예수님의 이름으로 기도드립니다. 아멘   (우)

입관예배기도

은혜로우신 아버지 하나님께서 이 세상에 보내신 고 ○○○성도(직분)의 입관예배를 드립니다. 그가 평생 입고 살던 그의 몸이 이제 관 속에 들어갔습니다. 겉사람은 후패하나 속사람은 날로 새로워진다고 하심 따라 그의 겉사람은 후패하게 되겠사오나 그의 속사람은 영원히 변질되지 않은 채 주님 보좌 우편에 앉아 계실 줄 믿습니다.

"형제들아 자는 자들에 관하여는 너희가 알지 못함을 우리가 원하지 아니하노니 이는 소망 없는 다른 이와 같이 슬퍼하지 않게 하려 함이라……이와 같이 예수 안에서 자는 자들도 하나님이 그와 함께 데리고 오시리라"(살전 4:13~14)고 하신 말씀을 의심 없이 믿고 그 유가족과 모인 성도들도 소망 가운데서 그때가 올 때까지 기다릴 수 있게 해주옵소서. 그래서 저희들은 외인과 같이 슬퍼하거나 낙심하는 자리에 머물지 않게 하시옵소서.

주님, 이 땅에 모든 사람은 누구나 죽어서 관 속에 들어감을 거절할 수도 없고, 면제받을 수도 없는 것이 하나님의 정하신 일인 줄 압니다. 하나님의 일에 순응하는 마음으로 입관의 예식에 참예합니다.

고인의 마지막 모습을 보면서 훌륭하고 잘했던 일들을 저희가 기리고 흠모하며 본받게 해 주시옵소서. 그래서 이 입관예배가 옷깃을 여미고 인생의 교훈을 받아 새롭게 다짐하고 결단하는 계기가 되게 해주옵소서.

"지혜자의 마음은 초상집에 있으되 우매한 자의 마음은 혼인집에 있느니라"(전 7:4) 하신 말씀을 따라 우리 모두가 지혜자가 되게 해주옵소서.

예수님의 이름으로 기도합니다. 아멘 (우)

입관예배기도

거룩하신 우리의 아버지 하나님, 우리는 지금 여기에 우리와 함께 신앙생활을 통하여 교회를 섬겨왔고 하나님의 영광을 위해 함께 충성하던 고 ○○○성도(직분)를 입관하였습니다. 당장 다음 주일예배에 앉았던 자리가 텅 비게 되고, 저가 교회에서 맡아 일하던 그 일손도 멈추게 되었습니다.

이 시간 함께 예배 드리는 교우들과 고인의 유가족이 고인의 빈자리를 채우게 하시고 고인의 사역하던 일들을 더욱더 잘 계승해서 충성하도록 인도해 주옵소서.

하나님의 교훈하신 말씀 "초상집에 가는 것이 잔칫집에 가는 것보다 나으니 모든 사람의 끝이 이와 같음이라 산 자는 이것을 그의 마음에 둘지어다"(전 7:2)고 하신 진리의 교훈을 마음에 되새겨 헛되고 헛된 것에 대한 집착에서 초연하게 벗어날 수 있는 믿음의 결단을 갖게 하여 주옵소서.

고인이 관 속에 들어감으로 인하여 이 세상에서 그렇게도 소중했던 것들이 모두가 소용없는 것이 되고 말았음을 깨닫는 지혜를 주옵소서. 그리고 하나님 앞에서 칭찬받고 면류관 받기 위해서 전심전력할 것을 다짐하는 이 순간이 되게 해주옵소서.

하나님, 저희들은 어리석어서 자신의 허물과 죄를 숨기려고 합니다. 그러나 관 속에 들어감으로 더 이상 위장도 변명도 할 수 없이 적나라하게 드러나게 됨을 봅니다.

주님, 이 예식에 참여한 우리들 모두 부끄러울 것이 없는 정직한 신앙생활을 할 수 있도록 도와주시옵소서.

우리 주 예수 그리스도의 이름으로 기도합니다. 아멘 　　(우)

입관예배기도

　죄로 물든 인간이 병들고 신음하며 고통스럽게 살다가 죽음을 맞아 흙으로 돌아가려 합니다. 선악과를 먹는 날에는 반드시 죽을 것이라고 말씀하신 하나님, 아담의 그 범죄로 우리들은 죽을 수밖에 없는 존재가 되었습니다. 세상의 사람들은 병들고 고통 당하며, 그 병과 고통 때문에 하나님께서 인간에게 허락하신 수를 누리지 못하는 존재가 되었습니다.
　그러나 세상의 작은 나뭇잎 하나도 다 그 존재 의미가 있듯이 하나님께서 이 땅 가운데 보내심으로 세상에 살게 하셔서 존재 의미를 심고 이 땅을 떠나신 고인을 우리가 생각하며, 이 시간 하나님께 영광을 돌립니다. 사람은 하나님께서 정하신 사명을 다하기 전까지는 죽지 않는 것을 우리가 압니다. 하나님의 지으신 뜻을 이루고 이제 고인을 불러 가셨으니 하나님의 뜻에 우리는 순종합니다.
　만유의 주재이신 주님, 이제 고인이 이 땅에서 입고 있던 육신의 몸을 새 옷으로 갈아입히고 고인이 잠들 관에 모셨습니다. 주님과 더불어 고이 잠드는 자리가 되게 하시기를 원합니다. 육신의 몸은 이곳에서 입관하지만 이미 그 영혼은 하나님의 거룩하신 품에 안기고 하나님 나라의 안식에 들어간 것을 우리가 믿습니다.
　사랑하는 유족들은 마지막 고인의 얼굴을 바라보며 다시 볼 수 없고, 만질 수 없는 슬픔에 빠져 있습니다. 이 땅에서 다시 볼 수 없는 얼굴이 되었지만 하나님 나라를 볼 수 있게 하셔서, 그 나라에서 다시 만날 소망으로 마음이 위로 받게 하소서.
　어누움을 물리치시고 세상의 빛으로 오신 예수님의 이름으로 기도합니다. 아멘

(희)

입관예배기도

영원하셔서 태초부터 마지막까지 시간을 지배하시는 하나님, 이 땅에서 사는 인생이 70이며 강건하면 80이라고 하였는데 우리가 백년을 살아도 자랑할 것이 없는 짧은 인생입니다. 하나님의 영원 앞에 우리의 시간은 분초와 같은 시간인데 우리 인생은 장수를 자랑하고 건강을 자랑합니다. 이 모든 것이 영원하신 하나님 앞에 부질없는 교만에 불과한 것을 우리가 깨닫게 하옵소서.

하나님, 이미 하나님의 은혜로 구원받은 고인께서 이제 하나님의 부르심을 받았습니다. 이 땅에서 육체를 입고 살면서 병들고 고통을 당했습니다. 그러나 주님께서는 고인이 그 고통 가운데서도 주님을 찬양하고 주님을 의지하신 그 은혜를 하나님께 감사드립니다.

하나님, 사랑하시던 고인을 하나님 나라에 영접하기 위하여 손꼽아 기다리시다가 이제 그를 초청하시어 하나님 나라의 영원한 시민이 되게 하셨습니다. 하늘문이 닫히고 이제 영원한 나라로 들어가셨습니다. 이제 고인이 이 땅에서 입고 있던 육체의 장막을 깨끗이 닦아 새 옷으로 갈아 입히고 관의 문을 닫았습니다. 하나님 나라에 들어간 고인을 보며 유족들이 기뻐하게 하옵소서.

하나님, 세상에 살았지만 하나님 나라의 사람으로 살게 하심을 감사합니다. 이 땅에 뿌리를 내렸지만 하늘로 향하는 나무가 되게 하심을 감사합니다. 이 땅에 더러운 물 가운데 살았지만 맑은 물가로 뿌리를 뻗고 향기 나는 꽃이 되게 하심을 감사합니다. 이 향기 나는 고인의 장례를 하나님이 친히 은혜 주시며, 장례의 모든 순서를 주께서 주관 하여 주시옵소서.

예수님의 이름으로 기도합니다. 아멘 (희)

입관예배기도

　문밖에 서서 두드리시는 주님의 음성을 듣고 우리의 마음문을 열면 들어오셔서 먹고 마시는 천국잔치를 배설(排設)하시겠다고 하신 주님, 이 시간 하나님이 기뻐하시며 잔치를 베푸실 하나님 나라를 마음에 그립니다. 사랑하는 고인이 이제 하나님 나라에 초청되어 어린양의 혼인잔치에 참여하는 영광을 누리게 됨을 감사합니다.
　신랑 되신 예수님의 신부로 예비되어 깨끗한 세마포 신부복으로 갈아입으시고 어린양의 혼인잔치에 주인 되게 하심을 감사합니다. 그 아름답고 빛난 세마포의 새 옷은 예수님의 정결한 신부에게 주시는 옷인데 고인에게 이 귀한 옷을 주시니 감사합니다. 이 옷을 입기 위해 세상에서 주님을 사랑하고, 주님을 위해 온몸으로 정성을 다했습니다. 이제 새 옷으로 갈아입고 잔치에 참여한 고인을 신부로 맞아주신 줄 믿고 감사드립니다.
　빛나고 깨끗한 세마포는 성도들의 옳은 행실이라고 했습니다. 고인이 이 땅에 사는 동안 하나님을 아는 옳은 삶을 살게 하시고, 세상에 옳은 일을 하게 하시고, 하나님께 옳다고 인정받게 하심을 감사드립니다. 이제 옳은 자의 마지막 집인 영원한 신랑의 집으로 들어갔사오니 영원히 주님을 사랑하며 그 집에 살 것을 확신합니다.
　어린양의 혼인잔치에 청함을 받은 자들이 복이 있다고 하였사오니 오늘 입관예배에 참석한 우리 모두가 혼인잔치의 복 있는 초청자가 되게 하시고, 우리도 언젠가 하나님 나라에 부름받게 될 때에 복 있는 신부가 되게 하소서.
　슬픔보다 감사가 큰 장례 절차가 되기를 원하며 예수님의 이름으로 기도합니다. 아멘　　　　　　　　　　　　　　　　　　　　(희)

입관예배기도

"요셉이 백십 세에 죽으매 그들이 그의 몸에 향 재료를 넣고 애굽에서 입관하였더라"(창 50:26)고 한 것처럼 우리들도 사랑하는 성도의 시신을 이제 입관하고 예배를 드리나이다.

인생은 이처럼 누구 하나 예외 없이 관에 안치됨을 보면서 육신의 생명이 허망함을 깨닫게 되나이다.

나이가 차서 죽음을 맞이하거나 병사로 죽음을 맞이하거나 간에 이는 다 하나님의 뜻하신바 그 섭리 안에 있음을 깨닫게 되나이다.

고 ○○○성도(직분)는 일찍이 예수 믿고 구원받은 분으로 온 가족을 인가귀도시킨 가정의 제사장이란 사명을 잘 감당하였으며, 전도의 열매도 풍성한 집사님이시니 하나님 나라에서의 상급이 클 것을 믿고 아버지 하나님께 영광과 찬양을 돌립니다.

오늘 이 사랑하는 고 ○○○성도(직분)를 입관하여 장례케 되었사오니 앞으로 발인하고 하관할 때까지 주님의 도우심과 위로가 항상 함께해 주시옵소서.

주님께서 모든 성도들에게 크신 능력을 주사 야곱이 살아있을 때 무슨 일을 당하든지 주님만을 의지하고 하나님만 붙들고 살아간 것처럼 여기 모인 모든 유족들과 성도들도 야곱의 믿음을 본받게 하시옵소서.

집례하는 목사님에게 능력을 칠 배나 더하시고, 함께한 모든 이들이 위로받고 새 힘 얻는 자리가 되게 해주옵소서.

예수님의 이름으로 기도드립니다. 아멘   (수)

입관예배기도

사랑의 아버지 하나님!

환난, 질고가 끊이지 않는 어지러운 세상 중에서도 지금까지 영육 간에 건강 주셔서 열심히 살아오신 고 ○○○성도의 시신을 관에 모시고 이제 입관예배를 드리오니 존귀와 찬양을 거두시옵소서.

"모든 육체는 풀이요 그의 모든 아름다움은 들의 꽃과 같으니 풀은 마르고 꽃이 시듦은 여호와의 기운이 그 위에 붊이라 이 백성은 실로 풀이로다 풀은 마르고 꽃은 시드나 우리 하나님의 말씀은 영원히 서리라 하라"(사 40:6~8)고 했사오니 인생은 정말 풀과 같은 존재임을 알게 되며 인생의 모든 영광은 그 꽃과 같음을 깨닫게 되나이다.

사랑하는 고 ○○○성도는 풀과 꽃 같아서 이제 시들고 떨어져 관에 누웠나이다. 비록 풀은 마르고 꽃은 떨어지지만 우리 하나님의 말씀은 영영히 서리라고 하셨사오니 하나님의 말씀으로 사랑하는 고 ○○○성도를 부활의 날에 부르실 줄 믿습니다.

유족들과 함께 예배에 참예한 모든 성도들도 이 땅에 사는 동안 부활의 소망을 가지고 믿음으로 살게 하옵소서.

죽음은 건강한 자나 약한 자나 부한 자나 가난한 자나 누구에게나 피할 수 없는 것이요, 그때와 그 시도 예측할 수 없는 것이오니 종말 신앙으로 항상 죽음에 대비해서 사는 저희들이 되게 하옵소서.

남은 절차도 주님께 의탁합니다.

죽음을 이기고 부활하신 예수님의 이름으로 기도드립니다. 아멘

(수)

입관예배기도

자비로우신 아버지 하나님!

인생이 세상에 태어나는 것이나 세상에서 살다가 떠나는 것이 모두 하나님의 섭리와 경륜 속에 있음을 믿고 엄숙한 마음으로 저희들은 이 시간 입관예배를 드리며 머리를 조아렸습니다. 우리 모두가 인정적으로 생각할 때 섭섭하고 슬프기 그지없습니다.

주님, 임마누엘 되셔서 애통하는 유가족들의 눈물을 씻겨 주시고, 자비로운 품 안에 안보해 주옵소서. 시신은 비록 좁은 관 속에 누워 있지만 그의 영혼은 아픔도, 괴로움도, 구속받는 일도 없는 영광의 자리에서 안식하고 계심을 영안을 떠서 바라볼 수 있도록 은혜 내려 주옵소서. 병들어 죽은 나사로를 주님의 능력으로 살려 주신 것처럼 여기 사랑하는 성도의 육신은 비록 이 세상을 떠났으나 부활의 몸으로 살아날 것을 믿습니다.

산 자와 죽은 자의 주님께서 위로와 평강을 허락하여 주시옵소서. 죽은 나사로를 살리시고 둘러 있는 사람들에게 주께서 말씀하시기를 "이 병은 죽을 병이 아니라 하나님의 영광을 위함이요"(요 11:4)라고 하신 주님의 말씀에 힘을 얻는 유가족들과 성도들이 되게 해 주옵소서.

여기 누운 사랑하는 고 ○○○성도가 비록 육신은 죽었으나 이를 통하며 하나님의 영광이 드러나게 하시옵소서. 장례식 후에 남은 유족들은 더욱 한마음이 되어서 가정을 잘 세워나아가게 하시고, 말씀을 전해 주실 목사님을 성령께서 도와주옵소서.

예수님의 이름으로 기도드립니다. 아멘   (수)

입관예배기도

사랑의 아버지 하나님!
"그의 경건한 자들의 죽음은 여호와께서 보시기에 귀중한 것이로다"(시편 116:15)라고 시편 기자는 말하였사오니 우리 주님께서 사랑하는 성도의 죽음을 받으시고, 그의 영혼은 천국에서 영생복락의 자리에 들어 계실 줄 믿습니다.
부활의 날에 우리와 한가지로 주 앞에 서서 영광 가운데 영원히 거할 것을 확신하면서 위로받는 시간되게 하시옵소서.
우리는 어려운 시험과 환난을 당할 때마다 주 앞에 경건한 모습을 더 찾게 되나이다.
"의인이 겨우 구원을 받으면 경건하지 아니한 자와 죄인은 어디에 서리요"(벧전 4:18) 라고 일러주신 베드로 사도의 말씀처럼 우리 모두는 하나님 앞에 서기가 두려운 것뿐이로소이다.
우리가 고난 중에 주님을 더욱 찾으며 사랑하게 하시옵소서.
우리가 슬픔 속에서 낙심치 말게 하시고 찬양 또한 멈추지 말게 하시옵소서.
남아 있는 모든 식구들과 성도들이 어려움 속에서도 새로운 깨달음과 지혜를 얻도록 성령의 감화가 있게 하시옵소서.
주님께서 늘 이 가정을 지켜 주시고, 도와주옵소서. 장례의 남은 절차도 어려움 없이 마치도록 은혜 내려 주시기를 원하옵고 예수님의 이름으로 기도드립니다. 아멘 (수)

입관예배기도

　살아계신 주 하나님 아버지여,
　여기 사랑하는 성도의 죽음을 앞에 놓고 입관예배를 드립니다. 찬양과 영광을 홀로 받으시옵소서.
　인간의 생각으로 보면 아직도 이 성도는 더 살아서 많은 일을 해야 할 일꾼이지만 우리는 하나님의 크신 섭리 앞에서 엄숙한 마음으로 순종할 뿐입니다. 죄의 값으로 인간에게 죽음이 찾아왔고 그 죽음에 임하는 인간의 모습은 절대 주권자이신 하나님의 공의로서 거역할 수 없음을 긍휼히 여기소서.
　자비로우신 하나님 아버지, 우리 주 예수 그리스도의 언약의 말씀을 믿고 슬픔 중에서도 위로를 받습니다. 하나님의 보좌에서 들린 음성을 기억합니다. "그들은 하나님의 백성이 되고 하나님은 친히 그들과 함께 계셔서 모든 눈물을 그 눈에서 닦아 주시니 다시는 사망이 없고 애 통하는 것이나 곡하는 것이나 아픈 것이 다시 있지 아니하리니"(계 21:3~4)라는 말씀을 믿고 소망을 갖습니다.
　주님이 주신 영원한 안식에 들어가게 하신 것을 감사합니다. 땅 위에서 그토록 힘들어 하던 질병의 고통에서 영원한 자유를 선물로 주신 아버지께 감사와 영광을 돌리나이다.
　주여, 입관예배를 드리는 이 자리에 유족들의 슬픔을 씻어 주시옵소서. 오늘의 고통을 딛고 일어서서 영원한 소망을 붙잡고 새로운 출발이 있게 하옵소서.
　앞서간 조상의 믿음을 본받고 충성하는 유족들이 다 되게 하여 주시옵소서.
　주 예수 그리스도의 이름으로 기도합니다. 아멘　　　　　(호)

입관예배기도

생명을 주관하시는 주 하나님 아버지시여,
이 시간 우리가 드리는 입관예배를 받으시옵소서. 유족들과 여러 조객들에게 신령한 은혜를 베풀어 주시고 하늘의 큰 위로를 힘입게 해주옵소서.
인간의 죗값으로 질병의 멍에가 주어졌고, 그 멍에가 마침내 죽음에 이르게 되는, 우리가 거부할 수 없는 힘 없는 인생길임을 저희들이 깨닫는 지혜를 허락하여 주옵소서. 오직 사람의 죽고 사는 것이 주의 손에 있사오니 주님께서 이루심을 믿나이다.
땅 위에 살아있는 우리가 죽은 자의 시신을 간수하고 장례하는 절차 가운데 입관을 통하여 다시 한번 주님의 긍휼과 자비를 입기 원합니다. 고인과의 이별을 슬퍼하는 유족들과 함께하시어 위로와 평강으로 충만케 하옵소서.
그동안 간병하느라 수고하신 유족들에게 힘을 주시고 인간의 할 일을 다했사오니 주님께서 보상해 주시옵소서. 고인이 병중에 있는 동안 가정과 사업에 입은 손실도 하나님께서 다 채워 주시옵소서.
은혜로우신 하나님 아버지, 오늘 입관하는 일을 시작으로 발인하여 하관하는 날까지 좋은 날씨를 주시고 장례 절차가 진행되는 모든 순서마다 하나님께 큰 영광을 돌리게 하옵소서. 이 자리에 둘러선 성도들이 다시 한번 인생의 교훈을 깨닫게 됩니다. 건강하고 시간이 있을 때 더욱 충성하는 신앙생활을 하게 하옵소서.
영원 속에 살아계신 주께서 영원한 소망으로 우리 가운데 계시옵시고 의의 길로 인도하시옵소서.
주 예수 그리스도의 이름으로 기도합니다. 아멘 (호)

입관예배기도

사랑과 자비가 풍성하신 하나님 아버지,

사랑하는 고 ○○○성도의 입관예배를 주 하나님께서 받으시옵소서. 그동안 무거운 질고의 짐을 지고 있었으나 견딜 수 있는 힘 주시고, 병중에서도 믿음의 자세를 가지고 승리하게 해주신 은혜를 감사드립니다.

죄의 값으로 주어진 질병의 멍에인 줄 알지만 주께서 이미 십자가 위에서 질고와 죄의 값을 다 치르신 사실을 믿습니다.

우리는 고 ○○○성도의 생명을 주께서 연장시켜 주시기를 구했지만 모든 경륜이 주의 손에 있기에 그의 죽음을 받아들이면서 주님께 복종합니다.

사랑의 주 하나님이시여, 사람의 죽고 사는 것이 주의 손에 있사오니 살아생전 고인을 고쳐 주시고, 살려 달라고 구했으나 주께서 불러 가심으로 그의 죽음을 받아들이며 주님께 복종하고, 그의 고통도 끝이 난 것을 감사드립니다.

주님이시여, 입관하는 이 시간에 유족들에게 긍휼과 자비를 베푸시옵소서. 그가 못다 하고 간 하나님의 일을 남은 후손들이 이루게 하옵소서. 부인과 자녀들에게 새로운 삶의 출발점이 되게 인도하여 주옵소서. 고인이 간 하나님 나라에는 질병의 고통이나 죽음의 공포도 없는 영화로운 천국이기에 땅 위에 있는 유족들에게 큰 위로가 되나이다.

입관의 시간에 서운한 마음을 감출 수 없사오나 그가 심어 놓은 복음의 씨가 꽃 피고 열매 맺어 큰 일을 이룰 줄 믿습니다.

주 예수 그리스도의 이름으로 기도합니다. 아멘 (호)

입관예배기도

　사랑과 자비의 주 하나님 아버지시여, 여기 충격과 슬픔을 당한 형제들에게 긍휼과 자비를 베풀어 주옵소서. 오늘의 슬픔 중에서도 하나님을 바라보는 믿음을 주신 주님께 찬양과 영광을 돌립니다. 사랑하는 유족들에게 더 이상의 슬픔이 없게 하시고 이 자리에서 시련을 딛고 일어서게 하옵소서.
　주여, 우리가 이 땅 위에 사는 한 누구나 인생고를 겪지만 감당치 못할 시험을 허락지 아니하시는 하나님의 손길을 믿습니다. 또한 시험 중에서도 피할 길을 내셔서 의의 길로 인도하시는 주님을 의지합니다. 우리의 주변에 생명을 위협하는 온갖 위험들이 옷깃을 스쳐 지나가지만 그때마다 보호해 주시고 인도해 주신 주님의 보이지 않는 섭리를 감사합니다. 남은 유족들의 목자가 되어 주시고 푸른 초장과 잔잔한 시냇가로 일생 동안 인도하여 주시옵소서.
　은혜로우신 주님, 이들에게는 사람의 말로는 위로가 부족한 줄 압니다. 하나님의 평강과 위로로 충만히 채워 주시옵소서.
　소망과 영광의 주 하나님, 우리에게 언제 부름을 받더라도 후회 없이 주님 앞에 설 수 있는 종말론적인 믿음을 주옵소서. 환난과 시련이 많은 이 땅에서도 항상 주 안에서 살고, 주 안에서 일하다가, 주 안에서 부름을 받게 하옵소서.
　내가 믿음을 지키고 달려갈 길을 마치고 선한 싸움을 다 싸운 믿음의 승리자로 부름받게 하옵소서.
　주 예수 그리스도의 이름으로 기도합니다. 아멘　　　　　　　(호)

입관예배기도

우리를 지키시는 하나님, 장례의 여러 절차들 가운데서도 가장 슬픈 시간인 입관의 절차를 밟을 때가 되었습니다. 성령께서 위로의 영으로 이 자리에 함께 하시어서 유족들과 성도들이 슬픔을 이길 수 있도록 붙들어 주옵소서.

이제 우리는 고인의 육신에 정성을 다해 마련한 수의를 입힐 것입니다. 고인의 영혼은 이 수의보다 더 아름답게 빛나고 깨끗한 세마포를 입고 있음을 믿게 하옵소서. 이 세마포 옷은 성도들의 옳은 행실이라고 하신 주님(계 19:8), 고인이 이 세상에 있을 때 믿음과 행실에 있어서 성도들의 모범을 보였사오매 주님께서 참으로 아름다운 세마포를 친히 입혀 주실 줄로 믿나이다.

땅에 있는 우리의 장막집이 무너지면 하늘에 있는 영원한 집이 우리에게 있는 줄 알라고 하신 주님(고후 5:1), 장막과 같은 고인의 육신은 병으로 인해 헤지고 찢어졌으나 주님께서 고인을 위해 마련하신 영원한 집은 이 세상의 그 어떤 집보다 아름답고 튼튼할 줄로 아나이다.

입관의 모든 순서가 끝나면 고인의 모습을 다시 대하기 어렵겠으나 우리들의 본향인 하나님 나라에서 주님과 함께 다시 고인을 만날 수 있다는 소망이 새로워지게 하옵소서.

이제 앞으로 남은 발인과 하관의 절차에도 함께하시며 첫 성묘도 지켜 주옵소서. 장지까지 오고 가는 길에도 동행하시며 일기 또한 순조롭도록 주장하여 주옵소서.

예수님의 이름으로 기도합니다. 아멘.   (지)

입관예배기도

주 안에서 죽는 자들은 수고를 그치고 쉬는 것이라고 하신 주님(계 14:13), 고 ○○○성도에게 영원한 안식 주심을 감사하나이다.

고인의 육신은 오랜 병고 때문에 수척할 대로 수척하였으나 그의 얼굴에는 구원받은 자만이 누릴 수 있는 평안함과 기쁨이 있는 것을 또한 감사 드리나이다. 고인을 통해 질병의 고통이 천국의 소망을 이길 수 없음을 깨닫게 해 주시니 또한 감사 드리나이다. 고인의 이와 같은 얼굴을 보는 이들이 천국이 있음과 믿음으로 그 천국에 갈 수 있음을 알게 하옵소서.

바울 사도가 "이는 내게 사는 것이 그리스도니 죽는 것도 유익함이라"(빌 1:21) 한 것처럼, 고인이 살아있을 때에도 믿음으로 주님과 사람들에게 유익을 주었고 세상을 떠나서도 이와 같이 주님을 증거하고 있음을 감사 드리나이다.

저희는 고인이 병중에 있을 때 낫기를 간구하며 주님께 호소하였지만 주님께서는 고인을 데리고 가심으로 이제 이와 같이 입관을 하게 되었나이다. 이것이 주님의 뜻으로 알고 묵묵히 순종할 수 있는 믿음을 주옵소서.

이제는 유족들에게 한없는 위로를 베풀어 주시기를 간구하오니 이 기도에 응답하며 주옵소서. 고인이 이제 고통에서 자유를 얻었으며 괴로운 짐을 모두 벗고 주와 함께 살게 되었음을 감사하게 하옵소서. 저희가 관에 못 박는 소리만 들을 것이 아니라 저 강 건너편 언덕에서 고 ○○○성도를 위해 울리는 황금종 소리도 듣게 하여 주옵소서.

예수님의 이름으로 기도합니다. 아멘 (지)

입관예배기도

생명의 근원이 되시는 주님, 저희들을 이 세상에 보내실 때 각각 저희들이 이 세상에서 해야 할 사명의 분량을 정해 주신 것을 아나이다. 이제 이 고인은 주신 그 사명의 분량이 다하여 주님 앞으로 다시 불리움을 받고, 우리는 영혼이 떠난 그의 육신을 관에 안치하고 있나이다.

이 입관이 고인에게 있어서 끝이 아니라 새로운 시작인 것을 믿게 하옵소서. 고인은 지금 밤을 맞이한 것이 아니라 아침을 맞이하고 있는 것임을 알게 하옵소서. 비바람이 치던 밤이 가고 새벽이 동터올 때 더욱 반가운 것처럼 오랫동안 병으로 시달렸던 고인에게 새로운 새벽이 더욱 의미 있는 것을 믿게 하옵소서.

주님은 치유의 능력이 있는 분이기에 우리는 주님께서 고인을 기적으로 치유해 주시기를 간구하였었나이다. 하오나 주님 안에서의 죽음은 가장 완전한 치유인 것을 믿게 하옵소서. 사람에게 제일 중요한 것은 영생인데 고인이 이 중요한 것을 누리고 있음을 감사하나이다.

고인의 수한이 짧았음과 병으로 숨을 거두었음을 아쉬워하지 말게 하옵소서. 주님께서는 어떤 종에게는 다섯 달란트, 어떤 종에게는 두 달란트, 어떤 종에게는 한 달란트를 주셨던 것을 우리가 기억하나이다. 얼마를 받았느냐 하는 것보다 그것을 가지고 얼마의 이익을 남겼느냐 하는 것이 더 중요한 것을 알게 하옵소서. 고인은 참으로 많은 것을 남겼사오매 지금 주님으로부터 "잘하였도다 착하고 충성된 종아 네가 적은 일에 충성하였으매 내가 많은 것으로 네게 맡기리니 네 주인의 즐거움에 참여할지어다"(마 25:21)라는 칭찬을 듣고 있을 것을 믿나이다.

예수님의 이름으로 기도합니다. 아멘 (지)

입관예배기도(사고사)

　생명의 주인이시며 우리의 영원한 소망이 되시는 주님을 사랑했던 고 ○○○성도님은 나그네로 살았던 이 세상에서의 여정을 마치고 하나님의 부르심을 받았습니다.
　누구보다 주님을 사랑했었고 주님의 교회에 충성했던 고인이기에 뜻하지 않은 사고로 세상을 떠나신 고인의 죽음 앞에서 저희들 모두가 할말을 잃었습니다.
　하나님의 뜻을 헤아릴 수 없기에, 고인의 죽음 앞에서 슬퍼하며 흔들리는 연약하고 믿음 없는 저희들을 붙들어 주옵소서.
　참새 한 마리가 죽는 것까지도 하나님의 허락이 없으면 되지 않는 것처럼, 사고로 돌아가신 고인의 죽음도 결코 무의미한 사고로 인한 것이 아니고, 그 안에도 역시 하나님의 깊고 오묘하신 뜻이 있으며 훗날에 그 뜻을 알게 될 것을 믿게 하여 주옵소서.
　이제 그를 아는 많은 사람들의 애도 속에서 고인의 시구를 입관하게 되면 그 모습을 다시는 볼 수 없는 줄 압니다. 그러나 고인이 누워 있는 이 자리가 영원한 자리가 아니며, 그의 영혼은 육신의 장막을 벗는 바로 그 순간, 하늘에 있는 영원한 집에 들어갔다는 사실을 기억하게 하시고, 주님께서 예비하신 그곳에서 안식을 누리고 있음을 믿게 하옵소서.
　혈육의 정을 잊을 수 없기에, 고인의 죽음 앞에서 슬픔에 잠겨 있는 유족들에게 그 어느 누구도 그 어떤 말로도 위로할 수 없사오니, 주님께서 친히 그들의 눈에서 눈물을 거두어 주시옵소서.
　예수님의 이름으로 기도드립니다. 아멘　　　　　　　　　　(남)

입관예배기도(사고사)

뜻하지 않은 사고로 인해 돌아가신 고인의 몸을 입관하면서 유족들과 성도들이 하나님 앞에 경건한 마음으로 머리를 숙였습니다.

고인은 세상에서 사는 동안에 자신이 이 세상에서 영원히 사는 존재가 아니라 본향을 찾아가는 나그네임을 고백했습니다.

그리고 그 고백대로 나그네 의식을 가지고 천국에 대한 소망과 확신 가운데 살았으며, 만나는 모든 사람들에게 하나님이 자신에게 베풀어 주셨던 신앙을 간증하며 살았던 신실한 성도였습니다.

그랬던 고인이 무엇 때문에 이렇게 갑자기 세상을 떠나야 했는지 저희들로서는 도저히 이해할 수 없습니다. 하지만 하나님께서는 절대로 실수하지 않으시며 모든 것을 합력하여 선을 이루시는 분임을 알기에 이해할 수 없는 가운데서도 그 사실로 인하여 위로를 받습니다.

잠시 후에 입관하면 언제나 밝은 모습으로 성도가 누리는 기쁨과 평안을 보여주셨던 고인의 모습을 다시는 볼 수 없게 됩니다. 그러나 언젠가는 부활의 영광스러운 몸으로 다시 만나게 될 것을 믿고 주님의 말씀을 통해서 위로받고자 합니다.

아직까지 고인이 해야 할 일이 많이 남아 있는 것 같고, 고인이 떠난 공간이 텅 비어서 허전하지만, 고인이 못다 한 일들을 앞으로 유족들이 이룰 수 있도록 도와주시고, 천국에서 고인을 다시 만나는 그날까지 굳센 믿음으로 주님과 동행하며 고인이 남긴 뜻을 이루게 하여 주시옵소서.

이 시간 이 자리에 남겨진 유족들에게 세상이 주지 못하는 위로와 소망을 그 심령 속에 주님께서 친히 채워 주시기 원하며 예수님의 이름으로 기도합니다. 아멘

(남)

입관예배기도(사고사)

만유의 주재 되시는 우리 아버지 하나님, 지금 여기에 우리와 함께 신앙생활을 하던 고 ○○○성도(직분)께서 평생 쓰고 살던 그 육신을 입관했습니다. 인간적인 생각으로는 심히 안타깝고 민망하기 그지없습니다. 그것은 불의의 사고로 인한 죽음이기 때문입니다.

그러나 보다 엄격하게 믿음의 시각에서는 백년을 살다가 노환으로 죽은 사람이나 젊어서 교통사고로 죽은 사람이나 다를 바가 없는 줄 압니다. 주여, 고인의 영혼이 주님의 품에 안겨 있을 줄 믿습니다.

지금 입관된 그의 육체는 온전하지 못하오나 부활의 아침에는 거룩한 몸, 온전하고 신령한 몸으로 다시 살게 될 줄을 믿습니다.

하나님 아버지, 비록 육신적인 생각으로는 혹시 죗값으로 인한 사고사가 아닌가 하고 마음 아파하기 쉽사오나 하나님의 말씀에 "내 생각이 너희의 생각과 다르며 내 길은 너희의 길과 달라 하늘이 땅보다 높음 같이 내 길은 너희의 길보다 높으며"(사 55:8~9) 하셨사오매, 고 ○○○성도(직분)의 사고사는 하나님의 특별하신 뜻에 의한 결과인 줄 믿습니다.

"하나님을 사랑하는 자 곧 그의 뜻대로 부르심을 입은 자들에게는 모든 것이 합력하여 선을 이루느니라"(롬 8:28)고 하셨사오니 이번에 불행한 사고로 인한 고인의 사망이 "당시에는 즐거워 보이지 않고 슬퍼 보이나 후에 그로 말미암아 연단 받은 자들은 의와 평강의 열매를 맺느니라"(히 12:11) 하신 약속의 말씀을 따라 이 슬픔이 의의 평강한 열매를 맺는 복된 결과로 이어지게 해주옵소서.

주 예수님의 이름으로 기노합니다. 아멘   (우)

입관예배기도(사고사)

거룩하신 하나님 우리의 아버지, 지금 여기 하나님께서 사랑하시던 고 ○○○성도(직분)가 사고를 인하여 그 영혼은 하나님 품에 안기셨사오나 그가 평생 입고 살아온 육신은 상처를 입은 채 입관되었습니다. 하나님께서 당신의 사랑하는 고 ○○○성도(직분)의 유족들을 환난에서 보호해 주시고 지켜 주옵소서.

하나님 아버지, 불신자들은 오히려 안전하고 복을 받아 잘들 사는데 어찌하여 하나님께서 사랑하시는 성도가 이런 재난과 핍박과 곤고한 참상을 당해야 합니까?"라고 주님을 원망하는 저희들의 우둔함을 용서해 주옵소서.

하나님의 독생자 예수님도 십자가 위에서 온갖 수모와 고초를 다 겪으시며 운명하셨사오니 여기 유가족들의 마음속에 깨달음을 주옵소서. 또한 주님께서 언약하신 말씀 "세상에서는 너희가 환난을 당하나 담대하라 내가 세상을 이기었노라"(요 16:33) 하신 말씀을 의지하여 강하고 담대함을 갖게 하시고, 주님께서 세상을 이기신 그 승리에 동참하는 유족들이 되게 하시옵소서.

아버지 하나님. 이 세상에 나타나는 일들만 바라보면 낙심될 일이 너무나 많습니다. 여기 모인 고인의 유족들과 입관예배에 참여하여 유족들의 슬픔을 나누고 위로하는 우리 모두에게 하나님의 언약의 말씀을 통하여 하나님 나라를 바라보는 믿음과 지혜와 담대함을 주옵소서. 또한 앞으로 수십 년이 지나가고 나면 지금 여기 살아있는 성도들도 모두 하나님 나라에 가서 고인과 함께 있을 것을 알게 하옵소서.

주 예수 그리스도의 이름으로 기도합니다. 아멘 (우)

입관예배기도(사고사)

하나님, 여기에 갑작스런 사고로 세상을 떠난 하나님의 사람이 누워 있습니다. 세상의 사람들은 불행한 죽음이라고 하고 천수를 누리지 못했다고 합니다. 그러나 하나님은 고인을 통하여 이 땅에서 이루시기 원하시던 모든 것을 다 이루고 이제 그를 평안으로 인도하셨음을 믿습니다. 참새 한 마리도 아버지의 뜻이 아니면 떨어지지 않게 하시고 작은 미물의 생명까지도 주관하심을 믿습니다.

하나님께서 고인이 이 땅에 있을 때에 주셨던 모든 은혜를 무엇으로 보답할 수 있겠습니까? 사랑하는 가족을 주셨고, 세상에 살 만한 지혜와 물질도 주셨고, 무엇보다 하나님을 아는 신령한 지혜를 주셔서 주님을 믿는 자로 이 땅에 살게 하심을 감사합니다. 세상에 모든 것을 다 가지고 있다 하더라도 주님이 없이는 아무것도 아니며, 세상에 아무것도 없다 하더라도 주님이 계시면 모든 것을 다 가진 것인데 이 은혜를 주셨음에 감사드립니다.

성도의 죽는 것을 여호와께서 귀중히 보신다고 하셨습니다. 하나님의 백성 된 성도가 이 땅에서 고통당하며 아프고 사고당하는 것을 하나님은 원치 않으시는 줄을 압니다. 그러나 하나님께서는 고통의 바다와 같은 이 땅에서 일엽편주에 몸을 싣고 살던 고인을 풍랑 없는 하나님 나라에 들이시고, 죽음을 귀중히 여기셨습니다.

이 자리에 모인 사람들이 하나님께서 고인을 사랑하셔서 그의 죽음을 귀중히 보신 것을 믿게 하소서. 이번의 사고가 하나님이 고인을 부르신 많은 방편 가운데 하나인 것을 알게 하소서. 그리하여 주님의 사랑으로 위로받게 하시고 성령의 충만하심으로 힘이 되게 하소서.

예수님의 이름으로 기도합니다. 아멘 (희)

입관예배기도(사고사)

빛이신 주님께서 세상에 오셨을 때에 세상은 당신을 알지 못했습니다. 당신을 미워했습니다. 그러나 당신은 세상을 이기셨습니다. 우리도 이런 삶을 삽니다. 세상에 사는 것이 십자가이며 우리를 알지 못하고, 예수님을 믿는 것이 때로는 고통이지만 종래 우리는 예수님께서 그러셨던 것처럼 세상을 이길 것을 확신합니다.

주님, 세상을 이긴 주님의 사람이 있습니다. 이제 우리가 그를 입관하고 기도를 드립니다. 이 세상에서 사고를 당하여 졸지에 생명을 잃었습니다. 세상에서는 실패한 자 같고, 다 자라지 못하고 꺾인 가지 같지만, 세상에 져서 세상을 떠난 사람이 아니라 세상을 이기어 하나님 나라로 가신 하나님의 백성임을 압니다.

그러나 갑작스런 사고로 사랑하는 가족을 잃은 유족들의 슬픔을 주께서 위로하소서. 이제 마지막으로 고인의 얼굴을 대하며 이 땅에서 누렸던 가족으로서의 사랑을 나누고 관을 닫았습니다. 이제 이 땅에서는 볼 수 없는 그리운 얼굴을 하나님 나라에서 대하게 하시고 이제는 만질 수 없는 그 손을 하나님 나라에서 다시 맞잡을 수 있도록 하여 주소서. 그리고 고인이 세상을 이긴 것처럼 이 슬픔도 이기게 하시고 모두가 세상을 이긴 승리자가 되게 하소서.

이제 발인하고 하관하는 모든 장례의 절차를 마칠 때까지 하나님께서 간섭하고 도우셔서 유족들에게 새 힘 주시기를 원합니다. 너무 슬퍼하여 하나님을 원망하지 않게 하시고 너무 피곤하여 지치지 않게 하소서.

우리에게 세상을 이기는 힘을 주신 예수님의 이름으로 기도합니다. 아멘

(희)

입관예배기도(사고사)

사랑의 하나님, 위로의 영을 이 시간 보내셔서 오열하는 유족들을 감싸안아 주시고 붙들어 주옵소서. 다윗왕이 그의 아들, 압살롬이 죽었을 때 심히 괴로워하며 아들을 외쳐 부른 것처럼 이 엄청난 일을 당하여 죽음 앞에 서 있는 우리들은 애통함을 감출 길이 없나이다.
　이 세상에는 뜻하지 않은 돌발 사건이 얼마나 많이 일어나고 있는지 다 헤아릴 길이 없나이다. 그러나 막상 그러한 끔찍한 일이 우리 곁에서 일어나고 보니 너무도 안타깝습니다.
　이제 인간적인 생각으로는 알 수 없는 하나님의 깊은 뜻이 숨겨져 있는지 무지한 우리들에게 알려 주시옵소서.
　주께서 성령의 감화를 크게 주사 유족들과 성도를 위로하여 주시고 어떤 어려움 속에서도 시험 들지 않고 넘어지지 않도록 굳게 붙들어 주시옵소서.
　"하늘에서는 주 외에 누가 내게 있으리요 땅에서는 주 밖에 내가 사모할 이 없나이다"(시 73:25)라고 고백한 시편 기자의 고백처럼 우리들이 당한 고난과 환난 중에도 오직 주님만을 바라보고 앙망하게 하시옵소서. 비 온 후에 땅이 더 굳어진다는 말과 같이 이 환난으로 인하여 온 유족들이 더 굳센 믿음을 갖도록 도와주옵소서.
　주님 다시 오시는 날, 다시 만날 것을 소망하면서 더 열심히 살아갈 것을 다짐하고 장례를 정중히 마치도록 도와주옵소서.
　예수님의 이름으로 기도합니다. 아멘　　　　　　　　　　　(수)

입관예배기도(사고사)

생명과 사망의 주관자이신 주 여호와 하나님, 한 성도의 입관예배를 통하여 영광과 찬양을 받으시옵소서. 불의의 사고로 인하여 하나님의 부르심을 입은 고인의 유족들에게 하나님의 평안과 위로를 베풀어 주시옵소서.

우리의 삶 속에는 온갖 위험의 요소들이 옷깃을 스쳐 지나가고 있습니다. 하나님의 보호 안에서 누리는 삶을 다시 한번 감사드립니다. 그러나 우리의 몸을 스스로 지켜야 하는 청지기적 사명이 있는 줄 믿습니다. 늘 하나님의 보호와 지키시는 손길을 신뢰하면서 살아가게 하옵소서.

은혜로우신 하나님 아버지, 하나님의 부름받은 성도의 시신을 안장하기 위하여 입관을 하였나이다. 주께서 약속하신 부활의 날에 영광스러운 몸으로 다시 만나게 될 것을 믿습니다.

주여, 인간의 죽음을 정하신 주권을 믿사오나 유족들의 슬픔이 너무나 크고 위로의 여지가 없는 사실을 긍휼히 여기시옵소서. 오늘의 슬픔을 딛고 일어서는 믿음과 용기를 부어 주옵소서. 특히 부인께 강하고 담대한 믿음을 주시옵소서. 가정을 믿음으로 이끌어가며 자녀들을 거느리기에 넉넉한 힘을 주시옵소서. 천진난만한 자녀들을 불쌍히 여기소서. 지혜롭고 총명하게 자라 훗날에 부모가 못다 한 일까지 감당하는 신앙의 용사가 되게 해주옵소서.

주여, 이제 남은 발인, 하관하는 일까지 주님의 은혜 안에서 이루어지게 하시고 하나님께 영광을 돌리며 우리가 새로운 소망으로 무장되는 시간이 되게 하옵소서.

예수님의 이름으로 기도합니다. 아멘 (호)

입관예배기도(사고사)

　살아계신 주 하나님 아버지, 오늘 슬픔을 당한 유족들과 함께 입관예배를 드리면서 인간의 생사와 화복이 하나님 손에 있음을 고백합니다.
　한 인생을 땅 위에 태어나게 하시고 또 생을 마치게 하는 주권자 하나님의 섭리를 믿습니다. 고인은 불의의 사고로 생을 달리하였으나 그 유족들에게는 하나님을 향한 믿음의 시각이 새롭게 열리는 기회가 되게 해주옵소서. 인간의 주인이 되신 하나님 아버지, 사람이 죽어 흙으로 돌아가는 길은 아무도 거역할 수 없고 다시 돌아올 수도 없는 길임을 압니다. 티끌 같은 인생이기에 오직 주 하나님만 신뢰하며 소망을 갖기 원합니다.
　주여, 긍휼히 여기소서. 고인을 보내고 슬픔에 젖어 있는 유족들에게 강하고 담대한 믿음을 주시고, 이 고난을 딛고 일어서는 용기를 주옵소서. 더 이상의 슬픔이 없도록 주님께서 이들을 보호하여 주옵소서.
　주여, 자비를 베푸소서. 오늘의 입관예배가 유족들에게 새로운 출발점이 되게 해 주시고, 오늘의 슬픔이 변하여 기쁨이 되게 해 주시며 오늘의 절망이 변하여 소망이 되게 해주옵소서.
　장례식의 입관예배가 우리 인생들을 가르치는 신앙의 교육장이 되게 해주옵소서. 그리하여 만물의 창조주요, 인생의 주인 되시는 하나님을 경배하며 그 말씀 안에서 살아가는 새로운 삶이 이루어지게 하옵소서.
　주 예수 그리스도의 이름으로 기도합니다. 아멘　　　　　(호)

입관예배기도(사고사)

"너희는 여호와를 만날 만한 때에 찾으라 가까이 계실 때에 그를 부르라"(사 55:6)고 하신 주님, 지금은 저희들이 이중, 삼중의 슬픔 가운데 있음을 헤아려 주옵소서. 육신적으로 영원한 이별인 죽음이 슬픈 일이고 그 가운데서도 와석종신(臥席終身)하지 못하고 원하지 않은 사고로 목숨을 잃은 것은 더욱 슬픈 일입니다. 이 사고에도 주님의 돌보심이 있는 것을 믿사오나 부족한 저희들이기에 솟구치는 눈물을 누를 길이 없나이다.

오 주여, 이와 같은 슬픔 속에서 주님을 간절히 찾는 유족들과 저희들을 만나 주시고 위로의 음성으로 응답하여 주옵소서. 우리의 잔이 주님께서 주시는 위로로 넘치게 하옵소서.

주님, 고인의 육신은 사고로 인해 상처가 많이 생기고 찢겨졌으나 고인의 영혼은 그 누구보다도 온전하고 평안한 모습을 하고 있을 것을 믿나이다.

스데반이 돌에 맞아 죽을 때 하늘이 열리고 인자가 하나님 우편에 서신 것을 본 것처럼 고인이 사고로 육신의 호흡이 끊어지는 순간에 주님을 만난 것을 저희가 확실히 믿사오며, 주님께서 손을 내미시어 고인의 영혼을 받으셨음을 또한 믿나이다.

우리는 지금 고인의 시신을 장사 지내기 위해 입관의 절차를 밟고 있으나 그 영혼은 지금 사고도 없고 질병도 없는 곳에 가서 편히 지내고 있음을 믿나이다. 고인이 세상을 떠남으로 인해 헛헛한 유가족의 빈 마음을 주님의 은혜로 채워 주옵소서.

예수님의 이름으로 기도합니다. 아멘 (지)

입관예배기도(사고사)

주님, 어리석은 인간들은 자리에 누워 편안하게 세상을 떠나는 것을 원하고 그것이 최고의 복인 것으로 여기나이다. 그러나 믿음의 선조들은 돌에 맞아 죽기도 하고 톱으로 켜서 죽기도 하고 칼에 찔려 죽기도 하였으나(히 11:37) 믿음으로 저희에게 많은 것을 가르치고 있는 것을 기억하나이다.

고인 역시 예기치 않았던 사고로 세상을 떠났으나 믿음으로 살다가 세상을 떠났음을 생각하며 위로를 얻나이다. 고인이 이와 같이 갑작스럽게 세상을 떠났기에 고인의 깊은 믿음과 아름다운 봉사의 생활이 저희들에게 더욱 강하게 기억되는 것을 주님께 고백하나이다.

고인이 못다한 일을 저희가 하게 하옵시고, 고인이 남기고 간 유족들을 저희가 힘써 돌보게 하옵소서. 짧았으나 성실하고 보람있었던 고인의 삶이 오래 기억되게 하옵소서.

하나님께서 고인을 위하여 더 좋은 것을 예비하였음을 우리는 믿나이다. 고인은 이 세상에 있을 때에 자신은 이 땅에서 나그네임을 자주 말했고, 하늘에 있는 본향을 사모했는데 이제 그 본향에 가서 주님 계신 보좌 앞에 면류관을 쓰고 있는 것을 믿나이다.

주여, 저희들이 천국의 소망을 품고 살게 하옵소서. 이 세상에 있는 동안 사랑과 선행에 힘쓰며 봉사의 삶을 살게 하옵소서. 남에게 상처를 입히지 않고 깨끗하게 살아가게 하옵소서. 빚진 것이 없게 하옵소서. 하나님의 나라와 하나님의 의를 구하며 살게 하옵소서. 내일 일을 염려하지 말며 살게 하옵소서. 고인이 이와 같이 살다가 하나님께로 간 것을 생각하며 감사를 드리나이다.

예수님의 이름으로 기도합니다. 아멘 (지)

입관예배기도(불신자)

   산 자와 죽은 자를 심판하시는 생명의 주관자이신 전능하신 주님,
   저희들은 이 시간 고인의 죽음 앞에서 '한번 죽는 것은 사람에게 정해진 것이요, 그 후에는 심판이 있으리라' 하신 말씀 그대로 인생은 누구나 한 번은 죽음의 길로 가게 된다는 것을 새삼 확인하게 됩니다. 날 때가 있으면 죽을 때가 있고, 이 자리에 있는 저희들 모두가 앞서거니 뒤서거니 하면서 한 사람도 예외 없이 언젠가 죽음의 길로 가야 한다는 엄숙한 진리를 다시 한번 깨닫게 하여 주시옵소서.
   죽음 후의 그날을 준비하면서 저희에게 주어진 하루하루를 경건한 마음으로 살게 하시고, 한치 앞을 알지 못하는 인생의 한계를 겸손하게 인정하면서 주님을 의지하며 살아갈 수 있도록 저희들의 마음을 붙들어 주시기를 바랍니다.
   고인은 어려운 시대를 살아가면서도 한 가정의 가장으로, 자녀들의 어버이로, 최선을 다하는 인생을 살았습니다. 그리고 숨이 지는 그날까지 이웃을 생각하며, 자신의 책임을 다하는 삶을 살았습니다. 우리가 그분에게 본받아야 할 것을 본받게 하옵소서.
   그리고 이 시간에는 고인을 아는 모든 사람들의 탄식과 아쉬움 속에서 고인의 시구에 수의를 입히고 얼굴을 가리는 입관예배를 드리게 되었습니다.
   입관예배가 끝나고 나면 이 시간 이후로 저희들은 고인의 모습을 다시 보지 못하겠지만, 주님께서 저희들과 함께 하시고 믿음으로 슬픔을 극복할 수 있게 하여 주시옵소서.
   예수님의 이름으로 기도드립니다. 아멘   (남)

입관예배기도(불신자)

세상에서의 삶을 마치고 이미 고인이 되신 ○○○님의 몸을 입관하면서 저희들은 이 시간 삶과 죽음의 의미를 다시 생각해 봅니다.

고인은 생명이 있을 때 육신의 질병으로 인해 어렵고 힘든 삶을 살았습니다. 하지만 무엇 때문에 이 땅에서 이러한 질병의 고통을 겪어야 되는지 그 이유도 제대로 알지 못한 채, 해답조차 알지 못한 채 모든 것을 남겨 두고 떠나 버렸습니다.

인생은 무엇 때문에 몇십 년도 되지 않는 유한한 삶을 살면서도 그 짧은 세월조차 건강하게 살지 못하고, 때로는 슬픔으로 때로는 육체의 질고를 겪으면서 힘들고 어려운 삶을 살아야 합니까? 육체의 병이 드는 것을 아무도 원치 않는데, 건강한 몸으로 하고 싶은 일들을 마음껏 하면서 살고 싶은데, 이렇게 연약한 질그릇처럼 깨어지고 생의 의지가 꺾여야 합니까?

이러한 질문에 대하여 이 세상 어떤 사람도 분명한 해답을 주는 이가 없었습니다. 그저 모든 것이 숙명일 뿐이라고 체념하며 살고 있을 뿐입니다.

하지만 고인의 장례 절차를 통하여, 삶과 죽음과 고통과 내세에 대한 중요한 진리들을 깨우쳐 주시고, 이 자리에 참석한 모든 사람들이 한 사람도 예외 없이 구원에 이르는 놀라운 은혜가 임하게 하옵소서.

길이요 진리요 생명 되시며, 부활이요 위로가 되시는 주님의 영이 고인의 죽음을 슬퍼하는 유족들에게 임하여 크신 위로를 얻게 하여 주시옵소서. 이러한 아픔이 없는 영원한 천국을 소망하는 삶을 살아길 수 있도록 믿음을 더하여 주시옵소서.

예수님의 이름으로 기도합니다. 아멘 (남)

입관예배기도(불신자)

은혜로우신 우리 하나님 아버지, 오늘 이 시간에 저희들을 돌보아 주시옵소서. 뜻하지 않은 사고로 하나님의 부름을 받은 고인의 시신을 입관하려고 합니다. 입관 절차 위에 함께하여 주시옵소서.

고인의 얼굴을 이 시간에 마지막으로 보고, 이것이 또한 우리에게 이제 이 세상에서의 이별이 될 것이기 때문에, 사랑하는 이와 헤어지게 되는 슬픔이 너무나도 크리라 생각됩니다. 유족들의 마음을 위로하여 주시옵소서.

주님, 유족들이 아버지(어머니) 없이 살아간다고 하는 것이 쉬운 일이 아님을 저희들은 잘 압니다. '나는 너희들의 하나님이 되고 너희는 내 백성이 되리라'고 약속하신 하나님 아버지, 하나님께서 친히 유족들의 아버지(어머니)가 되어 주시옵소서. 유족들에게 믿음을 심어 주시고 그 믿음으로 영원한 세상을 바라보며 살게 하여 주옵소서.

고인의 시구가 누워 있는 관뚜껑을 닫으면서, 성경의 말씀대로 인생은 아침 안개와 같은 것이며 들의 풀과 같이 연약하고 덧없는 존재인 것을 생각하게 됩니다.

덧없는 인생들이 있다가 없어질 세상의 것에 소망을 두지 않게 하시고, 이 세상이 전부가 아니며 영원한 세상이 있음을 알게 하옵소서. 유족들에게 믿음을 주시어 슬픔을 이기게 하시고, 오직 하나님만이 우리의 구원이 되심과 오직 우리 주 예수 그리스도만이 우리를 죄에서 구원하실 수 있음을 믿게 하옵소서. 그 믿음으로 죄와 사망의 권세를 이기게 하옵소서.

예수님의 이름으로 기도합니다. 아멘 (남)

입관예배기도(불신자)

　인자하시고 자비가 풍성하옵신 하나님 아버지, 여기 당신께서 세상에 보내시고 살게 하셨던 ○○○님이 병중에 세상을 떠났습니다. 참으로 안타깝고도 민망하기 그지없습니다. 또 하나님 앞에 죄송할 뿐입니다. 한 영혼이 천하보다 귀하다고 하신 주님의 말씀과 죄인 한 사람이 회개하면 의인 아흔아홉을 인한 기쁨보다 더 크다고 하신 말씀을 기억하오나 저희들이 불충스럽고 게을러서 이 형제(자매)가 끝내 주님을 영접하지 못한 채 세상을 떠나가고 말았습니다.
　주님, 고인의 그 마음이 완악하고 강퍅해서 어쩔 수 없었다는 우리의 구실과 핑계를 용서하여 주옵소서. 이제 이 시점에서 저희 인생들은 아무런 할 말을 찾지 못합니다. 전능하신 하나님께서 예정하시고 계획하신 대로 고 ○○○님을 다시 흙으로 돌려보내셨을 줄 믿사옵니다.
　주님, 전세계의 인구 가운데 주님의 복음을 듣지 못한 채 살다가 죽음을 맞이하는 불쌍한 영혼들도 많이 있습니다. 먼저 믿은 자로서 복음 전하지 않은 죄를 고백하오니 용서하시고 기회 있는 대로 복음 전하는 일에 힘을 다하게 하옵소서. "듣지도 못한 이를 어찌 믿으리요"(롬 10:14) 하시지 않았습니까. 듣지 못해 믿지 못하는 안타까운 일이 없어야겠습니다. 입관예배를 드리는 이 시간을 통해 우리들의 게을렀던 부분을 돌아보고 새로운 다짐을 하게 하옵소서. 주님의 지상 명령을 지켜 행하는 신실한 사람이 되게 하옵소서. 유족들을 위로해 주시고, 아직 복음을 알지 못하는 이에게는 복음을 받아들이게 하시며, 믿는 이에게는 주신 사명 잘 감당케 하옵소서.
　주 예수님의 이름으로 기도합니다. 아멘　　　　　　　　　　(우)

입관예배기도(불신자)

　은혜와 사랑이 많으신 하나님 아버지, 지금 여기에 우리 교회에서 충성하는 성도의 가족 가운데 주 예수를 영접하지 아니한 채 병들어 세상을 떠났습니다.
　이 시간, 장례 절차에 따라 입관의 예식을 갖습니다. 우리들이 고인에게 전도하지 못한 무능함과 나태함을 용서해 주옵소서.
　한줌의 흙으로 돌아갈 인생들, 내일 일을 알지 못한 채 하루하루 살아가는 연약한 인생들이 이 땅에 사는 동안 하나님의 능하신 손길이 아니고서는 위험한 것뿐입니다.
　강한 것 같으나 연약하기만한 인생들을 향해 오늘도 부르시는 하나님의 음성을 이 자리에 있는 모든 이들이 듣게 하시고 응답하게 하옵소서. 영원하신 하나님의 나라를 소유할 수 있는 믿음을 허락해 주옵소서. 안타까운 심정으로 입관예배에 참예한 유족들을 긍휼히 여기시고, 위로하시며 주의 평안으로 채워 주옵소서.
　이 자리에 함께한 우리 모두, 먼저 가신 고인에게 복음 전하지 못한 안타까움을 늘 잊지 않게 하시고, 이 일을 교훈 삼아 이후로 복음 전파하는 주님의 명령을 잘 지켜 행하게 하옵소서. 어두움 가운데 있는 이들을 위해 쓰임 받는 도구가 되게 해 주시고 아버지의 마음에 합당하게 살게 해주옵소서.
　하나님의 부르심 앞에 설 때에 부끄러움당하지 않기를 소원하오니 복음에 합당한 열매를 맺을 수 있도록 도우시고 장례의 남은 절차도 함께해 주옵소서.
　주 예수님의 이름으로 기도합니다. 아멘　　　　　　　　(우)

입관예배기도(불신자)

사랑과 은혜가 풍성하신 하나님 아버지, 여기에 한 생명이 생을 마감하고 그의 육신이 관 속에 들어갔습니다. 저희들은 당신께서 사랑하셔서 당신의 독생자 예수 그리스도를 세상에 보내사 저의 모든 죗값을 지불하기 위해 십자가 위에 못 박혀 죽게 하신 그 사랑의 대상입니다.

그러나 고인은 하나님의 무한하신 그 사랑에 대해 잘 알지 못한 채 불행하게도 사고로 인해 죽음을 당했습니다. 갑작스럽게 닥친 죽음 앞에 저희들 역시 무력감을 느낍니다.

고인의 죽음을 통해 저희의 죄를 다시 한번 회개합니다. 잘못한 모든 죄와 허물을 우리 주님의 보혈로 깨끗이 씻어 주시고, 불쌍히 여겨 주시옵소서. 저희들은 오직 하나님의 긍휼하심과 덮어주시고 감싸주심만이 귀한 은총인 줄 믿습니다.

저희를 긍휼이 여기시는 하나님 아버지, 고인을 잃은 슬픔으로 유가족이 흐느껴 울고 있나이다. 저들이 참회하며 애원하고 있습니다. 저들의 울부짖음에 귀를 기울이사 들어주시고 저들의 아픔을 긍휼히 여겨주옵소서.

이 세상에서 주를 믿지 않았다는 잘못된 사실 때문에 이 시간 영원한 이별이 될까 두렵고 떨려 몸 둘 바를 몰라하고 있습니다. 유가족을 위로해 주시고 그들의 기도에 응답하여 주시옵소서.

주 예수 그리스도의 이름으로 기도드립니다. 아멘   (우)

입관예배기도(불신자)

　이 세상에는 어리석은 부자와 같은 삶을 사는 사람들이 많이 있습니다. 많은 곡식과 재물을 쌓아 두고 자만하여 자신의 영혼에게 여러 해 동안 평안히 쉬고 먹고 마시며 즐거워하자고 하는 사람들이 많이 있습니다.
　이때 주님은 "오늘 밤 네 영혼을 거두어가면 이 모든 것이 누구의 것이 되겠느냐?"라고 하시는데 준비되지 못한 사람들이 있습니다.
　하나님, 이 시간 세상에서 애쓰다가 모든 것을 다 두고 떠날 수밖에 없었던 고인을 입관하고, 이제 그의 삶과 우리의 삶을 돌이켜봅니다. 이 세상을 살면서 지혜를 쌓게 하소서. 어리석은 자와 같이 모래 위에 집을 짓고 바람과 비에 아무것도 없이 빈손으로 가는 자가 되지 말게 하시며, 반석 위에 집을 짓고 바람과 비에도 흔들림 없는 풍성하고 지혜로운 자가 되게 하소서.
　세상 모든 만물의 주인이신 하나님, 이 세상에서 조금 더 가지려고 버둥거리며 다투고 사는 인생이 이제 아무것도 없는 빈손으로 죽어 한 평도 안 되는 땅에 들어갑니다. 이렇게 어리석고 허무한 인생을 바라보면서 우리에게는 거룩한 하나님의 지혜가 넘치기를 원합니다. 세상이 줄 수 없는 평안과 안식과 생명을 얻게 하시고 이 세상이 아닌 하나님 나라에 영원한 목표를 두고 살 수 있게 하소서.
　구원의 주님, 이 시간에 슬퍼하는 유족들을 굽어 살피시고 마음에 큰 위로를 주시며 하나님 나라의 소망이 있게 하소서. 이 자리에 하나님을 알지 못하는 사람들에게 주의 강권적인 능력으로 주님을 알게하시고 구원받은 백성으로 이 땅을 살게 하소서.
　예수님의 이름으로 기도합니다. 아멘　　　　　　　　　　(희)

입관예배기도(불신자)

　이 세상에서 잠깐 있다가 사라질 미미한 인생을 지으시고 기뻐하신 하나님, 이 세상을 떠난 고인으로 인하여 유족들이 비통함에 빠져 있습니다. 인간의 말로는 유족들의 마음에 위로를 줄 수 없사오니 하나님의 말씀으로 그들에게 위로가 충만하게 하소서.
　바닷가에 쌓은 모래성을 파도가 밀려와 순식간에 삼키고 돌아서듯, 이 세상의 모든 인생이 모래성을 쌓는 어린아이와 같습니다. 이제 이 어린아이와 같이 모래성을 뒤로한 채 자신이 왔던 길을 돌아간 고인을 바라보며 유족들은 모래성이 아닌 견고한 성을 쌓고 아름다운 보석과 찬란한 빛으로 만든 하나님 나라를 볼 수 있게 되기를 원합니다.
　고인은 이제 이 세상에서 그렇게 추구하며 살던 세상의 모든 보물들을 버리고, 세상에서 입지 않는 수의를 걸치고, 작은 자신의 거처로 돌아갔습니다. 누구나 다 갈 수밖에 없는 그곳으로 돌아갔습니다.
　하나님께서 은혜로 도우셔서 유족들에게 더 큰 소망 주시기를 원합니다. 고인은 주님을 알지 못하고 갔지만 여기 있는 모든 이들은 주님을 잘 알게 하시고 돌아가야 할 우리의 본향을 분명히 알고 소유하며 돌아갈 수 있도록 풍성한 지혜를 주소서.
　우리 주님은 가시는 길을 분명히 아셨습니다. 그러나 제자들은 가는 길을 알지 못해 방황했습니다. 그들은 성령의 충만함을 받고 사도들이 되어 그 길을 분명히 알았고 그 길을 인도하는 자들이 되었습니다. 하나님, 여기 모인 유족들과 우리 모두가 가는 길을 알지 못해 방황치 말게 하시고, 그 길을 알고 또 그 길을 전하며 인도할 수 있는 지혜로운 제자들이 되게 하여 주소서.
　예수님의 이름으로 기도합니다. 아멘　　　　　　　　　　(희)

입관예배기도(불신자)

우리의 생명은 아침에 잠깐 보이다가 해가 뜨면 없어지는 아침 안개와 같습니다. 그럼에도 불구하고 때로는 영원히 이 세상에 살 것같이 자만하여 이곳저곳을 다니며 돈을 벌고 명예를 쌓으며 삽니다. 내일을 알지 못하는 유한한 인생이 영원히 살 것처럼 이 땅에서 내일을 계획하며 살아갑니다. 그러나 이렇게 추구하던 재물도, 명예도, 지식도 다 버리고 훌쩍 가족 곁을 떠난 고인을 입관하며 우리의 마음은 한없이 애처롭습니다. 그동안 얼굴에 땀을 흘리고 갖은 애를 쓰시던 고인께서 그동안의 땀도 고생도 보람없이 모든 것을 다 버리고 홀로 이 세상을 떠나셨습니다. 하나님께서 낯을 숨기시면 떨고, 주께서 호흡을 취하시면 죽어 본 흙으로 돌아가리라고 하신 대로 이제 돌아가셨습니다. 내 힘으로 세상을 지배할 것 같았고, 내 재주로 세상을 다 살 것 같았던 인간의 교만함도 다 헛되이 버리고 영원히 이 땅을 등지는 고인이 되셨습니다.

지혜의 하나님, 이 시간에 고인을 입관하고 위로받기를 원하는 사랑하는 유족들의 마음에 지혜의 신이신 우리 하나님이 충만하게 거하시기를 원합니다. 진실한 마음을 주셔서 하나님을 인정하며 의지하는 유족들이 되기를 원합니다.

하나님, 이제 입관하여 고인을 모십니다. 장지에 모시고 돌아오는 시간까지 모든 장례의 순서가 하나님께 영광이 되기를 원합니다. 하나님을 알지 못하는 사람들이 하나님을 알게 하시고, 천국을 믿지 못하는 자들이 장례 절차를 통하여 천국을 믿게 하소서.

예수님의 이름으로 기도합니다. 아멘 (희)

입관예배기도(불신자)

세상을 사랑하셔서 독생자 예수님을 구세주로 보내 주신 하나님!
여기 하나님을 알지 못하고 세상을 떠난 분의 시신을 입관하면서 예배를 드리오니 유가족들의 믿음을 더욱 굳게 잡아 주시고, 여기 모인 모든 성도들은 복음을 전하지 못한 책임을 통감하게 하옵소서.

예수의 이름을 부르는 자는 다 구원을 얻는다고 하였사오나 이 땅에는 아직도 예수의 이름을 부르지 못하고 세상을 떠나는 영혼들이 얼마나 많사옵나이까.

여기 모인 성도들은 복음 전도의 중요성을 인식하고 구원의 소식을 부지런히 전할 수 있는 증인의 사명을 감당할 수 있도록 허락하여 주시옵소서.

인생을 아무리 영화롭게 살았을지라도 그것도 헛것이요, 아무리 향락을 누렸을지라도 그것 역시 쓸모 없는 행위임을 잘 알고 있습니다.

하나님을 경외하며 이웃을 내 몸과 같이 사랑하는 성도들처럼 여기 모인 이들은 한 분도 빠짐없이 예수 믿어 구원받고, 믿음으로 살다가 영광스러운 죽음의 반열에 서게 해 주시기를 원하옵고 기도합니다.

장례식 날 좋은 일기를 허락하시어 장지까지 먼거리도 무사히 운구해서 정중하게 장례식을 마치도록 인도해 주옵소서.

주 예수님의 이름으로 기도드립니다. 아멘 (수)

입관예배기도(불신자)

우리의 힘이 되시고 구원의 산성이 되시는 사랑의 하나님!
하나님을 알지 못한 채 세상을 떠난 사랑하는 고인을 앞에 놓고 입관을 거행하나이다. 이처럼 갑자기 세상을 떠날 바에는 예수 믿고 구원받은 영혼으로 이런 자리를 가졌다면 슬픔 중에도 소망을 가질 것인데 너무도 안타깝습니다. 바로 이럴 때 먼저 믿은 우리들이 구원의 참된 소식을 전하는 기회를 잃었음을 고백합니다.
여기 모인 사람 중에는 주님을 부르지 않은 채 우리와 유명을 달리하는 사람이 한 사람도 없게 하시옵소서.
사람은 빈손으로 왔다가 또한 빈손으로 가는 것이 인생임을 여기서 다시 보게 되나이다. 허무와 공허 속에 살다가 생을 마치는 하나님 없는 삶의 허구를 눈여겨 보게 하시고, 심은 대로 거둔다는 하나님의 말씀에 영혼의 귀를 기울이게 하시옵소서.
허무하게 왔다가 허무하게 떠나가는 인생을 지켜보면서 이 시간 입관예배에 참예한 모든 분들은 하나님을 경외하고 그의 영광을 들어내기 위해 살아가는 인생들이 다 되게 하옵소서. 특별히 슬픔을 당한 유족들을 붙들어 주옵소서. "환난 날에 나를 부르라 내가 너를 건지리니 네가 나를 영화롭게 하리라"고 하신 약속의 말씀을 붙잡고 승리하게 하옵소서.
교회의 머리 되신 예수님의 이름으로 기도드립니다. 아멘   (수)

입관예배기도(불신자)

사랑의 아버지 하나님!
"거룩한 처소에 계신 하나님은 고아의 아버지시며 과부의 재판장"(시 68:5)이 되신다고 시편 기자가 고백한 말씀을 의지하여 이 시간 간구합니다. 여기 하나님을 알지 못한 채 돌연한 사고로 세상을 떠난 사랑하는 사람의 시신을 입관하고 예배를 드리오니 주님께서 친히 임재하시어 은혜를 베풀어 주옵소서.
유족과 벗들이 돌연한 ○○○님의 죽음 앞에 넋을 잃고 있나이다. 사람의 말로는 뭐라고 위로할 길이 없사오니 주님의 말씀으로만 위로하여 주시고 성령의 감동으로 새 힘 얻게 하시옵소서.
주님, 저희에게 감당치 못할 시험을 주시지 않겠다고 하셨사오니 주님께서 지켜 주시고 보호하여 주시옵기를 기도드립니다.
사람이 살다보면 별의 별 죽음을 당할 수 있사오나 이같이 갑작스런 죽음을 바라보면서 평상시에 죽음에 대한 준비가 늘 있어야 함을 절실히 깨닫게 됩니다. 죽음의 두려움을 깨닫게 하옵소서.
이 가정이 갑자기 가장을 잃었으나 하나님께서 친히 가장이 되어 주시고, 자녀들이 믿음 안에서 가정을 잘 세워갈 수 있도록 도와주옵소서.
장례의 남은 절차도 주님이 함께해 주시고, 고인의 죽음을 통해 주님을 알지 못하던 일가 친척과 직장의 동료와 벗들이 예수 믿고 구원 얻는 역사가 일어나도록 인도해 주옵소서.
생명을 주관하시는 예수님의 이름으로 기도드립니다. 아멘   (수)

입관예배기도(불신자)

　살아계신 주 하나님 아버지, 보이지 않으나 살아계시고 인간의 생사를 다스리시는 하나님을 두려운 마음으로 믿습니다.
　슬픔을 당한 유족들과 모든 조객들에게 하나님의 위로와 평강이 임하기를 기도합니다. 고인은 원치 않은 일로 유족들을 떠났지만 이제는 유족들에게 주 예수 그리스도를 주인으로 섬기고 사는 굳건한 믿음을 더하여 주옵소서.
　은혜로우신 주여, 입관하는 이 자리에 모인 사람들에게 인생을 진지하게 생각하는 인생 공부가 이루어지게 하옵소서. 고인이 어디로 갔을까? 그렇다면 나는 어디로 갈 것인가? 고인은 무엇을 남기고 갔는가? 그렇다면 나는 무엇을 남기고 갈 것인가? 이러한 질문 앞에서 두려움으로 답을 얻는 시간이 되기를 원합니다.
　사랑의 주여, 죄인을 구원하려 이 땅에 사람으로 오신 예수님이여, 주를 나의 구주로 영접합니다. 죄인을 향하여 믿고 돌아오기를 기다리시는 주님, 예수 그리스도를 만나지 못한 사람들의 마음문을 열어 주시고 예수님을 나의 구세주로 영접하게 해주옵소서.
　입관예배가 말씀이 역사하는 부흥의 현장이 되게 하여 주옵소서.
　자비와 긍휼이 풍성하신 하나님, 유족들이 이 고난과 슬픔을 통하여 믿음으로 살아야 할 이유를 알게 해 주시고 말씀에 순종하며 살게 해주옵소서.
　주 예수 그리스도의 이름으로 기도합니다. 아멘　　　　(호)

입관예배기도(불신자)

사랑이신 하나님 아버지, 인간의 생사화복을 주관하시며 역사의 통치자가 되신 하나님께 엄숙한 마음으로 입관예배를 드립니다.
슬픔을 당한 유족들에게 하나님의 긍휼과 자비가 임하시고 강하고 담대한 믿음으로 무장되게 해주옵소서.
주여, 긍휼히 여기소서. 유족들 가운데는 하나님의 자녀도 있지만 아직도 예수님을 구주로 만나지 못한 사람들도 있습니다. 이번 기회에 온 가족이 신앙으로 결속되는 역사가 이루어지기를 바랍니다. 믿음으로 한길을 가는 신앙 가족이 되게 해 주시옵소서.
주여, 불쌍히 여기소서. 고인이 못다 하고 간 그 일들을 자손들이 계승해가게 하시고 이 가정의 가업이 더욱 번창하게 하여 주옵소서.
주 하나님이시여, 사고와 재난이 많은 이 땅에서 다시 한번 하나님의 보호와 지키시는 은혜가 크고 놀라운 것을 깨닫고 감사를 드립니다. 우리의 가정과 산업을 지켜 주셔서 감사합니다. 또한 우리의 가는 앞길을 지켜 주셔서 감사합니다.
사랑과 은혜가 풍성하신 주 하나님, 지금부터 영원까지 이 가정을 지켜 주옵소서. 오늘의 슬픔을 잘 극복하게 해 주시고 모든 상처를 치유해 주시며 상실된 것들을 회복시켜 주옵소서.
이제는 우리의 장래와 가정의 미래도 다 주님께 의지하며 맡기고 살게 하여 주옵소서.
주 예수 그리스도의 이름으로 기도합니다. 아멘   (호)

입관예배기도(불신자)

주님, 저희들은 지금 병으로 세상을 떠난 고인의 육신에 수의를 입히고 관에 모시기 위해 이 자리에 모였나이다. 헤아릴 수 없는 슬픔 가운데 있는 유족들과 일가 친척들을 기억하여 주옵소서.

주님께서는 이 세상에 계실 때, 어려움 가운데 있는 사람들을 도우시고, 슬픔 가운데 있는 사람들과 함께 슬퍼하시며 위로하기에 누구보다도 힘쓴 분인 것을 아오니 위로의 영으로 이 자리에 함께하여 주옵소서.

고인의 육신을 마지막으로 대하는 이 시간을 정성과 경건함으로 채우게 하옵소서. 현대 의학이 아무리 발달하였고 좋은 약품들이 많이 개발되었다 할지라도 병을 완전히 치료하지 못하고 수명을 연장시키지 못하는 것을 보고 저희들은 사람의 한계를 다시 한번 깨닫나이다. 사람의 한계가 하나님의 출발점이라고 하였사오니 이렇게 사람의 한계를 깨닫는 것을 통해 하나님을 발견하게 하옵소서.

고인이 이와 같이 일찍 세상을 떠날 줄 알았으면 그를 더욱 사랑하고 마음 아프게 하는 일이 없도록 힘쓰며 무엇보다도 강권적으로 전도할 것을 하는 후회가 있나이다. 이제부터 남은 유족들이 서로 이해하며, 더욱 사랑하고, 더욱 양보하며 살기에 힘쓰게 하옵소서. 또한 주님을 믿지 않는 유족들로 하여금 길이요 진리요 생명이시며, 영생에 이를 수 있는 유일한 통로인 예수님을 믿게 하여 주옵소서.

유족들에게 슬픔을 이길 수 있는 용기를 주셔서 의연한 모습을 보이게 하시고 서로 힘을 합하여 장례를 치르게 하옵소서. 또한 저희 성도들은 슬픔을 같이 나누며 장례를 돕게 하소서.

예수님의 이름으로 기도합니다. 아멘 (지)

입관예배기도(불신자)

주님, 성도의 가족 가운데 한 식구가 병으로 세상을 떠나 이와 같이 입관을 하게 되었습니다. 깊은 슬픔 가운데도 감사한 일들이 많음을 발견합니다.

고인이 가족들의 정성 어린 돌봄 가운데에서 투병생활을 할 수 있었던 것을 감사드립니다. 또한 최선의 치료를 받을 수 있었던 것을 감사드립니다. 의사 선생님들과 간호사들과 모든 의료진의 수고에 대해 감사드립니다. 사랑하는 사람들에게 둘러싸여 세상을 하직할 수 있었던 것을 감사드립니다. 임종에서 입관에 이르기까지 잘 진행되게 하신 것을 감사드립니다.

고인을 사랑하고 아끼던 이들이 이 시간 고인의 모습을 마지막으로 대하며 작별할 수 있게 해주심을 감사드립니다. 또한 유족들에게 위로가 임하도록 기도를 드릴 수 있음을 감사드립니다. 고인이 성실하고 깨끗하게 산 것을 감사드립니다.

주님, 또한 이 시간에 회개의 기도를 드립니다. 고인이 살아있을 때 고인의 가슴을 아프게 한 일이 많았던 것과 고인에게 상처를 입힌 말을 했던 것을 회개합니다.

고인과 좀 더 깊은 교제를 나누지 못한 것을 회개합니다.

고인과 약속하고 지키지 못한 것이 많았던 것을 회개합니다.

무엇보다도 고인이 믿음을 갖도록 하지 못한 것을 회개합니다.

주님, 우리의 감사와 회개를 받아 주옵소서. 그리하며 숙연한 이 시간, 교훈의 시간이 되게 하옵소서.

예수님의 이름으로 기도합니다. 아멘 (지)

입관예배기도(불신자)

　주님, 이 형제가 원하지 않은 사고로 세상을 떠났을 때 유족들은 물론 저희들도 큰 충격을 받았고 앞이 캄캄했습니다. 이 세상에는 여러 사고들이 끊임없이 일어나고 있고 그 가운데는 시신을 찾을 수 없거나 수습할 수 없는 끔찍한 사고들도 많고, 법적인 문제들이 해결되지 않아 어려움을 겪는 경우도 적지 않은데, 고인의 경우 모든 일이 순조롭게 진행되는 가운데 입관을 하기에 이른 것을 감사드립니다.
　지금까지 함께하시며 도와주신 주님, 앞으로의 일들도 도와주옵소서. 장례의 남은 절차들과 사고의 완전한 마무리를 도와주옵소서. 특별히 유족들의 앞날을 손잡아 이끌어 주시어서 안전한 길로 인도하시며 생계에 어려움이 없도록 보살펴 주옵소서. 무엇보다도 믿음의 길로 인도하옵소서.
　주님, 우리는 언제, 어디에서 어떤 일을 당할지 모르는 인생들입니다. 문명이 발달할수록 사고도 많아지는 역설적인 현실 가운데 살고 있고 자연 재해도 날로 늘어가고 있습니다. 고인이 이와 같이 불행한 일을 만난 것은 그에게 잘못이 있어서가 아니라 세상이 너무나 험하기 때문인 줄로 압니다. 이 땅에 남은 사람들은 주님을 의지하며 살아가게 하옵소서.
　이제 관에 못을 박는 소리가 유족들의 가슴에 못을 박는 소리가 되지 않게 하시고, 현실을 그대로 받아들이고 용기를 가지고 살아가겠다는 다짐의 소리가 되게 하옵소서.
　예수님의 이름으로 기도합니다. 아멘　　　　　　　　　　　(지)

발인예배기도

† 신자(고인) 24편
† 사고사(고인) 12편
† 불신자(고인) 12편

내가 너희를 위하여
거처를 예비하러 가노니 가서 너희를 위하여
거처를 예비하면 내가 다시 와서 너희를 내게로
영접하여 나 있는 곳에 너희도 있게 하리라
(요 14:2-3)

발인예배기도

　은혜로우신 하나님, 저희들은 지금 고인과 마지막 정을 나누며 경건한 마음으로 머리를 숙였습니다.
　질병과 싸우면서도 세상을 떠나는 그 시간까지 믿음 잃지 않았던 고인의 육신이 인생은 그림자 같고, 안개와 같은 존재라는 성경의 말씀처럼 이 세상에서 나그네로 살았던 삶의 흔적을 남기고, 지금까지 몸담고 있던 집을 떠나는 시간이 되었습니다.
　고인의 시구가 집을 떠나는 발인예배를 통해서, 인간은 이 세상에서 영원히 머무르지 않는다는 냉엄한 진리를 다시 한번 가슴에 새기게 하여 주시옵소서.
　그리고 인생들이 아무리 많은 것을 가지고 있어도 언젠가는 모든 것을 그대로 두고 빈손으로 왔다가 빈손으로 떠나야 할 나그네임을 이 자리에 있는 저희들 모두가 기억하게 하옵소서.
　이 시간 고인의 죽음을 보면서, 저희들도 주님의 심판대 앞에 설 때 이 땅에서 살았던 삶을 결산하면서 부끄러움 당하지 않도록 아름다운 삶을 살아가기로 다짐하게 하여 주옵소서.
　이제 고인의 시구가 정든 집을 떠남으로써 고인의 육신이 나그네의 여정을 마치게 됩니다. 나그네로 사는 동안 흘렸던 고인의 눈물을 주님께서 닦아 주시고, 저희들이 천국에서 주님과 함께 고인을 다시 만날 그날까지, 주님께서 영으로 저희들과 함께하옵소서. 그리고 부활의 소망과 천국에 대한 소망을 놓지 않도록 끝까지 저희들을 붙들어 주시옵소서.
　부활이요 생명 되신 수 예수님의 이름으로 기도합니다. 아멘　(남)

발인예배기도

　우주 만물을 창조하시고 인류의 역사와 개개인의 생사화복을 주관하시는 절대 주권자 하나님, 저희들은 지금 그 영혼이 이 세상을 떠나서 하나님 앞으로 가신 고인의 장례식을 거행하려고 이곳에 모였습니다.
　정들었던 고인과 헤어진다는 슬픔과 아쉬움을 가지고 하나님 앞에 머리 숙인 이 무리들에게 이 시간, 주님께서 친히 위로를 내려 주시기를 간절히 원합니다.
　영원히 변치 않으시는 전능하신 하나님, 저희들은 고인의 죽음을 슬퍼하면서도 창세전부터 하나님께 택함 받은 백성인 고인이 세상에 있을 때, 예수 그리스도를 구세주로 믿고 마음으로 영접하여 구원 얻었다는 사실을 알기에 위로를 받습니다.
　그래서 고인이 비록 육신의 질고로 고생하며 힘들어했지만, 죽음의 관문을 통과하는 동시에 다시는 슬픔도 없고 아픔도 없는 천국으로 들어가서 평안한 안식을 누리고 있음을 믿습니다.
　그뿐만 아니라 영원한 목자 되신 주님과 얼굴을 마주 대하며, 주님께서 친히 고인의 눈에서 눈물을 씻어 주시고, 주님과 함께 이 세상 언어로는 형용할 수 없는 복된 위로를 받고 있음을 또한 믿습니다.
　고인의 영혼은 죽음과 동시에 이미 주님 품에 안겼지만, 이 시간 고인의 시구는 지금까지 살아왔던 정든 집을 떠나게 됩니다.
　그러나 이것이 영원한 이별이 아니라, 하나님을 믿는 믿음을 통하여 언젠가는 영광된 부활의 몸을 입고, 이 자리가 아닌 천국에서 다시 만날 것을 소망하면서 슬픔을 이길 수 있도록 도와주시옵소서.
　우리 주 예수 그리스도의 이름으로 기도합니다. 아멘　　　　　(남)

발인예배기도

하나님 아버지 감사합니다. ( )년 전에 고 ○○○성도를 이 땅에 보내어 주시고 믿음의 복을 주셔서 그가 이 세상에 사는 동안 오직 하나님을 믿고 의지하며 살도록 은혜 주신 것 감사합니다.

오랫동안 투병 생활 끝에 이제 그가 하나님의 부르심을 받았습니다. 육신의 질고와 고통으로부터 놓아주신 하나님의 은혜에 감사를 드립니다. 육신으로 헤어지는 슬픔이 크오나 주 예수 그리스도 안에서 영광의 모습으로 다시 만날 것을 기억하게 하옵소서. 이 세상이 전부가 아니라 우리가 영원히 살아갈 세상이 있음을 알게 하시고, 그 세상을 소망하며 살게 하옵소서.

고인은 참으로 신실한 믿음의 본을 보여주셨습니다. 주님을 예배하는 것과 기도하는 것을 인생의 참된 가치로 여기며 사셨고, 그렇게 자녀들을 교육시켰습니다. 모든 성도들에게 경건한 신앙의 본을 보여주셨습니다. 그의 신앙이 우리에게 도전이 되게 하셔서 그 신앙의 본을 따르고자 하는 경건한 열망들을 주시옵소서.

이 예배를 통해 슬픔에 잠겨 있는 유족들에게 은혜를 베푸시고 위로하여 주시옵소서. 함께한 성도들에게도 위로함을 주시옵소서.

고인이 가신 복된 나라, 하나님의 나라를 소망하며 살게 하옵소서. 세상은 우리를 위로할 수 없사오나 이 시간, 목사님을 통하여 주실 말씀으로 저희들을 위로하여 주옵시고, 소망의 말씀이 되게 하옵소서.

앞으로 남은 모든 장례 일정뿐만 아니라 매 순간마다 함께하여 주시고, 하늘의 위로와 영원한 소망으로 저희들을 붙드시옵소서.

예수님의 이름으로 기도합니다. 아멘 　　　　　　　　　(남)

발인예배기도

사랑과 은혜가 풍성하신 하나님 우리의 아버지시여, 지금 이 자리에는 우리와 함께 신실하게 신앙생활을 하시던 고 ○○○성도(직분)가 질병으로 우리 곁을 떠나서 그 영혼이 주님 품에 안겨 있는 줄 믿사오나 고인의 육신은 그가 살던 집(혹은 그가 입원했던 병원)을 떠나려 하고 있습니다.

인생의 삶이란 객지에 머무름이요, 인생의 죽음은 고향으로 돌아감이라 한 것같이 고인도 세상 모든 사람의 가는 길로 떠나가게 되었나이다.

사랑이 많으신 하나님, 고인의 유가족들이 고인과 헤어짐의 비애를 가눌 길 없어 하고 있습니다. 우리 성도들도 고 ○○○성도(직분)와 함께 교회를 위해 충성해온 터라 고인을 먼저 보내는 서글픔을 달랠 길이 없습니다. 간구하옵기는 저들을 위로해 주옵소서.

주여, 이 시간 하나님의 약속의 말씀에 대한 확신을 주시옵소서. 하나님 말씀에 "울 때가 있고 웃을 때가 있으며 슬퍼할 때가 있고 춤출 때가 있으며"(전 3:4)라고 하셨사오니, 오늘 우리의 슬픈 이별이 기쁨과 즐거움으로 다시 만날 수 있도록 은총 베풀어 주옵소서.

비옵는 것은 교회의 구석구석 고인이 계셨던 그 빈자리를 잘 감당하여 주님의 뜻을 이루게 하옵소서. 또한 고인이 살던 집을 떠나감으로 말미암아 너무도 큰 공간이 생겼습니다. 그 빈 곳에 주님께서 늘 임재하셔서 임마누엘 가정이 되게 하시고, 감사와 찬송이 끊이지 않는 가정 천국이 되게 해주옵소서.

우리 주 예수 그리스도의 이름으로 기도합니다. 아멘   (우)

발인예배기도

거룩하신 아버지 하나님, 이제 아버지께서 이 세상에 보내시고 살게 하시던 고 ○○○성도(직분)가 질병으로 고생하던 중 때가 되어 하나님의 부르심을 받았습니다.

고인이 이 세상에서 사는 동안 여러 가지 애환이 많았으나 이제 그 모든 육신적인 수고와 슬픔을 벗고 그의 영혼은 하나님 나라 영광 가운데 승리의 입성을 했습니다. 그러나 그 육신은 이제 이곳을 떠나 묘지(화장터)를 향해 가게 되었습니다.

하나님, 이 모든 일들이 하나님의 영원하신 섭리와 경륜에 의한 것임을 아오나 함께 교회를 섬기고 근심 걱정을 나누던 고 ○○○성도(직분)를 먼저 떠나보내니 허전함과 아쉬움을 금할 길이 없습니다.

"주께서 사람을 티끌로 돌아가게 하시고 말씀하시기를 너희 인생들은 돌아가라"(시 90:3)고 하신 하나님의 말씀 대로 고인께서 돌아가오니 저를 영접해 주시옵소서.

여기 유족들과 믿음의 식구들이 고인을 떠나보내며 위로받을 수 있는 길은 오직 하나님의 말씀뿐입니다. "볼지어다 내가 세상 끝날까지 너희와 항상 함께 있으리라 하시니라"(마 28:20)고 약속하심을 믿습니다.

그래서 랜킨이란 성도는 "우리 다시 만날 때끼지 히니님이 함께 계셔 위태한 일 면케 하고 품어 주시기를 바라네 다시 만날 때 다시 만날 때 그때까지 계심 바라네"(찬송가 222장)라고 신앙고백하며 노래했나이다. 이 찬송이 유가족과 우리 성도들의 신앙고백이 되게 해 주시고, 오늘의 아쉬운 이별이 후일에 기쁜 만남이 되게 해주옵소서.

주 예수 그리스도의 이름으로 기도합니다. 아멘   (우)

발인예배기도

사랑이 많으신 우리의 하나님 감사합니다. 여기 우리와 함께 독실한 신앙으로 교회를 위해 충성하다가 질병으로 말미암아 세상을 떠난 고인의 영혼이 하나님 품에 안겼습니다.

우리 인간에게 있어서 죽음의 길은 영혼과 육체가 분리되며 또한 가족과 친지와도 헤어지는 것으로, 하나님께서 정해 놓으신 당연한 길임을 압니다.

"은 줄이 풀리고 금 그릇이 깨어지고 항아리가 샘 곁에서 깨지고 바퀴가 우물 위에서 깨지고 흙은 여전히 땅으로 돌아가고 영은 그것을 주신 하나님께로 돌아가기 전에 기억하라"(전 12:6~7)는 하나님의 말씀은 진리이며, 모든 인생의 필연적 귀결인 줄 믿습니다.

하나님, 인간적인 육정과 감상주의에 넋을 잃는 불신자와 같이 되게 하지 마옵소서. 진지하고 의연하게 하나님의 말씀을 부여잡고 헤어짐의 아픔을 이겨낼 수 있는 신앙의 담력을 허락해 주옵소서.

오늘 이별의 쓰라림을 믿음으로 순종할 때 장차 승리의 재회로 이어지게 될 것을 확신하는 유가족과 우리 믿음의 가족들이 되게 해주옵소서. 하나님 말씀에 "인생이 당하는 일을 짐승도 당하나니 그들이 당하는 일이 일반이라 다 동일한 호흡이 있어서 짐승이 죽음 같이 사람도 죽으니 사람이 짐승보다 뛰어남이 없음은 모든 것이 헛됨이로다"(전 3:19) 하셨습니다.

고 ○○○성도(직분)는 이제 그 질병의 아픔도 고통도 끝나고 쉬게 되었기에 참으로 복된 죽음을 맞이했습니다. 고인을 잃은 유가족들에게 하늘의 소망을 안겨 주옵소서.

주 예수 그리스도의 이름으로 기도합니다. 아멘 (우)

발인예배기도

　우리 영혼의 구세주로 이 땅에 오신 예수님, 주님은 영혼을 구원하러 이 땅에 오셨지만 우리 인간의 육체를 돌보시며 불쌍히 여기시고 먹이시며, 고치시고 살리셨습니다. 또한 인간의 몸을 입고, 이 땅에 오셔서 친히 인간의 육체적 고통을 감당하셨습니다.
　주님, 이 시간 우리들은 인간의 육체적 짐을 대신 지신 그 주님께 우리의 무거운 짐을 의탁합니다. 마음의 고통, 섭섭함, 외로움, 안타까움을 주님께서 담당하시고, 우리 모두에게 적절한 은총으로 함께 하소서.
　어머니의 기대를 저버리고 젊은 나이에 어머니 곁을 떠나 어머니와 동네 사람을 슬프게 하였던 나인성 과부의 아들을 발인 도중에 그 행렬을 멈추시고 다시 살게 하셔서 그 어머니에게 아들을 주신 예수님, 어머니를 위로하셨던 주님의 그 사랑으로 남은 모든 유족들을 위로하시기를 원합니다. 나인성의 과부처럼 예수님의 사랑받기를 원하오니 이 시간, 유족들의 마음을 주의 사랑으로 채워 주소서.
　이제 사랑하는 고인이 정든 집을 떠납니다. 고인의 육신은 정든 집을 떠나지만, 이미 그의 영혼은 하나님의 집에 들어가서서 하나님과 더불어 영원한 삶을 사는 것을 우리들은 믿고 감사드립니다.
　이제 장지에 고인을 모시고 갈 터인데 가는 길을 평안케 하시고, 슬픔과 외로움에 잠자지 못하고 피곤에 쌓여 있는 유족들을 주님의 손으로 꼭 잡으시어 평강의 길로 인도하시며, 안전하게 집으로 돌아올 수 있게 하소서.
　이제 남은 하관예배에도 풍성하신 주님의 은혜로 위로하시기를 원하며 예수님의 이름으로 기도합니다. 아멘　　　　　　　　　　(희)

발인예배기도

　병들어 신음할 수밖에 없는 유한한 인생이며, 죽을 수밖에 없는 숙명적 존재인 인생이 이 땅에 살면서 무한하신 하나님을 알며, 병도 죽음도 극복하고, 주님의 품에 안기는 은총을 입습니다. 주님을 극진히 사랑하던 고인이 인생의 마지막에 병을 얻어 고통을 겪으셨지만 그 병에 지배당하지 않고 오히려 그 가운데서도 주님을 찬양하며 떠나셨습니다. 이 믿음을 주신 주님께 영광을 돌립니다.
　이제 고인이 입고 있던 육체가 흙으로 다시 돌아가기 위하여 이곳을 나섭니다. 그가 사랑하고 아끼던 곳입니다. 그의 손때와 체취가 묻은 집입니다. 그러나 아무 미련 없이 이곳을 두고 하나님 나라로 가셨습니다. 그곳은 더 아름답고 이 땅의 집과 비교할 수 없는 줄 압니다.
　"너희는 마음에 근심하지 말라, 하나님을 믿으니 또 나를 믿으라, 내 아버지 집에 있을 곳이 많도다"고 하신 주님의 약속대로 아버지의 집으로 근심 없이 돌아가셨습니다. 하나님께서 그를 불러 다시는 인간의 괴로움이 미치지 못하는 곳으로 인도하시니 감사합니다. 이 믿음 가운데서 우리가 강건하게 하소서.
　하나님, 오늘 이 발인의 행렬이 죽은 자를 메고 장사하러 오는 나인성의 행렬이 아니라 죽은 자를 살리러 들어가시는 예수님과 제자들의 행렬이 되어서 산 소망이 있게 하옵소서. 이 예식을 통하여 사는 자가 많아지게 하시고, 죽음을 보러 온 조객의 행렬이 산 주님을 보는 성도의 행렬이 되게 하소서.
　예수님의 이름으로 기도합니다. 아멘　　　　　　　　　(희)

발인예배기도

세상의 모든 사람들은 죽음을 두려워합니다. 숙명적 존재인 인간에게 죽음은 숙제와 같습니다. 그러나 이렇게 주의 사랑하는 성도가 모든 인생의 과제를 다 마치고, 주님의 거룩한 나라에 안착하였습니다. 세상에서 유리 방황하던 인생을 영원한 나라로 인도하사 쉼을 얻게 하실 하나님께 감사를 드립니다.

오랜 병상에서 병으로 고통하며 몸도 마르고 지친 육체이지만 그의 영혼은 맑고 밝아 하나님을 보았고, 스데반의 얼굴처럼 환하게 하나님 나라를 그리며 떠나신 고인을 보며 하나님 나라가 이미 그의 마음에 있었고, 영원한 그 집이 우리 사후에 분명히 있는 것을 봅니다.

주님, 고통은 또 다른 은총인 것을 느끼게 하시며, 죽음은 또 다른 시작인 것을 알게 하시니 감사드립니다.

이 시간, 다른 사람에게 자신의 몸을 의지하여 이 집을 나섭니다. 우리 인생이 내가 사는 것 같지만 생명을 부여하시며 주관하시는 하나님께 의존하여 살며, 자신의 힘만으로 많은 것을 얻은 것 같지만 다른 사람의 도움 없이는 아무것도 얻을 수 없다는 것을 다시 한번 깨닫게 하옵소서. 모두 하나님의 은혜이며 이웃의 도움이었던 것을 고백합니다. 이제 산 자인 우리에게 이 지혜를 허락하소서.

하나님, 이제 이곳을 나서 장지로 갑니다. 하나님께서 언약하신 대로 흙인 몸은 다시 흙이 되지만 영혼은 이미 주님의 것이 되었습니다. 흙으로 돌아가는 육신에 우리의 궁극적 관심을 두지 말게 하시고 영원으로 돌아가는 우리의 영혼에 관심을 두는 총명한 믿음의 은혜가 있게 하소서.

예수님의 이름으로 기도합니다. 아멘   (회)

발인예배기도

예수님이 타신 배도 요동하고 물이 들어와 제자들은 죽음의 공포 앞에서 주님을 깨웠습니다. 주님이 먼저 배를 타고 건너편으로 가라고 지시하여 제자들은 배를 탔지만 밤새 물결에 배가 요동하였습니다. 하나님, 이 세상 주님과 더불어 살아도 물결은 있고, 주님의 말씀에 순종하고 살아도 물결은 쉬지 않습니다. 이 고해와 같은 세상을 살면서 하나님의 사람들도 순종하여 살지만 당하지 말아야 할 어려움도 당하고, 부지의 사고도 당하여 많은 고통을 남기고 떠납니다.

세상도 물결도 지으신 하나님, 이 세상의 물결 속에서, 하나님께서 사랑하시는 사람이 하나님의 뜻대로 살겠다고 애썼지만 이렇게 세상을 떠났습니다. 짧은 인간의 생각으로는 하나님의 위대하신 뜻을 알 길이 없습니다. 그러나 하나님을 순종하는 자도 물결이 있음을 우리가 압니다. 세상의 물결에 면제된 자는 하나도 없는 것을 우리는 성경을 통하여 압니다.

하나님을 사랑하는 자 곧 그 뜻대로 부르심을 입은 자들에게는 모든 것이 합력하여 선을 이룬다고 하신 하나님, 사람이 이해할 수 없는 고인의 죽음을 통하며 하나님의 선이 이루어지기를 원합니다. 이 죽음이 하나님의 선인 것을 확신하게 하소서. 하나님의 그 크신 뜻 안에서 고인의 죽음을 이해하고 순종하게 하소서.

슬픔이 변하여 기쁨이 되게 하시는 주님, 하나님의 선한 뜻이 모든 유족들의 마음을 주장하셔서 슬픔이 아니라 기쁨이 마음에 가득하게 하시고, 위로하러 온 이들이 위로받는 놀라운 기적의 은총이 이 가운데 충만하게 하소서.

예수님의 이름으로 기도합니다. 아멘 (희)

발인예배기도

환난 중에 위로가 되시는 사랑의 하나님!

환난 질고가 끊이지 않는 어지러운 세상을 하직하고 그 영혼은 이미 주님 품에 안겨 안식하고 계실 고 ○○○님의 유해를 이제 장지에 매장하기 위해 장례예식을 거행하고 있사오니, 이 시간 성령으로 함께해 주옵소서. 고 ○○○님이 살아생전에 너무나 자상했던 그 모습, 전도지를 들고 이 골목 저 골목을 헤집고 다니며 복음을 전하던 그 모습은 이제 볼 수가 없지만 그가 남기고 가신 섬김의 모본과 전도의 열기는 우리의 가슴에 남아 있습니다.

주님, 유가족들과 우리 성도들이 고인이 못다 하고 간 그 일을 계승해서 교회를 섬기게 하옵소서. 항상 은총의 날개 안에 보호하여 주셔서 가장을 잃은 가정의 생업에도 어려움이 없게 해주옵소서. 이 시간, 이 자리에 성령으로 역사해 주옵소서. 하나님을 모르는 인생은 죄악이 가득한 세상에서 살다가 어두움 속에서 죽어가고 있음을 깨달아 알게 하옵소서.

우리 주님은 인생의 죄를 용서하시기 위하여 이 세상에 오셔서 죄인인 우리 인생들을 위하여 십자가에서 죽으셨사오니 아직 주님을 영접하지 못한 사람은 주님을 구주로 영접하게 하시고, 모두가 주님의 죽음과 부활을 믿게 하시옵소서. 사람은 한 번 죽으면 끝나는 것이 아님을 깨닫게 하시옵소서.

이 시간 예식의 순서를 맡은 모든 분들에게 주님 함께해 주시고 유족과 조객들에게는 위로와 소망이 넘치게 하옵소서.

거룩하신 예수님의 이름으로 기도드립니다. 아멘   (주)

발인예배기도

알파와 오메가 되시는 하나님!

인간의 생사화복이 하나님께 있사오니 고인의 시신을 장지에 모시기에 앞서 먼저 예배를 드립니다. 이 예배를 받으시옵소서.

"그러나 우리의 시민권은 하늘에 있는지라 거기로부터 구원하는 자 곧 주 예수 그리스도를 기다리노니 그는 만물을 자기에게 복종하게 하실 수 있는 자의 역사로 우리의 낮은 몸을 자기 영광의 몸의 형체와 같이 변하게 하시리라"(빌 3:20~21)고 하신 하나님의 말씀처럼 우리 성도들의 시민권은 하늘에 있사오니 오늘 발인하는 고 ○○○ 성도의 소망이 헛되지 않고 그의 소망을 따라 하나님 나라 상급으로 기록됨을 통하여 주님께서 영광 거두시는 것을 믿습니다.

이제 지상에서 육신이 거하던 장막집을 떠나고 있사오니 주께서 이 장막에 남아 있는 모든 식구들의 눈물을 씻어 주시고 위로의 손길을 펴시옵소서.

이제는 병도 없고 눈물도 없고 괴로움과 아픔도 없는 하나님 나라에서 편히 쉴 것인즉 남은 식구들은 너무 슬퍼하지 않게 하시고 주님의 이름으로 다시 만나는 소망을 허락하시옵소서.

이제 시신을 운구해서 ○○교회 동산에 안장하는 일까지 모든 절차를 주님께서 도와주셔서 정중히 잘 마치도록 인도해 주옵소서.

집례하는 목사님께 능력을 더하시고 모든 순서 맡은 분들에게도 함께해 주옵소서.

위로의 주님이신 예수님의 이름으로 기도드립니다. 아멘   (수)

발인예배기도

하나님 아버지, 고 ○○○성도님이 장망성과 같은 어지러운 세상에서 ( )년간의 인생 여정에 주님과 동행하며 끝까지 잘 달려오도록 은혜 베풀어 주신 성삼위 하나님께 영광과 찬양을 돌립니다.

이제 지상에서의 생을 마감한 유해가 흙으로 돌아가는 예식을 갖고 있사오니 주님, 예배를 받으시옵소서. "내가 들으니 보좌에서 큰 음성이 나서 이르되 보라 하나님의 장막이 사람들과 함께 있으매 하나님이 그들과 함께 계시리니 그들은 하나님의 백성이 되고 하나님은 친히 그들과 함께 계셔서 모든 눈물을 그 눈에서 닦아 주시니 다시는 사망이 없고 애통하는 것이나 곡하는 것이나 아픈 것이 다시 있지 아니하리니 처음 것들이 다 지나갔음이러라"(계 21:3~4)고 한 말씀을 묵상합니다. 주님께서 그 눈에서 눈물을 씻기시매 다시는 사망이 없고 애통하는 것이나 곡하는 것이나 아픈 것이 다시없는 평화의 나라, 영광의 나라로 가신 것을 믿습니다.

사랑하는 성도가 지상생활에서 늘 고백하기를 "환난과 우환이 내게 미쳤으나 주의 계명은 나의 즐거움이니이다"(시 119:143)라고 했거니와 저는 지상에서 주님의 계명을 즐거워한 것같이, 주님을 반겨 즐기며 말로 형언할 수 없는 영광을 누릴 것이기에 슬픔 중에서도 찬양과 감사를 드립니다.

고인의 육신은 이제 정든 교회와 사랑하는 가정을 떠납니다. 살아남아 있는 우리 모두는 슬프고 이별이 괴로우나 영혼은 이미 더 좋은 천국에 계시고 부활의 소망이 있으니 환송하는 자리가 되게 하옵소서. 성령께서 남은 모든 식구들에게 위로와 평강을 허락해 주옵소서.

예수님의 이름으로 기도드립니다. 아멘   (수)

발인예배기도

주여, 여기 누워 있는 고 ○○○성도님은 어린양 무리에 속해 있는 하나님의 백성이로소이다. 주의 말씀에 이른 대로 "그들이 보좌 앞과 네 생물과 장로들 앞에서 새 노래를 부르니 땅에서 속량함을 받은 십사만 사천 밖에는 능히 이 노래를 배울 자가 없더라 이 사람들은 여자와 더불어 더럽히지 아니하고 순결한 자라 어린 양이 어디로 인도하든지 따라가는 자며 사람 가운데에서 속량함을 받아 처음 익은 열매로 하나님과 어린 양에게 속한 자들이니"(계 14:3~4)라고 한바 저는 주께서 인도하시는 자였음을 믿고 영광과 찬양과 감사를 드립니다.

하나님의 부름을 받은 고 ○○○성도님은 이미 땅에서 그리스도의 보혈로 구속함을 받았사옵고, 지금 그의 영혼은 천국에서 주님과 그리고 앞서간 성도들과 함께 영광을 누릴 것을 믿습니다.

사랑하는 이를 매장하기 위한 발인예식에 참석한 유족들이나 성도들도 멀지 않은 앞날 하나님 나라의 어린양 앞에서 저를 만나게 될 것이오매 위로의 영으로 새 힘 얻게 하옵소서.

우리는 사나 죽으나 주 안에 있음을 언제나 잊지 않게 하시고, 사단의 어떠한 시험과 유혹이 있어도 넘어지지 말고 어린양의 인도함을 따르는 유가족들과 모든 성도들이 되게 해주옵소서.

여기서 떠나보내는 성도들과 이미 주님께로 앞서간 성도간에 영으로 교통하게 하시옵소서. 사랑하는 성도의 빈자리에 주님이 임마누엘 되셔서 두려움이나 어려움이 없도록 지켜 주옵소서. 그가 못다 한 주님의 일도 남아 있는 가족들과 우리 성도들이 그 몫까지 감당하도록 시신 앞에서 엄숙히 다짐하는 시간이 되게 하옵소서.

예수님의 이름으로 기도드립니다. 아멘 (수)

발인예배기도

　우리의 참 목자가 되시어 택한 백성을 푸른 초장 쉴 만한 물가로 인도해 주시는 좋으신 하나님! 고 ○○○성도님 평생 동안 영육간에 은혜 주셔서 복된 삶을 살게 하시고, 이제 육신의 생명이 수한을 다하여 부르심을 받았으나 주께서는 저를 확실히 구원하셨을 것으로 믿어 의심치 않음으로 영광과 찬양을 아버지 하나님께 돌립니다.
　"주께서 나를 모든 악한 일에서 건져내시고 또 그의 천국에 들어가도록 구원하시리니 그에게 영광이 세세무궁토록 있을지어다 아멘"(딤후 4:18)이라고 고백한 사도 바울의 편지 내용처럼 저를 천국에 들어가도록 권하여 주셨음을 믿고, 위로받으며 새 힘 얻는 시간이 되게 하옵소서.
　한번 정하고 택하여 구원한 자는 영원히 빼앗지 않는다는 주의 말씀처럼 사랑하는 성도는 세상을 떠났사오나 주의 팔을 넓게 펴사 그 품에 안으시고 지키시며 영원한 곳으로 인도하셔서, 그 영혼은 이제 하나님 나라에서 영생복락을 누리겠사오니, 슬픔의 눈물을 그치게 하시고 장송곡 대신에 할렐루야 영광송으로 은혜 중에 예배하고 환송하도록 성령께서 도와주옵소서.
　잠시 왔다가는 나그네 인생, 보내시는 이도 하나님이시요, 데려가시는 이도 하나님이심을 믿고 우리 모두가 삶의 주권을 주님께 맡기고 그의 섭리에 겸허히 순복하며 사는 삶이 되게 하옵소서. 예배의 시종을 주님께 의지합니다.
　예수님의 이름으로 기도드립니다. 아멘　　　　　　　　　(수)

발인예배기도

영원하신 하나님 아버지! 살아도 주님을 위해 살고, 죽어도 주님을 위해 죽는다고 한 사도 바울의 고백과 같이 살아있을 때 죽도록 충성하신 고 ○○○성도님, 이제 육신의 장막집이 무너져 그 영혼은 하나님 품으로 들리움을 받았사오나 그 시신은 땅에 장사하기 위해 발인예배를 드리오니 하나님, 이 예배를 받으시고 위로의 영으로 은혜 베풀어 주옵소서.

인간의 수명이 칠십이요, 강건하면 팔십이라 했사온데 회갑이 지난 지 불과 몇 년이 안 되어 세상을 떠났으니 인간의 생각으로는 너무 빠른 것 같아 더욱 안타깝고 섭섭하기 그지없나이다.

바울 사도가 디모데에게 보낸 편지 중에 "나는 선한 싸움을 싸우고 나의 달려갈 길을 마치고 믿음을 지켰으니 이제 후로는 나를 위하여 의의 면류관이 예비되었으므로 주 곧 의로우신 재판장이 그 날에 내게 주실 것이며 내게만 아니라 주의 나타나심을 사모하는 모든 자에게도니라"(딤후 4:7~8)고 한 말씀을 이 시간 묵상합니다.

사랑하는 고 ○○○성도님은 믿음의 선한 싸움을 잘 싸우고 달려갈 길을 잘 달려갔기에 그를 면류관 씌워 영광 가운데 맞이하여 주셨을 것을 믿습니다.

남은 식구들과 뒤에 있는 성도들을 위로하여 주시고, 부활의 소망으로 새 힘 얻게 하옵소서. 저희들도 조만간에 다 이 길을 갈 것인데, 우리에게 우리의 날 계수함을 가르치사 지혜의 마음을 얻게 하셔서 이 땅 위에 생명 있는 동안 주님의 뜻에 합당한 삶을 살게 하옵소서.

예수님의 이름으로 기도드립니다. 아멘 (수)

발인예배기도

　생명의 주가 되시는 하나님!
　모든 인간들은 건강하기를 원하오나 병약할 때가 있고, 사람들은 너 나 할 것 없이 오래 살기를 원하오나 생명에는 수한이 있어 하나님이 부르실 때 순응하는 것이 인생인 줄 압니다.
　하나님께서 사랑하는 이의 생명을 거두셨사오매 흙으로 된 몸, 흙으로 돌아가는 절차를 밟기 위하며 저를 사랑하고 사모하는 유족들과 성도들이 여기 모여 예배 드리오니 성령으로 함께해 주옵소서.
　슬픔과 아쉬움에 잠겨 있는 모든 사람들을 감싸 안아 주옵소서. 우리 앞에 불현듯 닥치는 죽음을 바라보면서 하나님을 기억하게 하시고, 항시 죽음에 대비해서 준비하는 지혜도 주옵소서.
　하나님을 경외하며 사는 것이 인생의 본분임을 깨달아 알게 하시고, 나이가 많으면 많은 대로 젊으면 젊은 대로 지금 살아있는 삶의 의미가 무엇인가를 헤아려 주님 뜻에 합당하게 살도록 도와주옵소서.
　유족 중에 이미 믿는 분들에게는 더 큰 믿음을 주시고, 주님을 영접하지 못한 분들은 이번 기회에 주님께 돌아오게 하셔서 주님의 구원의 날개 아래에서 행복하게 살아가는 가정이 되게 하옵소서.
　이제 유해가 장지로 향하겠사온데 가는 길에도 어려움이 없게 하시고, 집례하는 목사님도 능력의 장중에 붙들어 주옵소서.
　예수님의 이름으로 기도드립니다. 아멘　　　　　　　　　　(수)

발인예배기도

길이요 진리요 생명이신 아버지 하나님! 여기 수고로운 인생길 한 평생을 다 마치고 잠들어 있는 고 ○○○성도님의 시신을 매장할 곳으로 운구하기 위하여 발인예배를 드리오니 주님, 영으로 오셔서 이 예배를 받으시고, 성령의 뜨거운 역사로 유족들과 조객들의 마음속에 감화 감동하여 주옵소서.

사람들은 명예를 추구하고 물질을 탐하여 향락을 즐기나, 이 모든 것이 죽음 앞에는 다 허무한 것임을 깨닫게 하시옵소서.

므두셀라가 969세까지 장수하였사오나 천 년을 채우지 못하였나이다. 육신의 생명은 끝이 있사오나 영원한 생명은 끝이 없사오니 영원한 생명을 사모하는 모든 성도들이 되게 하시옵소서.

병으로 인하여 오랫동안 견딜 수 없는 고통에 시달리며 목숨을 미워하던 시간 속에서 해방된 것이 죽음이오나 이 죽음이 끝이 아니요, 죽음 너머에 있는 영광스럽고 영원한 세계에 입성하는 것임을 바라보면서 찬송 속에 환송하는 예식이 되게 하옵소서.

우리 모두는 언젠가 앞서거니 뒤서거니 불가불 이 길을 갈 수밖에 없사온데 끝까지 믿음으로 승리하게 하옵소서. 지금 이후 주 안에서 죽는 자들은 복되다고 했사오니 고 ○○○성도님과 같이 우리들도 다 복된 죽음을 맞이할 수 있도록 은총 내려 주옵소서.

부활이요, 소망이신 예수님의 이름으로 기도드립니다. 아멘   (수)

발인예배기도

영원한 소망이 되신 주 하나님 아버지, 주님의 약속하신 말씀을 묵상하옵니다. "모든 눈물을 그 눈에서 닦아 주시니 다시는 사망이 없고 애통하는 것이나 곡하는 것이나 아픈 것이 다시 있지 아니하리니 처음 것들이 다 지나갔음이러라"(계 21:4)고 하신 그 약속의 말씀으로 인하여 큰 위로를 받습니다.

여기 발인예배를 드리는 이 시간에 주 하나님께서 영광과 찬양을 받으시옵소서. 그동안 고인이 질고를 지고 투병할 때에 너무나 많은 힘을 소진한 유족들에게 하나님의 무궁한 평강으로 채워 주시고 위로해 주시옵소서.

고인은 이 땅에서 겪는 모든 고통을 마치고 영원한 하나님의 위로와 안식의 나라에 입성하셨나이다. 그 사실을 믿으면서 슬픔 중에서도 위로와 용기를 얻습니다.

하나님 아버지, 남겨진 유족들을 긍휼히 여기소서. 사람이 채워줄 수 없는 위로와 은혜로 충만케 하시고, 투병 기간 동안 잃어버린 모든 것들을 하나님의 손길로 채워 주시며 다 회복시켜 주옵소서.

우리의 생각으로는 더 살아서 일하기를 원했지만 생명을 불러 가시는 하나님의 손길은 거부할 수 없는 줄 믿습니다. 인생의 생사가 주의 손에 있음으로 하나님의 경륜과 역사 앞에서 순종하며 경배할 뿐입니다.

오늘의 슬픔이 변하여 새로운 기쁨의 출발점이 되며 삶의 전환을 통하여 은총의 도약이 있게 하여 주옵소서.

수 예수 그리스도의 이름으로 기도드립니다. 아멘 (호)

발인예배기도

사랑과 자비의 주 하나님 아버지,
"지금 이후로 주 안에서 죽는 자들은 복이 있도다 하시매 성령이 이르시되 그러하다 그들이 수고를 그치고 쉬리니 이는 그들의 행한 일이 따름이라 하시더라"(계 14:13)는 말씀을 믿습니다.

인간의 생명과 호흡을 주장하시는 하나님 아버지, 고 ○○○성도의 발인예배를 드리는 슬픔의 자리이지만 고인은 주 안에서 살다가 주 안에서의 복된 죽음을 맞았기에 감사와 찬양을 드립니다.

주님을 위해 사신 흔적이 너무나도 확실한 고인은 이제 그 수고를 그치고 쉼을 얻었습니다. 또한 약속된 하나님의 무한한 상급이 준비되어 있음을 믿습니다.

고인의 병상은 너무도 길었습니다. 고인은 물론이고, 여기 있는 유족들도 말로 형언할 수 없는 고통을 감수하였음을 주께서 다 아실 줄 믿습니다.

주여, 고인의 부인과 자녀들에게 하나님께서 은밀한 위로로 채워주시고 초막 속에 비밀히 숨기신 그 은총으로 충만케 하여 주시옵소서.

하나님 아버지, 이제 발인의 시간을 갖고 장례가 진행되는 모든 걸음을 성령께서 인도하여 주시옵소서. 운구하는 일과 또 하관하는 일까지 성령께서 도우시옵소서.

좋은 날씨를 주시고 주변의 환경도 구비시켜 주시옵소서. 사별의 고통이 변하여 삶 속에서 새로운 환희가 되게 해 주시고, 새로운 출발과 도약이 있게 하여 주시옵소서.

주 예수 그리스도의 이름으로 기도합니다. 아멘 (호)

발인예배기도

영광과 존귀를 받기에 합당하신 하나님 아버지,
오늘의 발인예배를 통하여 영광과 찬양을 받으시옵소서. 이 시간, 주님께서 친히 하신 말씀을 기억하옵니다. "너희는 마음에 근심하지 말라 하나님을 믿으니 또 나를 믿으라 내 아버지 집에 거할 곳이 많도다……내가 너희를 위하여 거처를 예비하러 가노니 가서 너희를 위하여 거처를 예비하면 내가 다시 와서 너희를 내게로 영접하여 나 있는 곳에 너희도 있게 하리라"(요 14:1~3)는 이 약속의 말씀을 믿습니다.

하나님 아버지, 고인은 지금 아버지 집에 가신 것을 믿습니다. 거기서 하나님께서 주신 안식과 위로를 누릴 줄 믿습니다.

땅 위의 장막이 무너질 때 하나님이 지으신 영원한 집에서 영생의 은총을 누리며 살 수 있게 하심을 감사드립니다. 고인이 남기고 간 믿음의 간증들이 후대들에게 열매 맺게 하시고, 그가 이루지 못한 나머지 업무들을 후대들이 이어가게 하옵소서.

하나님 아버지. 누구보다도 고인의 부인과 자녀들을 위로해 주시고 하나님의 크신 능력으로 붙잡아 주시어서 아버지 집에 먼저 가신 고인을 향한 사별의 아픔을 씻어 주시옵소서. 그동안 병간호로 인하여 지친 몸들이 회복되게 하시고 성령으로 속사람이 더욱 강건하게 해 주시옵소서. 육신적으로 잃어버린 것들을 신령한 면에서 다 회복되게 하시고, 이 장례의 절차를 통하여 은혜를 입게 하옵소서.

주 예수 그리스도의 이름으로 기도합니다. 아멘 (호)

발인예배기도

　길이요 진리요 생명이신 하나님, 고 ○○○성도를 주님께서 특별히 사랑하시어 하나님의 나라로 일찍 부르신 것을 믿으며 이제 발인예배를 드리나이다.
　영혼이 떠난 고 ○○○성도의 육신이 이곳에 며칠 머무는 동안 장례의 절차가 모두 순조로웠음을 감사드립니다. 조객들의 진심 어린 위로가 유족들에게 새 힘이 되었고 임종예배, 위로예배, 입관예배를 통해서 하나님께 영광 돌렸음을 감사드립니다. 성도들이 힘써 돕고 장례식장의 직원들도 정성을 다해 봉사했음을 감사드립니다.
　주님, 이 자리는 고인이 천국으로 가는 길을 전송하는 자리이오매 저희들이 슬픔을 이기고 기쁨으로 전송하게 하옵소서. 저희들의 영의 눈을 열어 주셔서 빛나고 높은 보좌와 그 위에 앉으신 주 예수 얼굴 영광이 해같이 빛남을 보게 하시며, 사망 권세를 이기고 주님의 보좌에 이르러 그 영광을 몸소 대하고 있는 고인의 모습도 보게 하옵소서.
　이제껏 고 ○○○성도를 괴롭혔던 질병이 그에게서 깨끗하게 떠났음도 보게 하옵소서. 영의 귀를 열어 주셔서 뭇 천사가 소리 모아 찬송 드리는 소리를 듣게 하소서.
　우리가 고 ○○○성도를 이 땅에서 다시 만날 수는 없게 되었으나 천국에서 다시 만날 수 있는 소망 주심을 감사드립니다. 다시 만날 때까지 이 땅 위에서의 우리의 삶을 지켜 주셔서 믿음의 길에서 벗어나는 일이 없도록 인도하여 주옵소서.
　지금까지 함께하여 주신 하나님, 장지까지 가는 길에 동행하시며 하관예배에도 함께하여 주옵소서.
　예수님의 이름으로 기도합니다. 아멘　　　　　　　　　　　(지)

발인예배기도

　주님, 이 시간 고인의 발인예배를 드리는 저희들에게 주님의 음성을 들려주옵소서. "나는 부활이요 생명이니 나를 믿는 자는 죽어도 살겠고 무릇 살아서 나를 믿는 자는 영원히 죽지 아니하리니 이것을 네가 믿느냐"는 주님의 질문에 저희 모두가 "네 믿나이다" 대답하게 하옵소서.
　고인이 살아계실 때 주님께서 부활이요, 생명인 것을 누구보다도 열심히 믿은 것을 저희가 아나이다. 고인이 질병으로 인하여 그 육신의 호흡은 끊어졌으나 그 영혼은 영원히 죽지 아니하고 주님과 함께 살 것을 믿나이다.
　사망 권세를 이기시고 부활하신 주님, 이 시간이 부활에 대한 소망이 새로워지는 시간이 되게 하여 주옵소서. 우리보다 먼저 떠난 고인이 마지막 나팔에 홀연히 변화되어 썩지 아니할 것으로 다시 살아날 것을 믿게 하시고, 우리도 다 변화될 것임을 믿게 하옵소서.
　이 시간이 병마에게 패배한 시간이 아니라 승리의 시간임을 알게 하옵소서. 고인이 살아계실 때 믿음으로 행한 많은 수고가 헛된 것이 아니라 풍성한 열매로 맺을 것임을 믿습니다. 우리 모두가 견실하여 흔들리지 말고 주의 일에 더욱 힘쓰는 자가 되겠다고 다짐하는 시간이 되게 하옵소서.
　예수님이 십자가에서 숨을 거두셨을 때 슬퍼하던 여인들이 사흘 뒤에는 부활의 기쁨을 체험하였나이다. 그 일을 생각하며 지금의 슬픔을 이기게 하옵소서. 고인의 이름이 천국잔치의 초청장에 기록되어 지금 그 잔치에 참여하고 있는 것을 믿고 감사드리게 하옵소서.
　예수님의 이름으로 기도합니다. 아멘　　　　　　　　　　　　(지)

발인예배기도

뒤로 물러가 멸망할 자가 아니요, 오직 영혼을 구원함에 이르는 믿음을 가진 자로서 저희를 부르신 주님(히 10:39), 믿음의 주요 온전하게 하시는 이인 예수님을 바라보며 살던 고 ○○○성도가 하나님이 그를 위하여 예비하신 더 좋은 것을 누리기 위해(히 11:40) 이제 떠납니다.

우리는 고 ○○○성도가 강 건너편 언덕으로 떠나는 것을 송별하고 있나이다. 그 강이 사망의 강이 아니옵고 생명의 강인 것을 감사드리나이다. 고 ○○○성도는 그 강을 건너 먼저 그곳에 간 사랑하는 친구들을 만나고 있음을 또한 믿나이다. 우리도 믿음으로 살다가 그 강을 건너 고 ○○○성도를 만날 날이 올 것을 알게 하옵소서.

이 세상에서의 삶은 누구에게나 고생과 수고이나 고인은 살아생전 육신의 연약함으로 특별히 많은 고통을 겪었나이다. 주님께서 고인을 따뜻하게 영접하여 주시고 큰 영광으로 함께하여 주실 것을 믿습니다.

주 안에서 죽는 자들에게는 그들의 행한 일이 따른다고 하신 주님(계 14:13), 고 ○○○성도가 세상에 있을 때 주의 말씀대로 살기 위해 힘썼고, 병석에서도 밝은 미소를 잃지 않으며, 찾아오는 이들에게 주님의 사랑을 증거하기 위해 힘쓴 일을 기억하옵소서. 그의 믿음이 살아있는 교훈이 되게 하시고, 그가 남긴 일들이 확장되게 하시며, 다 이루지 못한 것은 이루어지게 하옵소서. 질병이 그의 믿음을 이길 수 없으며 그의 미소가 '주님은 살아계시다는 증표'로 오래 기억되게 하옵소서.

예수님의 이름으로 기도합니다. 아멘 (지)

발인예배기도(사고사)

　뜻하지 않은 사고로 인하여 갑자기 주님의 부르심을 받은 고인이 이제까지 몸담고 살아왔던 정든 집을 떠나야 하는 시간이 되었습니다. 돌아보면 너무나 짧은 생애였습니다.
　그리고 몸이 건강하고 의욕이 넘쳐서 많은 일을 할 것이라 기대되었던 고인이었는데, 아무도 예기치 못했던 사고를 당하여 이렇게 갑자기 죽음의 길을 간 것을 보면서, 인간들은 영원히 살 것처럼 생각하지만 실제로 얼마나 연약한 존재이며, 인생의 날들이 얼마나 허무한가 하는 것을 생각하게 됩니다.
　이 자리에 있는 유족과 모든 친지들이 고인의 죽음 앞에서 인생이란 무엇이고 죽음 이후의 세계는 어떤 곳이며, 죽음과 동시에 영혼은 어디로 가는지를 진지하게 생각하는 시간이 되게 하여 주옵소서.
　그리고 날 때가 있으면 죽을 때가 있다고 하신 성경말씀처럼 이 자리에 서 있는 저희 모두도 언젠가는 고인과 똑같은 죽음의 길을 가야 한다는 사실을 기억하게 하옵소서.
　이렇게 짧은 인생을 어떻게 살아야 할지 인생의 목표를 다시 한번 새롭게 설정하는 은혜가 임하게 하여 주시기를 원하옵니다.
　고인의 육신을 떠나보내는 이 시간 이후로는 아무도 고인의 얼굴을 보지 못하게 될 것이지만 예수 믿고 구원받은 하나님의 백성들은 천국에서 고인을 만나게 될 것을 믿습니다.
　이러한 소망과 믿음을 가지고 고인의 시구를 떠나보낼 때, 주님의 위로가 이 자리에 있는 유족과 친지들에게 함께하여 주시옵소서.
　예수님의 이름으로 기도드립니다. 아멘　　　　　　　　　　(남)

발인예배기도(사고사)

　인생들의 삶과 죽음을 임의대로 주관하시는 살아계신 하나님, 이 땅에서 영원히 살 것처럼 생각하지만, 한치 앞을 알지 못하는 연약한 존재, 아침에 보이다가 없어지는 안개 같은 존재들이 인생입니다.
　고인이 갑자기 일어난 사고를 통해서 하나님의 부르심을 받았기 때문에 저희들의 마음이 일순간 혼란스럽습니다. 특별히 고인은 하나님을 충성스럽게 섬겼던 신실한 성도였기에, 저희들의 마음은 더욱 안타깝습니다.
　하지만 이러한 고인의 죽음을 통해서, 인생의 실체가 어떤 것인지를 깊이 생각하게 하시고, 남아 있는 저희들도 언제라도 주님 앞에 설 수 있도록 준비해야 한다는 사실을 마음속 깊이 새기는 은혜가 있게 하여 주옵소서.
　이 세상에서 비록 오랜 시간을 살지 않았지만, 그래도 누구보다 주님을 사랑했고, 자신에게 주어진 시간 동안 최선을 다해서 살았던 고인이었기에, 그 영혼은 하나님 앞에서 칭찬을 들을 줄 믿습니다.
　고인을 생각하며 남아 있는 저희들도 이 땅에서 열심히 주님을 섬기며, 천국에서 고인을 다시 만날 때까지 부끄럼이 없는 삶을 살아갈 수 있도록 다짐하는 이 시간이 되게 하여 주옵소서.
　고인의 영혼은 이미 주님의 품에 안겼지만, 시구는 이 시간 고인이 몸담았던 정든 곳을 떠나기에, 고인의 유족들이 육정을 이기지 못해 슬픔에 잠겨 있습니다.
　하나님께서 유족들의 마음들을 위로하시고 더욱 믿음에 확고히 설 수 있는 담대함과 믿음의 은혜를 베풀어 주시옵소서.
　예수님의 이름으로 기도합니다. 아멘　　　　　　　　　　　(남)

발인예배기도(사고사)

  하나님 아버지, 지금 여기에 천하를 주고도 바꿀 수 없는 귀한 생명이 불의의 사고로 세상을 떠났습니다. 저가 평소에 우리와 함께 교회에서 신앙생활을 잘했사온데 왜 불의의 사고를 당해 세상을 떠나야 하는지 어리둥절합니다. 하나님의 말씀이 아니고는 이 사건을 이해할 수도, 위로받을 길도 없습니다.
  하나님께서 말씀하시길 "모든 육체는 풀과 같고 그 모든 영광은 풀의 꽃과 같으니 풀은 마르고 꽃은 떨어지되 오직 주의 말씀은 세세토록 있도다"(벧전 1:24~25)라고 하셨습니다. 지금 여기서 떠나 묘지(화장장)로 떠나는 고 ○○○성도의 육체는 풀과 같은 것이고, 그 풀과 같은 몸은 마르고 시들며 죽는 것임을 말씀을 통해 깨닫습니다.
  주님의 말씀은 세세무궁토록 있겠다 하셨사오니 주의 말씀은 영원한 진리입니다. 그 진리는 하나님께서 사랑과 공의로 모든 인간을 선악간 심판하시는 일임을 깨닫게 하옵소서.
  여기에 사고로 인해 세상을 떠난 고 ○○○성도는 참으로 성도다운 성도였습니다. 마음을 다하며 성품을 다하고, 힘을 다해 하나님께 영광 돌리는 일에 전혀 인색하지 않았습니다. 또한 "행한 일이 따름이라"(계 14:13) 하셨으니, 고 ○○○성도가 신앙생활 힘쓴 것에 따른 하나님의 칭찬이 있음을 믿습니다.
  유가족들의 애달픔이 극심하오니 주님께서 친히 위로해 주시고 싸매 주시옵소서. 하나님 나라의 감격을 몸소 경험하게 해 주시옵소서.
  주 예수 그리스도의 이름으로 기도합니다. 아멘   (우)

발인예배기도(사고사)

　하나님 아버지, 이 시간 이 자리에는 하나님을 믿고 순종하는 믿음의 성도들이 모였습니다. 참으로 입장이 난처한 가운데서 하나님의 특별하신 은총을 대망하며 주님께 호소하는 기도를 드립니다.
　우리와 함께 신앙생활을 잘하던 고 ○○○성도(직함)가 뜻하지 않은 불의의 사고를 당하여 세상을 떠났습니다. 믿음이 약한 사람이나 믿음이 없는 사람은 의아한 항변을 하고 싶은 충동을 억제하기 어려울 것입니다.
　하나님 아버지여! 왜 죄 많은 사람, 안 믿는 사람은 무사 안일한데, 하나님의 사랑과 보호의 은총을 입은 성도가 사고를 당해 세상을 떠나야만 하는가 원망하는 저희들의 믿음 없음을 용서해 주옵소서.
　하나님의 아들 예수께서 십자가 위에서 온갖 고초를 다 겪으시며 돌아가신 대속의 죽음과 그 주님께서 "세상에서는 너희가 환난을 당하나 담대하라 내가 세상을 이기었노라"(요 16:33) 하신 말씀을 깊이 묵상하게 해주옵소서. 주님께서는 십자가 고난을 받으셨으나, 그 고난을 통해 세상에 강림하신 목적인 대속의 큰일을 감당하셨나이다. 우리 믿는 성도에게도 환난과 핍박과 시련이 항상 뒤따르고 있으나 그 또한 주님의 뜻임을 믿고 잘 감당하게 해 주시옵소서.
　주님께서 십자가의 고난을 이기심으로 영광의 면류관을 쓰시고 영원토록 만백성을 통치하시는 줄을 믿습니다. 이 시간, 주님의 영접을 받으며 '네가 죽도록 충성했으니 생명의 면류관을 주리라'는 황홀한 선언에 감격하고 있을 고인의 모습을 영적 눈과 귀로 보고 듣게 해주옵소서. 이 세상에서의 고난이 천국의 기쁨이 되게 하옵소서.
　주 예수의 이름으로 기도합니다. 아멘　　　　　　　　　　　(우)

발인예배기도(사고사)

세상을 지으신 하나님, 그 세상은 태초부터 영원까지 무너지지 않고 하나님의 지으신 질서를 어기는 일이 없는 완전한 창조이지만, 사람이 지은 것은 무너지고, 아무리 좋은 것이라도 악한 것이 반드시 공존하는 상대적인 것들입니다.

성경은 우리 인간이 "알지도 못하고 깨닫지도 못하여 흑암 중에 왕래하니 땅의 모든 터가 흔들리도다"(시 82:5)라고 했습니다. 그리고 '터가 무너지면 의인이 무엇을 할꼬'라고 탄식합니다.

하나님, 인간의 터가 무너져 인간이 괴로워하고 인간의 목숨도 순식간에 빼앗기며 온통 세상이 슬픔으로 찹니다. 이 시간, 하나님의 사람이 순간의 사고로 세상을 떠나 여기 유족들은 마음을 가누질 못합니다. 저녁에 다시 만나리라던 기대도 무너지고, 내일은 함께 어디를 가리라던 약속도 다 무너졌습니다. 하나님, 이 터가 무너지면 의인이 무엇을 할 수 있겠습니까

우리의 반석이신 하나님, 세상에서 어떤 환난이 와 채찍이 될 때에 피하여 숨을 수 있는 분은 하나님이십니다. 우리가 하나님께 의지하고 피하여 살게 하여 주소서. 반석이신 주님께 우리의 온 삶을 의지하게 하소서. 그리하여 안전한 하나님 나라에 다다를 때까지 우리를 주의 그늘 아래 피하게 하소서.

우리를 부르시는 하나님, 하나님께서 우리를 부르면 거절할 사람이 없으며, 가지 않을 사람이 없습니다. 언제 주님이 부르실지 알지 못하는 우리들이 늘 주님의 부르심에 깨어 응답하게 하시고 부르실 때 기꺼이 달려갈 수 있는 준비된 하나님 나라의 성도가 되게 하소서.

예수님의 이름으로 기도합니다. 아멘　　　　　　　　　　(희)

발인예배기도(사고사)

자비와 위로의 하나님!

고인은 오로지 하나님과 교회를 위해 마음과 시간과 물질을 바쳐 헌신 봉사하는 신실한 일꾼이었고, 이웃을 사랑으로 섬기는 좋은 분이었사온데 예기치 않은 사고를 당하여 천하보다 귀한 생명을 잃고 싸늘한 시신만이 이렇게 말없이 관 속에 누워 있습니다. 이 애석하고 안타까운 마음 필설로 표현할 길이 없습니다.

주님, 오셔서 하염없이 흐르는 눈물을 씻어 주시고, 영의 눈을 밝혀 주시사 영생의 소망을 바라보면서 위로받는 시간이 되게 해주옵소서. 고 ○○○성도님은 우리 산 사람과의 모든 인연이 끊어져 가셨으나 그의 신앙과 정신과 사랑을 오래오래 간직하면서 그가 없는 빈자리를 저희들이 채울 수 있게 해주옵소서.

그의 사랑하는 가족들, 그가 심혈을 기울여 일구어 온 사업도 주님이 책임져 주셔서 조금도 위축됨이 없도록 도와주옵소서.

여기 모인 모든 분들에게 다시는 이 같은 어려운 일이 생기지 않도록 주께서 지키시옵소서.

집례하는 목사님과 수고하는 모든 분들에게 성령님이 함께해 주셔서 은혜 가운데 정중히 장례를 마치도록 도와주옵소서. 쾌청한 일기를 허락하셔서 남은 장례 절차가 무사히 마쳐지게 하시고, 유가족의 건강을 지켜 주셔서 지친 몸을 일으켜 세워 주옵소서.

존귀하신 예수님의 이름으로 기도드립니다. 아멘　　　　　(수)

발인예배기도(사고사)

만물을 통치하시면서 각 사람을 친히 다스리시는 하나님 아버지, 욥이 남긴 신앙고백을 기억합니다. "수년이 지나면 나는 돌아오지 못할 길로 갈 것임이니라"(욥 16:22)는 말씀을 믿고 순응합니다.

이 시간, 발인예배를 통하여 큰 영광과 존귀를 받으시고 유족들과 모든 성도들에게는 큰 위로와 평강이 충만한 시간이 되게 해 주시옵소서.

하나님 아버지, 불의의 사고로 인하여 하나님의 부름을 받은 고〇〇〇성도님에 대한 슬픔과 아쉬움은 말로 형언할 수 없이 큽니다. 유족들에게 새로운 용기를 주시고, 오늘의 충격과 괴로움을 극복할 수 있는 힘을 부어 주시옵소서.

고인은 아직 더 살아서 해야 할 많은 과업들이 있사오니 그 후대들이 잘 이어가게 하시고 하나님의 나라가 확장되어가는 일에 조금도 장애가 되지 않게 해 주시옵소서.

하나님 아버지, 사고는 우리 주변에 늘 스쳐 지나가고 있기에 우리의 생명을 주님께 맡기고 살기를 원합니다. 언제 주 앞에 설지라도 후회 없도록 항상 종말론적인 믿음으로 살아가게 하옵소서.

오늘의 장례 일정을 인도하여 주옵소서. 하나님의 말씀을 통하여 큰 은혜를 받게 하시며, 유구하고 또 하관하는 그 일까지 도와주시옵소서.

유족들에게 이번 일로 인하여 새로운 삶의 출발과 도약을 하는 기회가 되게 하여 주옵소서.

주 예수 그리스도의 이름으로 기도합니다. 아멘 (호)

발인예배기도(사고사)

    길이요 진리요 생명이신 주 하나님 아버지여, 이 발인예배를 통하여 감사와 찬양을 받으시옵소서. 주님께서 "내가 곧 길이요 진리요 생명이니 나로 말미암지 않고는 아버지께로 올 자가 없느니라"(요 14:6)고 하신 말씀을 믿습니다.
    주님 외에는 천국에 이르는 길이 없음을 믿습니다. 주님 외에는 믿을 만한 진리가 없음을 압니다. 주님 외에는 영원한 생명이 없음을 고백합니다.
    고인은 길 되시는 주님을 믿고 천국에 이른 줄 믿습니다. 그러나 갑작스런 사고로 인하여 고인을 잃어버린 슬픔과 충격을 지울 수가 없습니다.
    하나님 아버지, 여기 슬픔을 안고 둘러서 있는 유족들을 긍휼히 여겨 주시옵소서. 사람의 말로는 위로할 길이 없습니다. 하늘의 평강과 위로로 가득 채워 주시옵소서.
    이제는 주님만 의지하고 주님을 위하여 살아가는 확고한 믿음 위에 이 가족들을 굳게 세워 주시옵소서.
    하나님 아버지, 장례의 순서를 성령께서 이끌어 주사 모든 영광을 주님께 돌리게 하옵소서.
    자비로우신 주님의 손길로 유족들을 어루만져 주시사 잃어버린 것들을 주 안에서 다 회복되게 하옵소서. 우리는 천국의 여행길에 먼저 출발한 고인을 뒤에 따라가서 함께 만날 소망을 안고 이 슬픔을 극복하게 하옵시며, 더 나은 미래를 향하여 도약하는 기회가 되게 하여 주시옵소서.
    주 예수 그리스도의 이름으로 기도합니다. 아멘   (호)

발인예배기도(사고사)

   살아계신 하나님 아버지, 하나님은 살아계셔서 만물을 통치하시며 한 사람의 행위까지도 간섭하시는 하나님이심을 압니다.
   여기 사랑하는 고 ○○○성도의 발인예배를 통하여 영광과 찬양을 받으시옵소서. 이 자리에 있는 유족들과 모든 조객들이 하나님의 존재와 그 손길을 느끼게 해주옵소서.
   불의의 사고를 당한 고 ○○○성도의 죽음은 우리들에게 큰 슬픔과 충격을 주는 사건이지만 하나님을 두려워하는 마음으로 이 예배를 드리나이다.
   하나님 아버지, 고인을 잃고 애통해하는 유족들에게 하나님이 가까이 오셔서 위로해 주시고 필요한 것으로 채워 주시옵소서. 고 ○○○성도가 못다 한 일들을 자손들이 잘 이어가게 하시고 선한 일에 더욱 힘쓰는 자손들이 되게 해주옵소서.
   멸망받을 인생에게 구원을 주시는 하나님의 사랑을 유족들이 받아들이고 예수를 나의 주로 영접하도록 마음을 열어 주시옵소서.
   하나님 아버지, 죄인이 회개하고 돌아오기를 기다리시는 하나님 아버지의 마음을 채워 드리는 삶을 살게 해 주시고, 하나님을 섬기며 복음을 위해서 사는 자들이 되게 해주옵소서.
   오늘의 장례식 순서에 성령의 감동이 있게 하시고, 좋은 날씨 가운데서 운구하고 하관하는 일까지 잘 마쳐지게 해주옵소서. 이후로는 주 안에서 새로운 삶을 사는 아름다운 출발점이 되고 발전의 기회가 되게 해주옵소서.
   주 예수 그리스도의 이름으로 기도합니다. 아멘   (호)

발인예배기도(사고사)

참새 한 마리까지, 우리의 머리털 하나까지 주관하시는 주님, 이 세상에서 일어나는 일들 가운데 주님의 손에서 벗어난 것은 하나도 없는 줄로 저희가 믿나이다. 고 ○○○성도가 세상의 눈으로는 불행하다고 할 수밖에 없는 사고로 목숨을 잃었으나 이 역시 주님이 기억하시는 일 가운데 하나인 것임을 믿나이다.

저희 인생은 주님이 부르실 때 거역하지 못하고 응해야 하는 존재들입니다. 우리가 언제 어떤 모습으로 주님의 부르심을 받느냐 하는 것보다 우리가 구원받았느냐 받지 못했느냐 하는 것이 중요한데, 고인은 구원받은 주의 자녀로서 주님 앞에 나아가게 됨을 감사하나이다.

"사람들이 너를 일컬어 거룩한 백성이라 여호와께서 구속하신 자라 하겠고 또 너를 일컬어 찾은 바 된 자요 버림 받지 아니한 성읍이라 하리라"(사 62:12)는 말씀이 고인에게 이루어질 것을 믿나이다.

하나님께서 고 ○○○성도를 버려서 사고를 만난 것이 아니라 하나님께서 그를 사랑하셔서 그와 같이 특별한 방법으로 데려간 것임을 알게 하옵소서.

"보라 네 구원이 이르렀느니라"(사 62:11)는 말씀이 고 ○○○성도에게 이루어진 것을 믿고 "상급이 그에게 있고 보응이 그 앞에 있느니라"(사 62:11) 하신 말씀이 또한 그대로 이루어지기를 원합니다.

장지까지 가는 길에 동행하여 주옵소서. 장지까지 갈 때 우리가 그가 당한 사고에 대해 이야기할 것이 아니라 그의 믿음과 선행 그리고 그가 누리고 있을 천국 영광에 대해 이야기하며 가게 하옵소서.

예수님의 이름으로 기도합니다. 아멘 (지)

발인예배기도(사고사)

어느 경우에도 옳으시고 어느 경우에도 사랑이신 주님, 발인예배를 드리는 이 시간은 유난히 슬픈 시간입니다. 고인이 갑작스러운 사고를 만나 아직 장성하지 못한 자녀들과 아직 이루지 못한 일들을 뒤에 남겨놓고, 이 발인의 자리에 이르렀기에 유족들과 저희들의 슬픔이 더욱 크나이다.

슬픈 마음 있는 사람 예수 이름 믿으면 영원토록 변함없는 기쁜 마음 얻는다고 하였으니 예수님의 이름을 믿는 저희에게 슬픔을 이길 수 있는 힘을 주옵소서. 또한 고인이 주의 품에 안겨 찬송 부르며 천국의 기쁨을 누리고 있음을 믿게 하옵소서.

주님, 고인이 "너는 내일 일을 자랑하지 말라 하루 동안에 무슨 일이 일어날는지 네가 알 수 없음이니라"(잠 27:1)는 말씀에 따라 내일 일을 자랑하지 않고 겸손하게 살며 하루하루 성실하게 산 것을 주님이 아실 줄로 믿나이다.

고인은 생전에 이 땅의 평화 주시기를, 테러와 폭력이 사라지기를, 공의가 강물같이 흐르는 세상이 되기를, 환경이 더 이상 오염되는 것을 막아 주시기를, 복음이 땅 끝까지 이르게 해 주시기를, 무엇보다도 남북통일을 위해 그 누구보다도 열심히 기도했나이다. 주여, 그가 그렇게도 열심히 간구하던 것을 이루어 주옵소서.

고 ○○○성도가 갑자기 이 세상을 떠났기에 가정에서, 직장에서, 교회에서 그가 남긴 빈자리가 유난히 크고 허전한 것을 저희가 이미 느끼고 있나이다. 주여, 채워 주옵소서.

예수님의 이름으로 기도합니다. 아멘 (지)

발인예배기도(사고사)

　낙심하고 불안해하는 영혼을 향해 '너는 하나님께 소망을 두라'고 하시는 주님, 이곳에서 입관과 문상을 모두 마치고 이제 고인을 안장할 장지로 떠나기에 앞서서 이와 같이 기도하는 시간을 갖게 하시니 감사합니다.
　주여, 이 시간에 욥을 생각하나이다. 그가 의로운 사람이었으나 이유를 알지 못하는 고통을 겪었나이다. 재물을 잃었고 이 자리의 유족들과 같이 사랑하는 혈육들을 사고로 잃었나이다. 더 나가서 건강을 잃었고 아내의 신뢰도 잃었나이다. 세상과 친구들은 그를 비난하였나이다. 그 가운데서 그가 전능자를 향하여 호소하기를 쉬지 않았을 때 그는 귀로 듣는 신앙에서 눈으로 보는 신앙을 갖게 되었고(욥 42:5) 더 많은 복을 받았나이다.
　주여, 유족들에게 욥의 믿음을 주옵소서. 고인이 원하지 않은 사고로 세상을 떠난 것은 고인에 대한 주님의 사랑이 부족해서가 아니고 또한 주님의 능력이 부족해서임도 아니며 우리가 감히 헤아리기 어려운 주님의 크고도 오묘한 뜻이 있어서 고통 많은 이 세상을 일찍 떠나게 되었음을 알게 하여 주옵소서. 원망하지 않게 하옵소서. 이 슬픔과 고통을 숙연하게 받아들이는 가운데 삶에 대한 성숙한 이해와 영생에 대한 깨달음이 있게 하여 주옵소서.
　욥이 친구들의 비난 때문에 괴로워하였으나 그 친구들을 위해 기도하였으므로 형제와 자매와 이전에 알던 이들이 욥을 위하여 함께 슬퍼하고 위로한 일을 기억하나이다(욥 42:10~11). 이 자리가 그와 같은 자리가 되게 하옵소서.
　예수님의 이름으로 기도합니다. 아멘　　　　　　　　　　(지)

발인예배기도(불신자)

　영원한 생명의 근원이신 하나님, 육신의 질병으로 인하여 세상을 떠나신 고인의 죽음 앞에서 저희들은 인간이 얼마나 연약한 존재인지를 다시 한번 생각합니다.
　성경은 말씀하기를 인생이 이 땅에서 칠십을 살고 강건한 사람이라도 팔십을 살지만, 이 땅에서 살아가는 모든 날들이 수고와 슬픔뿐이라고 하셨습니다. 이처럼, 흙으로 지어진 인생인 고인도 역시 육신의 질병으로 인하여 어렵고 힘든 시간 속에 세상에서 주어진 시간을 다 보내고 주님의 부르심을 받았습니다.
　이 자리에 있는 저희들도 언젠가는 이처럼 앞서거니 뒤서거니 하면서 너나없이 이 세상을 떠나야 할 존재들인데, 고인의 죽음을 통하여 저희들의 남은 생애를 어떻게 살아야 할 것인지를 진지하게 생각하게 하옵소서.
　범사에 기한이 있고 모든 목적이 이룰 때가 있나니, 날 때가 있고 죽을 때가 있다고 하신 그 말씀처럼, 이 자리에 함께한 저희들 모두가 고인의 죽음은 고인만이 당하는 죽음이 아니라, 모든 인생들이 언젠가는 한 사람도 예외 없이 당하게 될 과정이라는 것을 기억하며 살게 하옵소서. 또한 남아 있는 저희들도 언젠가는 하나님 앞에서 결산할 때가 있다는 사실을 이 시간 이후로 기억하면서 살아가게 하옵소서.
　고인이 살았을 때 저희들과 함께 나누었던 아름다운 날들에 대한 추억을 뒤로한 채 이 시간, 고인의 시구가 정든 집을 떠나갑니다. 주님의 위로가 이 자리에 있는 유족과 친지들에게 함께하여 주시옵소서.
　예수님의 이름으로 기도드립니다. 아멘　　　　　　　　(남)

발인예배기도(불신자)

　열심히 살면서 가족들을 위해 헌신하던 사랑하는 고인이, 육신의 질병을 극복하지 못한 채, 그 영혼은 이미 세상을 떠나고 고인의 시구마저 지금까지 살아왔던 이곳을 떠나는 시간을 맞이했습니다.
　꿈과 계획을 갖고 있었으면서도 육신의 질병으로 허무하게 무너진 고인을 바라보면서, 사람이 자기 길을 계획할지라도 그 걸음을 인도하는 분은 하나님이시며, 하나님이 세우지 아니하시면 세우는 자의 수고가 헛되다고 하신 성경의 말씀을 다시 한번 생각합니다. 이 시간 고인을 사랑하던 유족들과 조객들이 위로의 하나님 앞에 머리를 숙이고 위로부터 내리는 위로를 기다립니다.
　이 예배가 끝나면 고인의 시구는 정들었던 집과 한평생 모았던 재산들 그리고 사랑하는 아내와 자녀들과 친구들을 뒤로하고 누구도 함께 동행할 수 없는 길로 가기 위해서 장지로 떠나게 됩니다.
　그래서 이제는 다시 그 얼굴을 볼 수 없다는 생각이, 그리고 다시는 고인의 인자한 음성을 들을 수 없다는 생각이 유족들과 이 자리에 함께한 모든 친지들의 마음을 아프게 합니다. 하지만 죽음은 아무도 피할 수 없는 과정임을 생각하면서, 병으로 고생하는 동안에도 고인과 나누었던 정을 기억하며, 고인을 떠나보낼 수 있는 마음의 여유를 허락하여 주옵소서.
　특별히 이 장례를 통하여 이 자리에 참석한 모든 가족과 친지들의 마음문을 열어 주셔서 하나님의 음성을 듣게 하시고, 주님을 영접하여 죽음 이후의 세계를 준비하게 하옵소서.
　인생의 구원자가 되시는 예수님의 이름으로 기도합니다. 아멘 (남)

발인예배기도(불신자)

　사랑과 은혜가 풍성하신 하나님, 지금 여기 성도의 가족이 질병으로 말미암아 고생을 하다가 급기야는 세상을 떠났습니다. 이제 장례절차에 따라 그가 평생토록 입고 살던 그의 육체는 지금 가족을 떠나려 하고 있습니다. 헤어짐의 아픔을 위로해 주옵소서.
　아버지 하나님, 여기에 고인의 일가 친척들이 모였습니다. 믿는 성도도 있사오나 주님을 믿지 아니하는 불신자들도 많이 있습니다. 이 발인예배가 믿는 성도들에게는 하늘의 위로와 평강이 넘치게 하시고, 믿지 아니하는 사람에게는 슬기로운 도전과 충격이 넘치게 하옵소서.
　하나님께서 말씀하시기를 "초상집에 가는 것이 잔칫집에 가는 것보다 나으니 모든 사람의 끝이 이와 같이 됨이라"(전 7:2)고 하셨사오니 이 시간, 여기에 모인 모든 조객들에게 자기 영혼의 진상을 점검해 보게 하시고 또 각자의 믿음이 살아있는지 잠자고 있는지를 확인하는 시간이 되게 해주셔서, 우리 모두가 바른 신앙을 되찾는 결단이 있게 하옵소서.
　주님, 오늘 여기에서의 이별이 영원한 것이 아니라 결정적인 때가 되면 주를 믿는 모든 성도들이 모두 다같이 영광된 몸으로 다시 만나서 기뻐 뛰며 즐거워하는 은총을 허락하옵소서. 행여, 믿지 않다기 여기서 지금의 이별이 영영 다시 만나지 못하는 비극이 되지 않게 긍휼을 베풀어 주옵소서.
　주 예수님의 이름으로 기도합니다. 아멘　　　　　　　　(우)

발인예배기도(불신자)

거룩하신 우리 아버지 하나님, 여기에 고 ○○○님이 병으로 인해 죽음을 맞이했습니다. 그의 가족들은 신앙생활을 하고 있사오나 안타깝게도 고인은 주님을 영접지 못했습니다.

주여, 저희를 긍휼히 여겨 주옵소서. 저희 인생들은 하나님 앞에서 할말이 없습니다. 다만 하나님의 말씀이 우리의 처절한 입장을 대변해 주시는 은총을 감사합니다.

"주께서 영원히 버리실까, 다시는 은혜를 베풀지 아니하실까, 그의 인자하심은 영원히 끝났는가, 그의 약속하심도 영구히 폐하였는가, 하나님이 그가 베푸실 은혜를 잊으셨는가, 노하심으로 그가 베푸실 긍휼을 그치셨는가 하였나이다"(시 77:7~9) 했사오니 하나님께서는 능치 못함이 없는 줄로 믿습니다.

고인은 병중에 있으면서 주님을 영접하지 못한 채 세상을 떠났으므로, 그 가족들은 애통한 마음으로 당신을 향하여 애절하게 부르짖고 있습니다. 그 옛날 이스라엘 백성이 애굽에서 곤욕을 당할 때 그들의 부르짖음을 들어주신 하나님, "내가 애굽에 있는 내 백성의 고통을 분명히 보고……부르짖음을 듣고 그 근심을 알고……내가 반드시 너와 함께 있으리라"(출 3:7~12) 하신 말씀이 고인을 무덤(화장장)으로 떠나보내며 슬픔 가운데 있는 고인의 유가족들에게 그대로 적용이 되게 하시옵소서.

우리 인간의 좁은 생각으로는 당신의 신묘막측한 경륜을 다 알 수 없사오나 하나님께서 도우셔서 당신의 섭리를 깨닫게 하옵소서.

주 예수님의 이름으로 기도합니다. 아멘   (우)

발인예배기도(불신자)

　은혜와 사랑이 풍성하신 하나님 아버지 감사합니다. 앞이 캄캄하고 원망스러움이 가득한 우리 마음에 하나님을 아버지라고 부르며 호소할 수 있는 은총을 허락해 주시오니 감사합니다.
　주신 이도, 취하시는 이도 하나님이심을 믿사오나 아직도 고 ○○○님의 죽음이 현실로 받아들여지지 않습니다. 하나님의 뜻이 발견되어지게 하옵소서.
　이제 발인예배를 드리고 장지를 향해 떠나고자 합니다. 아쉬운 마음을 말로는 표현할 수 없지만 언제까지나 함께 있을 수 없기에 이 자리를 뒤로할 수밖에 없습니다.
　위로자이신 하나님, 하나님께서 약속하신 소망의 말씀으로 안타까운 유족들의 마음을 위로해 주시고 권능의 손으로 붙들어 주옵소서.
　지금까지 장례의 절차를 도우신 하나님, 이곳을 떠나 장지에 이르기까지 하나님께서 지켜 주시고 인도해 주옵소서. 특별히 유족들과 함께하셔서 슬픔이 변하여 평강이 되게 해 주시고, 낙심한 마음들이 주안에서 새 소망을 갖게 해주옵소서.
　전능하시고 자비로우신 하나님 아버지, 하나님께서 우리에게 주시는 위로는 세상이 주는 것과 같지 않고 우리의 심령 깊은 곳에 임하여 한없는 평안과 소망이 샘솟게 히는 것임을 믿사오니, 유족들로 하여금 주님께서 주시는 위로에 힘입어 서로를 위로하게 하옵소서. 또한 새로운 다짐으로 열심을 품어 주님 섬기기를 더욱더 힘쓰게 하여 주시옵소서.
　수 예수님의 이름으로 기도합니다. 아멘　　　　　　　　(우)

발인예배기도(불신자)

하나님, 인간의 생이 아무리 장수해도 장수를 자랑할 수 없는 존재입니다. 하나님께서는 인간에게 이 땅에서 영원히 살지 않게 하시고 세상을 떠나는 은총을 주셨습니다. 오랜 병 가운데 인간의 마지막 고통을 겪으시던 고인께서 이제 이 세상에서 저 세상으로 떠나시고, 이 시간 그의 정든 집을 떠나 알지 못하는 곳으로 옮깁니다. 떠나는 이 길에 사랑을 나누던 가족들과 친지들이 한없이 슬퍼하며 그 뒤를 따릅니다.

그가 입고 있던 건장한 육체도 수척해지고, 아름답던 그의 용모도 아름다움을 잃었습니다. 이제 그가 앞서 가던 길은 따라갈 수 없으며 우리와는 전혀 다른 길이 되었습니다. 선구자로서 그 길을 먼저 가야 함에도 불구하고 그 길을 따라가지 못합니다.

하나님, 우리가 이 세상을 가면서 모든 사람이 따라올 수 있는 생명의 길을 가게 하소서. 바울이 '내가 그리스도를 본받는 자 된 것같이 너희는 나를 본받는 자 되라'고 말한 것처럼 우리의 발걸음이 자신있게 하시고, 유족들에게는 믿음과 건강을 친히 공급하시기를 원합니다. 그래서 남은 장례식 모든 절차를 유족들이 끝까지 잘 마칠 수 있도록 지켜 주옵소서.

이 시간, 하나님이 우리 모두의 생명의 주인이심을 고백하게 하소서. 좋은 날씨를 주셔서 장례식을 무사히 마치게 하시고, 장지까지의 길이 멀지만 하나님이 동행하시어 가깝게 여기게 하시고, 순조롭고 은혜롭게 모든 장례식이 진행되게 하소서.

예수님의 이름으로 기도합니다. 아멘 (희)

발인예배기도(불신자)

하나님, 고인은 이 세상에 태어나 한 시대를 살면서 세상에 한 점을 남기고 가셨습니다. 함께했던 가족들과 사랑을 남기고, 친구들과 우정을 남기며 그의 이름을 세상에 남기고 가셨습니다. 이제 유족들과 우리 모두는 가신 님의 사랑과 얼을 기리며, 이 시간 정든 집에서 발인합니다. 세상에 올 때에 적신으로 왔다가 다시 아무것도 가지지 못하는 적신으로 돌아가는 인생의 공평함을 보이며 떠났습니다.

이 시간, 고인이 사랑하던 집을 떠나 그의 육신이 영원히 잠들 흙으로 돌아가려 합니다. 오랜 병으로 고생하셨습니다. 이제는 병에서 해방되셨습니다. 그동안 간병하느라 수고한 가족들에게 세상에서 혈육이 사랑을 나누며 돌보아주는 것이 얼마나 아름답고 가치 있는 것인가를 알게 하시고, 그 모든 정성과 사랑이 하나님께 큰 상급받는 면류관이 되게 하소서.

이 시간에 이미 세상을 떠난 고인을 위하여 할 바는 없지만 남아 있는 모든 유족들에게 더 큰 은총으로 함께하셔서 예수님을 구주로 모시고 잘 믿는 유족들이 되기를 원합니다.

고인의 죽음 앞에서 영원한 나라가 죽음 이후에 있는 것을 분명히 알게 하시고, 하나님을 알 수 있는 기회가 되게 하셔서 하나님의 존재를 시인하며 믿게 하시고, 하나님 나라에 대한 신령한 욕심이 생기게 하여 주소서. 그리하여 온 가족이 고인의 죽음으로 인하여 하나님께로 돌아오는 놀라운 역사가 나타나게 하소서.

생명의 주님이신 예수님의 이름으로 기도합니다. 아멘　　　(희)

발인예배기도(불신자)

하나님 아버지, 세상에는 죽음을 원하는 가련한 자와 죽음을 겁내는 더욱 가련한 자가 있고 또한 죽음을 진정 두려워하지 않는 위대한 자도 있으며 죽음을 이미 넘어선 죽음을 초월한 더 위대한 자가 있습니다. 이 모든 자가 다 죽음을 맞겠지만 죽음을 맞는 태도와 결과는 다를 것입니다. 우리에게 죽음을 알고 죽음을 초월한 삶을 살게 하시니 감사합니다.

사고와 질병으로 점철된 세상에서 살다가 이 세상을 갑작스레 떠난 고인을 이 시간 발인하며 무서운 하나님을 봅니다. 한 번도 약속을 성취하지 않음이 없으시며 무한히 사랑하시지만 하나님께 대한 죄악을 절대로 용서하지 않으시는 하나님이십니다. 이 시간 우리가 겸허한 마음으로 하나님을 두려워할 줄 아는 자들이 되게 하소서.

하나님, 고인은 이 세상에 살면서 하나님을 믿지 못했습니다. 그러나 이제 남은 유족과 우리들은 눈을 들어 하나님을 보며 당신을 알기 원합니다. 고인 한 사람의 죽음으로 더 많은 유족과 친지들이 영원하신 하나님을 믿을 수 있는 기회가 되게 하여 주소서.

이스라엘의 길을 예비하신 하나님, 백성들이 험하고 지친 길을 갈 때에 동행하시고 먼저 가셔서 장막 칠 곳을 예비하시며 떠나지 않으시던 하나님께서, 이 장례의 길을 동행하시고 먼저 가셔서 장막 칠 곳을 예비해 주심으로 평안의 길이 되게 하소서. 유족들이 급작스런 고인의 죽음으로 슬픔이 큽니다. 또 피곤하며 잠도 부족하고 지쳐 있습니다. 하나님의 손에 붙드시고 힘이 되어 주옵소서.

예수님의 이름으로 기도합니다. 아멘   (희)

발인예배기도(불신자)

살아계시며 만물을 통치하시는 주 하나님 아버지, 인간에게 생로병사의 멍에를 주시고 아무도 이 멍에를 벗지 못하는 인간의 연약함을 보면서 전능하신 하나님을 새겨 보게 하신 것을 감사합니다.

오늘 슬픔을 당한 유족들의 마음을 땅 위의 어떤 것으로도 채워 줄 수 없다는 것을 압니다.

이 시간, "이는 만물이 주에게서 나오고 주로 말미암고 주에게로 돌아감이라 그에게 영광이 세세에 있을지어다"(롬 11:36) 하신 하나님의 말씀을 기억하고 믿습니다.

하나님께서 모든 만물을 지으셨음을 믿습니다. 또한 그 지으신 그 만물도 하나님이 다스리심을 믿습니다. 그리고 만물을 심판하시는 분도 하나님이심을 믿습니다.

하나님 아버지, 인생을 이 땅에 보내기도 하시고 또 불러 가기도 하시는 하나님을 믿을 수 있도록 유족들의 마음을 열어 주시옵소서.

죄인을 구원하신 예수 그리스도를 구주로 믿게 하여 주시옵소서. 사람의 마음을 열어 주사 믿게 하시는 이가 성령이신 줄 믿습니다. 유족들을 긍휼히 여기시사 믿는 역사를 일으켜 주옵소서. 가장 슬퍼할 발인예배의 자리에서 최고의 소망을 얻게 하시고, 오늘의 이 예배를 드리는 삶이 남은 유족들에게 인생 동안 계속되는 은혜가 되게 해 주옵소서.

장례식의 진행 속에 성령께서 도우시며 영광과 경배를 주께서 받으시옵소서.

주 예수 그리스도의 이름으로 기도합니다. 아멘 (호)

발인예배기도(불신자)

사랑과 자비의 주 하나님 아버지,

고인은 오랜 병상의 삶에서 지치고 고통스러웠던 세상의 시간을 끝내고 하나님의 부르심을 받아 다시 흙으로 돌아가려 합니다.

이 시간, "너는 마음을 다하여 여호와를 신뢰하고 네 명철을 의지하지 말라 너는 범사에 그를 인정하라 그리하면 네 길을 지도하시리라"(잠 3 :5~6)는 하나님의 말씀을 새겨 봅니다.

하나님 아버지, 슬픔을 당한 유족들이 이 말씀 안에서 살기를 원합니다. 마음을 다하여 하나님을 섬기고 범사에 하나님의 손길을 의지하고 살게 하여 주옵소서.

하나님 말씀으로 오늘의 슬픔과 충격을 극복하고, 새로운 삶의 자리로 나아가게 해주옵소서. 슬픔이 있는 사람이 예수의 이름으로 믿음을 새롭게 할 때 얻을 수 있는 것들을 얻는 시간이 되길 간절히 원합니다. 그동안 병간호에 심신이 지쳐 있는 유족들에게 새 힘을 주시고 여호와를 의지하는 굳센 믿음으로 신령한 복을 누리게 하옵소서.

하나님 아버지, 우리가 사는 환경 속에 생로병사의 고통이 있음으로 더욱 주님을 의지하며 살게 하옵소서. 우리의 몸을 잘 관리하여 병으로부터 건강을 지켜 주시고 하나님께 헌신하며 사는 복을 누리게 하옵소서. 그래서 인생의 주인되시는 하나님을 알고 당신을 의지하는 복이 얼마나 큰 복인지 깨닫고 누리게 하여 주시옵소서.

하나님, 장지로 가는 우리의 발걸음을 주님께서 인도하시고 좋은 날씨도 허락해 주옵소서.

주 예수 그리스도의 이름으로 기도합니다. 아멘 (호)

발인예배기도(불신자)

　상하고 통회하는 마음을 멸시하지 않으시는 주님, 이 시간에 상하고 통회하는 마음으로 고인의 발인예배를 드리는 저희들에게 자비를 베푸시고 긍휼을 베푸시옵소서.
　이 시간이 우리가 어디에서 와서 어디로 가는지 깨닫는 시간이 되게 하옵소서. 또한 어떻게 사는 것이 값있는 삶인지 생각하는 시간이 되게 하옵시며, 질병도 없고 이별의 눈물도 없는 영원한 세계가 있다는 것을 믿게 하옵소서.
　하나님, 이 발인예배를 통해 하나님의 교훈을 얻게 하시고, "내가 어떻게 하여야 구원을 받으리이까"(행 16:30)를 묻게 하옵소서.
　우리의 구원자이신 주님, "주 예수를 믿으라 그리하면 너와 네 집이 구원을 받으리라"(행 16:31)는 대답을 듣기 원합니다. 또한 "내가 곧 길이요 진리요 생명이니 나로 말미암지 않고는 아버지께로 올 자가 없느니라"(요 14:6)는 주님의 음성을 듣고 싶습니다. 우리 가운데 오셔서 응답해 주옵소서.
　오 주님! 이 시간 "하나님이 세상을 이처럼 사랑하사 독생자를 주셨으니 이는 그를 믿는 자마다 멸망치 않고 영생을 얻게 하려 하심이라"는 진리를 깨닫는 유익한 시간이 되게 하옵소서. 그리고 무엇보다도 위로의 시간이 되게 하옵소서. 세상이 주지 못하는 주님의 위로를 체험하게 하옵소서.
　슬픔을 이기게 하는 위로를 통해 사망을 이기는 주님의 권세도 깨닫게 하옵소서.
　예수님의 이름으로 기도합니다. 아멘　　　　　　　　　　(지)

발인예배기도(불신자)

　주님, 이 시간 발인예배를 통해 인류 역사에서 뛰어난 왕들 가운데 하나였던 다윗이 세상을 떠날 때의 일을 생각하나이다.
　다윗은 많은 싸움에서 이겨 영토를 넓히고 많은 시(詩)를 남긴 영웅이었으나 그도 죽음을 피할 수 없었음을 아나이다.
　다윗이 죽을 날이 임박하여 그의 아들 솔로몬에게 "내가 이제 세상 모든 사람이 가는 길로 가게 되었노니"(왕상 2:2)라고 한 것을 기억하나이다. 그렇습니다, 고인이 가는 이 길은 세상 모든 사람이 가는 길임을 압니다. 이 세상에서 오래 머물다가 가는 사람도 있고, 태어나자마자 가는 사람도 있으며, 중년에 가는 사람도 있습니다. 가는 시기는 다르지만 모든 사람이 가는 길을 지금 고인도 가고 있나이다. 나이 많아서 가는 사람도 있고, 사고로 가는 사람도 있으며, 고인과 같이 질병과 싸우다가 가는 사람도 있지만 모든 사람이 가는 길을 가고 있나이다.
　우리도 언젠가는 이 길을 가야 할 것을 알게 하옵소서. 다윗이 세상을 떠날 때 그의 아들 솔로몬을 향하여 "너는 힘써 대장부가 되고"(왕상 2:2) 한 말을 기억하게 하옵소서.
　주여, 유족들이 힘써 대장부가 되게 하옵소서. 슬픔을 이기는 대장부가 되게 하옵소서. 세상을 이기는 대장부가 되게 하옵소서. 앞으로 닥칠 모든 어려움을 이기는 대장부가 되게 하옵소서. 무엇보다도 믿음의 대장부가 되게 하옵소서.
　모든 사람이 가는 이 길로 가는 고인을 전송하는 이 시간이 엄숙한 시간이 되게 하옵소서.
　예수님의 이름으로 기도합니다. 아멘　　　　　　　　　　　　(지)

하관예배기도

† 신자(고인) 24편
† 사고사(고인) 12편
† 불신자(고인) 12편

다 흙으로 말미암았으므로 다 흙으로 돌아가나니
다 한 곳으로 가거니와
(전 3:20)

하관예배기도

우주만물의 창조자이시며 생명의 근원이 되시는 하나님, 질병으로 고생하는 가운데서도 얼굴에는 언제나 밝은 모습으로 주님을 모시고 사는 성도의 삶이 어떤 것인지를 주변 사람들에게 보여 주었던, 고인을 이 시간 흙으로 돌려보냅니다.

그를 아는 모든 이로부터 존경과 사랑을 받았던 고인이기에, 좀 더 오래 사셔서 더 많은 일을 하셨더라면 하는 아쉬움이 있습니다. 질병으로 인하여 빨리 가신 고인의 죽음 앞에서 애도의 뜻을 뭐라 표현할 길 없지만 여기에도 우리는 하나님의 선하신 뜻이 있음을 믿습니다.

성경은 말씀하기를 주 안에서 죽은 성도는 썩을 것으로 심지만 썩지 아니할 것으로, 욕된 것으로 심지만 영광스러운 것으로, 약한 것으로 심지만 강한 것으로, 육의 몸으로 심지만 신령한 몸으로 다시 살게 된다고 했습니다. 그래서 그 말씀처럼 주님이 재림하시는 날, 마지막 나팔이 울려 퍼질 바로 그때에, 우리는 영광스러운 몸으로 부활하여 또 다시 만나게 될 것을 믿습니다.

흙으로 지어졌던 고인의 육신을 흙으로 다시 돌려보내면서, 아쉬움과 슬픔 속에 잠겨 있는 유족과 친지들에게 이 시간 영으로 찾아와 주셔서 위로해 주시고 담대한 믿음과 함께 확실한 소망으로 새롭게 하는 시간이 되게 하여 주옵소서.

아울러 고인을 다시 만날 때까지 여기 있는 저희들도 고인이 가셨던 믿음의 길로 가게 하시고, 천국에서 만나게 될 소망으로 끝까지 승리할 수 있도록 도와주옵소서.

예수님의 이름으로 기도드립니다. 아멘 (남)

하관예배기도

'너희는 흙으로부터 왔으니 흙으로 돌아가리라'는 하나님의 말씀대로, 고인을 이 시간 흙으로 돌려보내며 사랑하는 유족들과 성도들이 하나님 앞에 머리를 숙입니다.

이 땅에서의 삶이 영원히 지속될 것처럼 생각하며 살아가는 사람들이 많이 있지만, 결국에는 이렇게 한줌의 흙으로 돌아가야 하는 인생인 것을, 고인의 죽음을 통하여 이 시간 다시 한번 깨닫게 됩니다.

그러나 인간들에게 죽음이란 결코 끝이 아니고, 죽음 이후에는 또 다른 세계가 있으며, 흙으로 돌아간 인생들도 언젠가는 부활할 때가 있음을 저희들은 압니다.

성경은 우리에게 주 안에서 죽은 성도는 신령한 몸으로 다시 부활하게 될 때가 있다는 놀라운 진리를 우리에게 가르쳐 주고 있습니다. 그 말씀대로, 생명의 주가 되신 예수 그리스도를 믿고 마음속에 영접하여 하나님의 자녀가 된 고인은, 주님이 재림하시는 바로 그날에 반드시 영광스러운 몸으로 부활해서 저희들과 다시 만나게 될 것을 믿습니다.

고인을 다시 만나는 그날까지 이 자리에 있는 저희들 모두가 믿음 잃지 않도록 지켜 주시고 인도하여 주옵소서. 오직 예수 그리스도만이 우리의 생명이며 우리가 붙들어야 할 유일한 구원의 길임을 깨닫게 하옵소서.

고인을 다시 만나게 될 그날을 바라보면서 부활과 생명되신 예수님의 이름으로 기도합니다. 아멘   (남)

하관예배기도

생명의 주가 되시는 하나님, 아버지께서 ( )년 전에 이 땅에 보내주셔서 사명 잘 감당하며 경건한 가정을 이루어 자녀들을 훌륭히 키웠을 뿐 아니라 평생을 주의 영광 위하여 사셨던 고 ○○○성도를 이제 이 땅에 하관하려고 합니다.

흙으로 왔으니 흙으로 가리라고 하신 하나님의 말씀처럼, 육신은 비록 땅에 묻히지만 그의 영혼은 이미 영원한 하나님 나라에서 안식하고 있을 줄 믿습니다.

오늘 이 장례예식을 통해 우리의 삶을 돌아보게 하시고 영원한 세계를 바라볼 수 있는 지혜를 허락해 주옵소서. 이 세상이 전부가 아니라 영원한 세상이 있음을 믿게 하옵소서.

고 ○○○성도는 비록 이 세상에 살았으나 영원한 나라를 바라보며 살았고, 더 나은 본향을 바라보는 삶을 살았기에 그토록 사모했던 하나님 나라를 그가 기업으로 얻었음을 믿습니다. 인간적으로는 헤어지는 슬픔이 있지만 하나님은 항상 우리에게 선한 것을 주시는 아버지이심을 믿게 하시고 또한 이 믿음 가운데 살게 하시며, 영생의 소망으로 이 슬픔을 이기게 하옵소서.

사랑의 주님, 이 자리에 모인 유족들을 위로하여 주시고, 고인이 가신 믿음의 길과 그가 소유한 하나님 나라를 소망하며 살게 하옵소서. 또한 유족들에게 믿음을 더하여 주시고 고인의 믿음을 이어받아 하나님의 사랑을 받는 가정이 되게 하옵소서. 주님의 은혜와 복이 이 가정에 늘 함께 하옵소서.

예수 그리스도의 이름으로 기도합니다 아멘   (남)

하관예배기도

하나님 우리의 아버지시여, 우리 인생을 세상에서 때가 찰 때 데려가시는 은총을 감사합니다. 말세의 성도들이 병중에서도 믿음을 지키다가 죽게 됨은 하나님의 특별한 은총인 줄 믿습니다. 왜냐하면 "믿음은 하나님의 선물"(엡 2:8)이라 하셨기 때문입니다. 고인의 시신이 이제 땅속에 묻히게 됩니다. 함께 한 교회에서 성도의 교제를 나누던 우리 믿음의 식구들이 다시는 고인의 모습을 만나보지 못하게 되어서 심히 마음이 아픕니다. 하나님의 약속의 말씀으로 우리의 이번 헤어짐이 영원한 것이 아님을 알게 하시고 믿게 해주심을 감사합니다.

하나님 말씀에 "사랑하는 자들아 우리가 지금은 하나님의 자녀라 장래에 어떻게 될지는 아직 나타나지 아니하였으나 그가 나타나시면 우리가 그와 같을 줄을 아는 것은 그의 참모습 그대로 볼 것이기 때문이니 주를 향하여 이 소망을 가진 자마다 그의 깨끗하심과 같이 자기를 깨끗하게 하느니라"(요일 3:2~3)고 했습니다. 그러므로 사람이 한 번 태어나고 죽는 것은 만고불변의 진리요, 하나님의 정하신 철칙이요, 누구나 다 통과해야 할 관문이오나 주 예수를 믿는 성도에게는 그 죽음의 길이 주님을 만나러 가는 길이요, 세상에서 육신의 질병과 정신적인 번뇌에서 벗어나는 길인 줄 믿습니다.

비록 육신은 땅속에 묻혀서 흙으로 변해도 혹은 화장으로 인해 재가 될지언정 고 ○○○성도는 날로 새로워져서 영원에 잇대어 하나님께 찬송과 영광을 돌리는 복된 자리에 있게 될 줄 믿습니다.

고인의 유가족들과 우리 교회 성도들이 다시금 반갑게 만나서 기뻐하고 즐거워할 때가 올 줄 믿습니다.

주 예수님의 이름으로 기도합니다. 아멘 (우)

하관예배기도

거룩하시고 은혜가 풍성하신 하나님 아버지, 지금 여기에 주 예수 그리스도를 구세주로 믿고 순종하던 고 ○○○성도님이 병마와 더불어 싸우다가 결국은 세상을 떠났습니다.

고인의 영혼은 주님 품 안에 안기신 줄 믿사오나 고인의 시신이 무덤 속에 들어가려고 합니다. 고인이 살아생전에는 우리와 함께 교회를 섬기고 세상 섬기는 일을 더불어 해왔는데 이제 고인은 우리의 곁을 떠나게 되었습니다. 이 땅에서 고인의 발자취가 너무나 뚜렷하고 향기로웠기에 더욱더 그립고 아쉽고 흠모하게 됩니다.

그러나 죽음은 감상적인 것만이 아니라 냉혹한 것이기에 불가불 땅속에 들어가서 한줌 흙이 되어야 함(불 속에 들어가서 한줌의 재가 되는 것)은 필연적 수순임을 압니다. 유가족들과 믿음의 가족들에게 하나님의 진리의 말씀을 부여잡고 인생의 허무함을 극복할 수 있는 지혜를 허락해 주옵소서.

하나님 아버지, 이 세상 모든 것을 다 소유했을지라도 믿음이 없고 하나님께 버림받은 사람은 그 모든 소유가 무지개나 바람을 잡음 같사옵고, 이 세상에서 모든 것을 다 잃었어도 믿음으로 말미암아 하나님께 붙들림을 받은 성도는 이 세상 모든 좋은 것을 다 소유함이요, 천국의 영생복락을 영구히 소유하는 특전적 존재인 줄 믿습니다.

여기 고 ○○○성도님은 평생 믿음으로 살다가 믿음으로 죽었사오니 고인의 시신이 비록 무덤(불가마) 속에 들어간다 해도 하나님께서 천군천사를 보내셔서 그의 영적 생명을 보존해 주실 줄 믿습니다.

우리 주 예수 그리스도의 이름으로 기도합니다. 아멘   (우)

하관예배기도

하나님, 아버지께서 흙을 빚어 만든 아담의 후손들이 창세 이래로 수억조가 넘나이다. 그들이 이 세상에 살다가 다 죽음으로써 땅속에 묻혔습니다. 폭군이나 독재자일수록 그 무덤이 웅장하고 그 경관이 뛰어나서 서민들이 부러워했습니다. 그러나 그 모든 왕릉도 소위 명당 자리도 한갓 구경거리와 놀이터에 지나지 않사오며 그 속의 시체들은 다 흙으로 변하고 말았나이다.

아버지 하나님, 지금 여기에 고 ○○○성도가 남기고 간 그의 시신을 무덤 속에 매장(혹은 화장)하고자 합니다. 한 생명이 이 땅에서 사라져간다는 사실 앞에서 저희들은 숙연해지며 또한 인생의 허무함을 통절히 느낍니다.

하나님 말씀에 "들으라 너희 중에 말하기를 오늘이나 내일이나 우리가 어떤 도시에 가서 거기서 일 년을 머물며 장사하여 이익을 보리라 하는 자들아 내일 일을 너희가 알지 못하는도다 너희 생명이 무엇이냐 너희는 잠깐 보이다가 없어지는 안개니라 너희가 도리어 말하기를 주의 뜻이면 우리가 살기도 하고 이것이나 저것을 하리라 할 것이거늘 이제도 너희가 허탄한 자랑을 하니 그러한 자랑은 다 악한 것이라"(약 4:13~16)고 했습니다.

주 예수여, 당신을 믿고 따르는 삶을 힘쓰다 병들어 시체가 된 고인의 몸이 이곳에 매장(화장)되어도 주님께서 다시 오시는 날에는 다 영광된 몸으로 변하여 새 하늘과 새 땅의 주역이 될 줄을 믿습니다. 그날까지 고인의 영혼은 하나님 나라 주님의 품에 안겨서 그 후손들이 잘되고 형통하는 것을 보며 즐거워할 줄로 믿습니다.

주 예수 그리스도의 거룩하신 이름으로 기도합니다. 아멘 　　(우)

하관예배기도

하늘의 높은 보좌를 버리시고 이 낮고 천한 땅에 오셔서 죽기까지 복종하신 주님, 이제 이 세상에서 가장 낮은 곳에 고인의 시신을 모십니다. 주님도 이 세상에 오셔서 낮고 천한 우리와 함께하셨으며 죽으시고 땅 아래로 내려가셨습니다. 그래서 우리는 주님이 가셨던 그 길을 이렇게 쉽게 믿음으로 갑니다.

주님은 세상에 계실 때에 죽음을 싫어하셨습니다. 나사로의 무덤 앞에서 사랑하는 자들을 위하여 눈물을 흘리시고 인간의 죽음에 저항하신 주님, 이 시간 우리가 사랑하는 주의 자녀를 이 차가운 땅에 하관할 때 슬픔에 잠긴 유족들과 함께 조객들을 위로하여 주소서. 그 위로가 오히려 마지막이라는 절망이 아니라 하나님 나라에 입성하신 개선장군의 모습을 보는 시간이 되게 하소서.

이제 우리는 발길을 돌리겠지만 그의 영혼은 이미 하나님 보좌의 영광에 함께 있는 것을 믿게 하시고, 우리도 그 길을 좇아가는 하나님 나라의 순례자가 되게 하소서. 이 세상에서 주님을 사랑하며 주님을 위해 일하다가 이렇게 죽을 수만 있다면 죽음이 두려움도 아니며 오히려 큰 복인 것을 압니다. 이 기쁨과 소망이 이 시간을 지배하게 하소서.

사랑의 하나님, 이제 고인께서는 이 세상에서 입고 있던 육체를 두고 가지만 우리는 마음에 고인의 사랑을 담아갑니다. 이 세상에서 이렇게 사랑할 수 있는 사람 주신 것을 감사합니다. 이제 모든 하관의 절차를 마치고 돌아갈 때도 주의 말씀이 우리 발의 빛이 되시고 평강의 길이 되게 하소서.

예수님의 이름으로 기도드립니다. 아멘 (희)

하관예배기도

　세상에 사셨지만 이 세상의 사람이 아니시며, 십자가에 죽으셨지만 죽은 분이 아닌 우리 구주 예수님, 주님은 세상에서 죽음을 거부하셨고 죽음을 이기셨습니다. 주님, 사랑하는 고인이 병상에서 육신의 고통을 당하다가 이 세상을 떠나 이제 흙으로 다시 돌아갑니다. 우리는 분명히 주께서 고인에게 예정하신 생명이 다하여 주님의 부르심을 받으신 줄 믿습니다.
　세상에 계실 때에 어린 야이로의 딸이 죽은 것을 보시고 죽은 것이 아니라 잔다고 하신 예수님, 사람들이 볼 때는 죽었지만 주님께서는 자는 것으로 보셨고, 자는 아이를 깨우듯 그 아이를 살리셨습니다.
　부활의 주님, 이 시간 우리는 자는 고인의 시신을 이곳에 안장합니다. 부활의 주님께서 재림의 주님으로 이 땅에 다시 오실 때에 고인과 다시 만날 것을 우리는 확신합니다.
　이곳은 고인과 함께 교회를 섬기며 서로 사랑을 나누던 교우들, 친지들이 함께 누워 있는 아름다운 동산입니다. 복 있는 생명의 장소가 되게 하소서.
　기쁨의 성령님, 유족들과 이 자리에 모인 모두는 고인을 사랑하고 슬퍼하며 이곳에 왔지만 우리들은 부활의 아침을 생각하며 기쁨으로 내려갑니다. 죽은 자를 장사하러 왔지만 그리스도 안에서 산 자를 만나고 갑니다. 유족과 우리에게 이러한 부활의 산 소망을 보게 하시니 감사합니다. 이제 슬픔과 무거움의 발걸음이 부활의 소식을 듣고서 가벼워지고 뜨거운 마음이 되었던 엠마오의 제자들처럼 우리의 발걸음도 가벼워지고, 마음이 뜨거워지게 하소서.
　부활이요 생명이신 예수님의 이름으로 기도합니다. 아멘　　(희)

하관예배기도

　부활의 주님, 이 자리에 주님이 사랑하시던 고인의 시신을 흙으로 돌려보냅니다. 이 시간, 주님의 손에 사랑하는 고인의 영혼을 의탁하며 그의 육체는 이 땅에 내려놓습니다. 주께서 그의 영혼을 받아 주시고 여기에 있는 유족들의 슬픔을 소망으로 채우소서.

　이 세상에 살면서 구원받은 사람으로 살게 하셨지만 인간이 당하는 온갖 질병의 고통에서 해방될 수 없었습니다. 많은 병고로 시달렸고 인간이 가지는 기쁨과 슬픔, 노함과 욕심 등 온갖 인간적 감정에 사로잡혔습니다. 그러나 이제 인간의 모든 고통이 끝나고 사단의 세력이 손을 뻗칠 수 없는 곳으로 가셨습니다. 그 영원하신 나라에서 모든 눈물을 그 눈에서 씻기시고 사망이 없으며 애통하는 것이나 곡하는 것이나 아픈 것이 다시는 없는 곳으로 가신 줄 믿습니다.

　이 세상은 어떤 곳도 우리의 영원한 자리일 수 없고 어떤 것도 우리의 영원한 것일 수 없음을 압니다. 우리의 육체도 잠깐 이 세상에서 입은 옷이며, 우리의 집도 잠깐 이 세상에서 산 장막인 것을 압니다. 이제 이 세상의 잠깐의 것들을 다 두고 영원을 향해 발걸음을 옮기신 고인의 육체를 이곳에 모십니다.

　이제 사랑하는 고인의 시신을 두고 흙을 뿌리며 묻고 가기에 애통하는 유족들의 마음을 주께서 헤아리시고 주님의 평안으로 그 마음을 채우소서. 하나의 슬픔은 또 하나의 감사인 것을 발견하게 하시고, 인간의 짧은 머리로 하나님의 세계를 보는 어리석음을 면케 하시며 하나님의 지혜로 하나님의 세계를 보게 하소서. 그리하여 감사와 소망이 충만한 시간이 되게 하소서.

　예수님의 이름으로 기도합니다. 아멘　　　　　　　　　　(희)

하관예배기도

전능하신 하나님 아버지!

우리는 지금 이 동산에 존경하는 신앙의 선배, 고 ○○○성도님을 안장하려고 모여 머리를 조아렸습니다.

"네가 흙으로 돌아갈 때까지 얼굴에 땀을 흘려야 먹을 것을 먹으리니 네가 그것에서 취함을 입었음이라 너는 흙이니 흙으로 돌아갈 것이니라 하시니라"(창 3:19)고 말씀하신 대로 사람을 흙으로 지으셨으매 흙으로 돌아가는 절차에 따라 이제 여기 사랑하는 고 ○○○성도님을 하관하고자 합니다. 본향으로 돌아가는 이 시간 위로의 영으로 임재하셔서 우리의 기도에 응답해 주옵소서.

믿는 자나 믿지 않는 자나 모든 사람들이 흙으로 지은 인생은 이처럼 흙으로 돌아감을 알게 하옵소서. 그러나 흙으로 돌아가고 끝나는 것이 아니라 썩지 아니할 것으로 다시 사는 부활의 신앙을 가지고 겸손히 우리 주님을 섬기면서 잘 살아야겠다는 깨달음도 아울러 있게 하시옵소서.

모든 생명은 하나님의 손에 있사오니 우리의 생명을 주님께 의탁하고, 하나님의 섭리와 경륜에 순복하면서 살아가게 하옵소서.

위로의 영과 능력의 영으로 함께하사 이 시간을 통하여 영광과 찬양은 하나님께, 위로와 격려는 유족들에게, 여기 모인 우리 모두에게는 평강이 넘치게 하옵소서.

예식의 시종을 주님께 의탁하옵고, 생명의 주 예수님의 이름으로 기도드립니다. 아멘 (수)

하관예배기도

만세반석 되시는 거룩하신 하나님!

풍파가 끊이지 않는 어지러운 세상 중에서도 믿음의 경주를 끝까지 잘해오신 고 ○○○성도님이 병마로 인하여 이제 죽음 속에 있어 땅에 묻히오나 우리 주님 재림주로 오시는 날에는 부활의 몸으로 나타날 것을 믿으며 장례예식의 마지막 절차로 예배를 드립니다.

"죽은 자의 부활도 그와 같으니 썩을 것으로 심고 썩지 아니할 것으로 다시 살아나며 욕된 것으로 심고 영광스러운 것으로 다시 살아나며 약한 것으로 심고 강한 것으로 다시 살아나며 육의 몸으로 심고 신령한 몸으로 다시 살아나나니 육의 몸이 있은즉 또 영의 몸도 있느니라"(고전 15:42~44)고 말씀하신 것처럼 육신은 육신이기에 여기에서 흙으로 돌아갈 것이나 저는 신령한 몸이 되어 이제 주님 앞에 가 있을 것을 믿고 영광과 찬양을 돌립니다.

다시는 병으로 죽는 일이 전혀 없는 신령한 몸으로 태어나 주님 오시는 날 우리와 다시 만날 소망 중에서 존경하고 사랑하는 고 ○○○성도님과 작별하는 시간이 되게 하옵소서. 특별히 후손들이 고 ○○○성도님의 믿음을 본받아 부활의 새아침을 기다리면서 더 열심히 신앙생활하도록 붙들어 주옵소서.

목사님을 통해 말씀을 들을 때 아멘으로 화답하는 은혜가 넘치게 하시고, 산역하는 마무리까지 주님이 도와주옵소서.

예수님의 이름으로 기도드립니다. 아멘 (수)

하관예배기도

하늘에 계신 아버지 하나님!
일찍이 교회의 중직으로 세움 받아서 충성, 봉사해오시다가 (   )세로 생을 마감한 고 ○○○성도님이 아버지께 받은 영은 이미 아버지께로 돌아갔고, 흙으로 난 육체는 이제 흙으로 돌아가는 절차에 따라 많은 유가족들과 친지, 성도들이 침통한 마음을 가지고 하관예배를 드리오니 이 예배를 받으시고 하늘문을 여시사 신령한 은혜를 충만히 내려 주옵소서.
내세를 알지 못하는 믿음 없는 자들은 무덤이 삶의 종말로 생각하지만, 영생과 부활을 믿는 우리에게는 천국 입성의 표인 줄로 압니다. 고 ○○○성도님은 "나는 부활이요 생명이니 나를 믿는 자는 죽어도 살겠고 무릇 살아서 나를 믿는 자는 영원히 죽지 아니하리니"(요 11:25~26)라는 주님의 말씀 붙잡고 살다가 부활의 소망을 간직한 채 주님 앞에 갔사오니 여기 모인 유족들과 성도들이 위로와 평강을 얻게 하옵소서.
생명의 부활로 사망 권세를 이기신 우리 주님만이 우리의 왕이시며 하나님의 아들이시고 인류의 주재이심을 믿어 의심치 않나이다. 유가족들과 우리 성도들도 이 부활의 주님, 생명의 주님을 믿사오니 부활의 아침에 영광 속에 만날 것을 다짐하면서 하산하게 하옵소서.
세상 끝날까지 우리와 함께하시마 언약해 주신 주님께서 모든 유가족과 성도들 위에 함께하여 주시고, 이 예식도 은혜 중에 마치게 하옵소서.
예수님의 이름으로 기도드립니다. 아멘   (수)

하관예배기도

부활의 첫 열매가 되신 주님!

우리의 육신은 연약하여 죽을 수 있으나 우리의 영혼은 영원히 살아갈 것임을 믿사옵나이다.

베드로 사도는 고백하기를 "우리 주 예수 그리스도의 아버지 하나님을 찬송하리로다 그의 많으신 긍휼대로 예수 그리스도를 죽은 자 가운데서 부활하게 하심으로 말미암아 우리를 거듭나게 하사 산 소망이 있게 하시며 썩지 않고 더럽지 않고 쇠하지 아니하는 유업을 잇게 하시나니 곧 너희를 위하여 하늘에 간직하신 것이라"(벧전 1:3~4)고 하였사온데 여기 묻힐 하나님의 백성인 고 ○○○성도님은 거듭난 심령으로 살았사오며 산 소망을 갖고 살다 가셨으매 쇠하지 아니하는 기업을 상급으로 받으실 것을 믿나이다.

하늘에 간직한 기업은 하나님의 나라임을 우리가 믿나이다. 모든 수고를 그치고 오직 하나님께 소망을 둔 성도이기에 우리의 슬픔을 믿음으로 돌리며 위로를 주님께 구하옵나이다.

사랑하는 이를 이 산중에 매장하고 가야 하는 모든 유족과 성도들이 말씀으로 위로받게 하시고, 우리 하나님께 영광을 돌리게 하시옵소서.

인생은 누구나 한 번은 이 길을 가야 하는데, 영원한 하나님 나라에서 먼저 간 성도를 기쁜 얼굴로 만날 수 있도록 믿음으로 죽음을 예비하는 저희들이 다 되게 하옵소서.

예수님의 이름으로 기도드립니다. 아멘 (수)

하관예배기도

부활이요, 생명이신 주님!
주님을 믿고 구원 얻은 백성은 죽어도 살고, 살아서 믿을 때 이미 영생의 삶을 누리는 것을 생각하면서 하나님 아버지께 영광과 찬양을 돌립니다.
인생은 그 호흡이 끝이 나면 영혼은 하나님께 가고, 육신은 흙으로 지음받았기에 다시 흙으로 돌아가는 것이 당연한 일로 압니다.
이제 하나님의 창조질서를 따라 고 ○○○권사님의 시신을 땅에 묻으려 합니다. 사랑하는 유가족들의 슬픈 마음을 위로하시고, 자비로운 손으로 눈물을 씻어 주옵소서. 부활의 첫 열매가 되신 우리 주님 재림하실 때 무덤이 열리고 부활하실 것을 믿으며 주 안에서 위로와 소망을 누리게 하옵소서.
도르가와 같이 구제와 선행에 본이 되셨던 권사님, 기도의 어머니로 병자와 환난 중에 있는 성도들을 위해 눈물로 기도하고 격려해 주시던 다정다감했던 권사님의 못다 한 일은 이제 저희들의 몫으로 남았사오니 잘 감당하도록 도와주옵소서.
주검 앞에서 숙연한 마음으로 인생의 조물주 되시는 여호와 우리의 하나님을 기억하는 기회가 되게 하시옵소서. 집례하는 목사님에게 성령으로 함께해 주옵소서.
예수님의 이름으로 기도드립니다. 아멘　　　　　　　　　　(수)

하관예배기도

하늘에 계신 하나님 아버지! "주께서 낯을 숨기신즉 그들이 떨고 주께서 그들의 호흡을 거두신즉 그들은 죽어 먼지로 돌아가나이다"(시 104:29)라고 시편 기자가 말씀하셨듯이 사는 것과 죽는 것이 다 주의 손에 있음을 알게 하옵소서.

인간은 넘어지는 흙 같아서 다시 세울 수 없나이다. 병마를 피할 수 없고 사고를 면할 수도 없으며 죽음은 더욱 숨을 수가 없나이다.

주여! 우리 주님께서 낯을 숨기셨나이까? 저희 호흡을 취하셨나이까? 우리 유약한 인생은 그 앞에 무릎을 꿇고 숨을 거두나이다.

주의 크신 손을 펴사 여기 모인 모든 성도들과 불신자들 누구 하나 버리지 마시고 믿어 구원의 반석에 숨기시옵소서.

주님, 평생 동안 고락을 함께했던 가족들과 사랑으로 섬기던 성도들이 고 ○○○성도님의 시신을 이 동산에 매장하기에 앞서 마지막으로 예배를 드립니다.

고 ○○○성도님께서 가신 하나님 나라는 눈물이 없고 근심도 없으며 아픈 것이나 곡하는 것이 없는 곳에서 영광 중에 안식을 누리는 모습을 믿음의 눈으로 바라보면서 위로받게 하옵소서.

운명하시는 순간부터 오늘 장례를 마치기까지 도우시고 함께해 주신 주님께서 이 가정을 항상 지키시고 붙들어 주옵소서.

절망을 소망으로 바꾸어 주시는 우리 주 예수님의 이름으로 기도 드립니다. 아멘   (수)

하관예배기도

영화로우신 주 하나님 아버지시여, 오늘 이 하관예배를 통해서 영광과 존귀를 홀로 받으시옵소서. 사랑하는 형제의 생애를 통하여 일하시고 하나님의 나라를 세워가신 주님의 섭리를 감사드립니다.

주 하나님 아버지여, 그동안 깊은 병상의 생활에서도 믿음의 연단을 받게 하시고, 육체의 고통 가운데서도 소망과 평강 안에서 이겨내게 하신 것을 감사드립니다.

사랑의 주 하나님, 그동안 고인을 간호하면서 수고하신 유족들을 주님이 위로해 주시고 하나님 나라의 평강으로 채우시며 강하고 담대한 믿음으로 굳건하게 세워 주시옵소서.

소망의 주께서 그동안 잃어버린 시간을 회복시켜 주시며, 잃어버린 재물도 채워 주시고, 질고를 통하여 못다 한 일들도 다 채워가게 하시옵소서.

주의 종은 질고도 없고 사망이나 아픔도 없는 영원한 안식의 나라에 들어간 것을 믿고 위로를 받습니다. 하나님께서 죽음을 통하여 우리의 질고를 온전히 치유해 주신 것을 찬양합니다.

주 하나님 아버지여, 고인이 못다 한 일들을 이제는 자손들이 이어가게 하옵소서. 무엇보다 믿음의 유산을 이어받게 하시고, 자손만대에 신앙의 가문으로 이어가게 하시며, 땅 위에서 복의 근원이 되는 삶을 살게 해주옵소서. 의인의 후손이 창대하고 흥왕하는 복을 주시고 주님의 이름을 높이게 하옵소서.

주 예수 그리스도의 이름으로 기도합니다. 아멘 (호)

하관예배기도

  살아계신 주 하나님 아버지시여, 사람들 중에 생로병사의 인생고를 이길 자는 아무도 없사오며 묵묵히 당하지 않고는 안되는 불가항력의 사실 앞에서 오늘 고 ○○○성도의 하관예배를 드립니다.
  주님의 사랑받는 종이 오랜 투병 중에서도 하나님께 찬송과 감사를 드리게 하신 것을 기억하옵니다.
  이제 땅 위에서 고인의 시신을 안장하는 이 시간 주께서 약속하신 소망을 가지면서 위로를 받습니다.
  영광의 주 하나님 아버지시여, 부활과 생명이 되셔서 죽은 자도 살게 하시며 살아서 믿는 자는 영원히 죽지 않게 하신다는 주님의 말씀을 믿습니다. 마지막 부활의 날에 고인의 영혼과 육체가 함께 부활하여 영생을 누릴 것을 믿으면서 영광을 돌립니다.
  사랑의 주 하나님이여, 고인이 떠난 그 자리를 주께서 채워 주시고, 아버지께서 그 가정에 주가 되셔서 연약할 때마다 붙잡아 주시옵소서. 또한 슬픈 마음을 위로해 주시고 늘 성령의 기쁨으로 충만케 하시옵소서.
  자비와 긍휼이 풍성하신 하나님 아버지여, 사람이 흙에서 나서 흙으로 돌아가는 창조의 명령 앞에 우리가 묵묵히 순종합니다. 주님, 유족들에게 새로운 출발과 도약의 계기가 되도록 주님께서 앞길을 인도해 주시고 때마다 일마다 도와주시기를 간절히 원합니다.
  주 예수 그리스도의 이름으로 기도합니다. 아멘   (호)

하관예배기도

시간과 역사의 주인이신 하나님 아버지시여, 오늘의 하관예배를 통하여 영광과 존귀를 받으시옵소서. 시간 속에서 나서 일생을 살다가 역사 속에서 흙으로 돌아가는 이 형제의 생애를 통하여 하나님께서 역사하신 줄을 믿습니다.

영생의 시간 앞에서 한 점에 불과한 우리가 흙으로 돌아가면서 하나님께 찬송하게 하신 것 감사드립니다. 하관예배의 절차는 고인과의 마지막 이별이지만 하나님 나라에서의 영원한 만남이 기다리고 있는 줄을 믿습니다.

저희를 긍휼히 여기시는 하나님, 우리가 애타하고 슬퍼하는 이유는 고인을 사랑하고 아꼈기 때문입니다. 그러나 훗날의 만남은 더 깊은 환희가 있을 줄 기대하면서 위로받기를 원합니다.

길이요 진리요 생명이신 주 하나님 아버지여, 고인은 주께서 열어 놓으신 그 길로 하나님 나라에 이르신 줄을 믿습니다. 우리 성도들은 믿음으로 얻은 구원의 영광을 바라봅니다. 주께서 저희들의 눈물을 씻기시며 수고한 보상을 내리시는 줄 믿고 찬양을 드립니다.

주님은 영원히 죽지 않는 생명의 주님이시기에, 주 안에서 죽은 자들이 그 생명을 누리게 하신 것을 찬양합니다. 고인과의 사별은 비록 슬픈 일이지만 유가족들에게 주님이 주시는 고갈되지 않는 은혜로 위로받고 용기 얻어 하나님 나라를 바라보는 소망을 갖고 살아가도록 인도해 주옵소서. 또한 유족들에게 고인의 충직한 삶을 본받아 이어가게 하여 주옵소서.

주 예수 그리스도의 이름으로 기도합니다. 아멘   (호)

하관예배기도

영원하신 주 하나님 아버지시여, 고인의 병상에서 인간의 연약함을 보았고, 마침내 하관하는 자리에까지 이르는 인생의 허무함을 보면서 하관예배를 드립니다.

이 땅의 수많은 질병 가운데 인간이 극복할 수 있는 질병도 있지만 극복되지 않는 질병도 있습니다. 고 〇〇〇성도가 죽음의 길을 간 것은 모든 사람이 가는 인생길이기에 절망하지는 않으면서도 사별의 아픔은 어쩔 수 없습니다.

은혜가 풍성한 하나님 아버지, 유족들에게 신령한 복을 내려 주옵소서. "여호와를 경외하며 그의 길을 걷는 자마다 복이 있도다"(시 128:1)라는 말씀대로 하나님을 경외하고 그 말씀대로 사는 복을 내려 주옵소서.

인생이 하나님을 아는 것은 인생의 주인을 아는 것과 같사오며 인간의 당연한 의무요 최고의 복된 일임을 믿습니다.

하나님 아버지, 유족들 가운데 창조주 하나님을 알지 못하는 분이 있다면 불신의 삶에서 구원하여 주옵소서. 고인을 잃은 슬픔을 극복할 수 있도록 하나님의 긍휼과 자비를 베풀어 주시옵소서.

하나님 나라는 슬픔과 고통과 죽음이 없는 영광의 곳이기에, 이 땅에서 당한 질병의 안전한 치유임을 믿습니다. 하관의 순간에 유족들이 다시 한번 창조주 하나님을 믿고 의지하는 은총을 내려 주시옵소서.

하나님의 위로로 슬픔을 극복하는 은혜로운 삶을 살아가길 비옵니다.

주 예수 그리스도의 이름으로 기도합니다. 아멘 (호)

하관예배기도

긍휼과 자비가 풍성하신 하나님 아버지여, 오늘의 하관예배를 통하여 찬양과 영광을 받으시옵소서. "너는 흙이니 흙으로 돌아갈 것이니라"(창 3:19)는 말씀대로 창조자의 정하신 법칙을 좇아 흙으로 돌아갑니다. 영광의 그날에 부활의 몸으로 다시 볼 것을 바라면서 위로를 받습니다.

하나님 아버지, 고인을 보내고 슬퍼하는 유족들에게 하늘의 평강과 위로로 가득 채워 주시옵소서. 또한 주께서 이 가정의 주인이 되셔서 주님 오실 때까지 지켜 주시고 필요한 것을 때때로 채워 주시옵소서.

오늘보다 더 나은 은혜의 길로 인도하여 주옵소서. 오늘의 슬픔이 변하여 기쁨이 되고 오늘의 좌절이 변하여 소망이 되게 해주옵소서. 하나님 아버지, 하관의 시간에 둘러서 있는 우리에게 들려주시는 하나님의 음성을 듣습니다. 너는 언제 죽을 것인가? 너는 무엇을 하다가 죽을 것인가? 너는 무엇을 남기고 천국에 갈 것인가?

주여, 이러한 질문에 대해 믿음으로 응답하며 살게 하시고, 고인이 못다 한 일을 자손들이 이루게 하옵소서.

하나님 아버지, 영원자이신 하나님의 시간 속에 잠깐 살다 가는 우리들입니다. 그동안에 예수 믿고 주 안에서 일하다가 하나님께 부름 받는 복을 누리게 하옵소서.

사고 많은 이 땅 위에서 나의 생명과 생애를 다 주님께 맡기고 순종하며 살게 하옵소서.

주 예수 그리스도의 이름으로 기도합니다. 아멘 (호)

하관예배기도

저희와 항상 동행하시는 주님, 장례식장을 떠나 이곳 장지까지 함께하시고 운구에도 함께하심을 감사 드리나이다.

이제 고인의 육신을 안장하면서 예수님께서 부활하셨을 때의 일을 생각하나이다. "무덤들이 열리며 자던 성도의 몸이 많이 일어나되 예수의 부활 후에 그들이 무덤에서 나와서 거룩한 성에 들어가 많은 사람에게 보이니라"(마 27:52~53). 주님께서 재림하실 때 이 무덤이 열리고 고인의 몸이 일어나 영화로운 부활 승리를 얻을 줄로 믿나이다. 우리도 항상 기도하고 깨어 있어서 참고 기다리며 보좌 앞으로 나아가는 생활을 하게 하옵소서. 주님께서 천사들을 세계 만국 모든 곳에 보내어 구원 얻은 성도들을 모을 때 그 앞으로 나아가기에 부족함이 없는 존재들이 되게 하옵소서.

하나님, 저희가 영원한 나라에서 고인을 다시 만날 때까지 저희와 함께 계시며 훈계로 인도하시고 사망 권세 이기도록 지켜 주옵소서. 이 자리에 있는 유족들과 믿음의 형제 자매들 가운데 영원한 나라에서 다시 만나지 못하는 이가 없게 하옵소서. 또한 이 자리에 아직 믿지 않은 이가 있으면 믿음의 반열에 서게 하셔서 영생의 길을 걷게 하옵소서. 고인의 관 위에 흙을 던지며 작별을 고합니다. 우리도 흙에서 왔다가 흙으로 가는 존재임을 알게 하여 주옵소서.

장례를 마치고 돌아가는 길에도 함께하여 주시고 유족들이 고인이 없는 집에 들어갈 때 견디기 어려운 허전함으로 슬픔이 더하여지겠으나 성령께서 그 허전함을 채워 주옵소서.

예수님의 이름으로 기도합니다. 아멘 (지)

하관예배기도

주여, 이 시간에 천국에 대한 믿음과 소망이 새로워지게 하옵소서.
그곳에는 눈물이 없는 것을 믿나이다.
그곳에는 사망이 없는 것을 믿나이다.
그곳에는 애통하는 것이나 곡하는 것이 없는 것을 믿나이다.
무엇보다도 그곳에는 아픈 것이 다시 있지 않음을 믿나이다(계 21:4~5).
그곳에는 하나님이 친히 함께 계심을 믿나이다.
그곳에는 "보라 내가 만물을 새롭게 하노라" 하는 주님의 음성이 있음을 믿나이다.
그곳에는 생명수 샘물이 있음을 믿나이다(계 21:3, 6).
그곳에는 생명수 강이 길 가운데로 흐름을 믿나이다.
그곳에는 생명나무가 있어 열두 가지 열매를 맺는 것을 믿나이다.
그 나무 잎사귀들은 만국을 치료하기 위하여 있음을 믿나이다.
그곳에는 다시 저주가 없음을 믿나이다.
그곳에는 밤이 없음을 믿나이다.
그곳에는 등불과 햇빛이 쓸데없음을 믿나이다(계 22:1~5).
고인의 육신은 이곳에 안장되지만 고인의 영혼은 이와 같은 좋은 곳, 천국에 가 있음을 믿게 하옵소서.
그 믿음으로 슬픔을 이기게 하옵소서.
예수님의 이름으로 기도합니다. 아멘   (지)

하관예배기도

　영원한 위로와 좋은 소망을 은혜로 주신 아버지 하나님, 육신의 질병으로 고통 가운데 있다가 이제 하나님의 품에 안긴 고 ○○○성도를 안장하기 위해 여기 모인 유족들의 마음을 위로하시고 선한 일과 말에 굳건하게 하옵소서.

　고인을 안장함에 있어서 우리가 소망 없는 다른 사람들과 같이 슬퍼하지 않게 하옵소서. 예수께서 죽으셨다가 다시 살아나셨음을 믿는 부활신앙이 소망의 근원이 되게 하옵소서. 주께서 호령과 천사장의 소리와 하나님의 나팔 소리로 친히 하늘로서 강림하실 때 그리스도 안에서 죽은 자들이 먼저 일어날 것을 믿나이다(살전 4:16).

　주님, 고 ○○○성도가 이 세상에 있을 때 성령을 위하여 많은 것을 심기에 힘썼음을 저희가 아나이다. 그로 인해 고 ○○○성도가 성령으로부터 영생을 거둔 것을 또한 믿나이다. 저희도 육체를 위하여 심는 자가 되지 말고, 고인과 같이 성령을 위하여 심는 자가 되게 하옵소서. 그리하여 살아서는 사랑과 희락과 화평과 오래 참음과 자비와 양선과 충성과 온유와 절제의 열매를 맺게 하시고(갈 5:22~23), 이 세상을 떠날 때는 영생을 거두게 하옵소서.

　하나님 아버지, 고인이 살아생전 그를 치료하기 위해 힘쓴 의료관계자들과 장례를 도운 모든 이들과 특히 여기에서 산역(山役)의 수고를 하고 있는 분들을 기억해 주시고 하나님의 사랑으로 함께하여 주옵소서.

　매장의 절차를 도우셔서 첫 성묘 때에 잘 다듬어진 무덤을 보게 하옵소서.

　예수님의 이름으로 기도합니다. 아멘　　　　　　　　　　　(지)

하관예배기도

이 세상에 계실 때 머리 둘 곳도 없었으며 쉴 시간도 없으셨던 주님, 십자가의 길을 걸으신 주님!

우리가 걷는 인생길은 괴로운 길이고 평안히 쉬일 곳이 없는 길이며, 곳곳에 걱정과 고생이 있는 가시밭길임을 고백합니다.

인간이 겪는 고통들 가운데에서도 큰 고통의 하나인 병고에 시달리던 고 ○○○성도가 그 호흡이 다하여 이제 장례 절차에 따라 땅에 묻으려 하나이다.

사랑하는 사람을 다시 대할 수 없는 것은 슬픈 일이오나 주여, 고인이 더 이상 고통을 받지 않고 안식을 누리게 되었음을 생각하며 위로를 얻게 하옵소서. 고통의 바다에서 질병이라는 풍파에 시달리다가 이제 안식의 항구에 닻을 내리게 되었음을 알게 하옵소서.

고인이 병으로 고통받는 모습을 보고 우리 모두 안타까워하며, 그 고통을 나누어 갖기 원했으나 이제 병마는 고인을 더 이상 괴롭히지 못하게 되었나이다. 고 ○○○성도의 순례의 길, 나그네의 삶이 끝났음을 알게 하옵소서.

임종과 입관과 조문과 발인과 이곳 장지까지 오는 길과 이제 고인을 안장할 이곳까지 운구하는 모든 일이 순조롭게 하여 주심을 감사드립니다. 날씨도 순조롭게 주관하여 주심을 감사드립니다. 고인이 병석에 누웠을 때부터 여기에 이르기까지 돕는 손길들을 보내 주셔서 적절한 도움을 받게 하신 것을 감사드립니다.

매장하는 일도 정성을 다함으로 고인에 대한 마지막 예의가 되게 하옵소서.

예수님의 이름으로 기도합니다. 아멘 (지)

하관예배기도(사고사)

　전지전능하시며 인간들의 생사화복을 주관하시는 살아계신 하나님, 아무도 예기치 못했던 사고로 인해서 갑자기 주님의 부르심을 받은 고인의 시구를 흙으로 다시 돌려보내야 하는 엄숙한 자리에 저희들이 섰습니다.

　주님을 사랑했고 교회를 위하여 누구보다 충성했던 고인이 무엇 때문에 이처럼 예기치 않은 사고로 인해서 뜻하지 않은 죽음을 당해야 했는지 저희들은 도저히 하나님의 뜻을 헤아릴 길이 없습니다.

　하지만 참새 한 마리가 죽는 것까지도 하나님이 허락지 않으시면 이루어지지 않는다 하신 말씀처럼, 이 죽음도 우연히 일어난 사건이 아니라 하나님의 깊고 오묘하신 뜻과 섭리가 있을 줄 믿습니다. 아직도 사랑하는 이의 죽음 앞에서 슬픔을 이기지 못하고 있는 유족들을 주님께서 불쌍히 여겨 주시기를 원합니다. 그 심령에 성령의 위로가 함께 하시고, 인간의 그 어떤 말로도 위로할 수 없는 고인의 죽음에 대한 슬픔을 주님의 위로를 통하여 극복할 수 있게 해주옵소서.

　이제 하관예배를 끝으로 저희들은 고인의 얼굴을 다시 볼 수도 없고, 고인의 체취도 맡을 수 없게 되지만, 이것이 결코 끝이 아닌 줄을 믿습니다.

　흙으로 지어졌던 고인의 육신을 흙으로 다시 돌려보내면서, 천국에서 고인을 다시 만날 그날까지 이 자리에 함께한 유족과 친지들도 고인이 가셨던 믿음의 길을 걸어가게 하여 주시옵소서.

　예수님의 이름으로 기도드립니다. 아멘　　　　　　　　　　(남)

하관예배기도(사고사)

생명의 근원이 되시는 살아계신 하나님, 흙으로 지어진 저희 인생들은 모두 다 하나님께로부터 왔다가 언젠가는 하나님 앞으로 돌아가야 할 인생들입니다.

그럼에도 불구하고 이 세상에서 천년만년 살 것처럼 계획을 세우고 땀 흘려 일하며 살아가지만, 주님이 오라고 부르실 때에 모든 것을 놓아둔 채 돌아가야 할 존재라는 사실을 고인의 죽음을 통해서 다시 한번 확인하게 됩니다.

모든 사람에게 귀감이 될 만큼 성실하게 사셨고, 삶을 통해서 하나님의 존재와 자신의 신앙을 증거했던 고인이, 뜻하지 않은 사고로 인해 갑자기 맞이한 죽음 앞에 저희들은 할 말을 잃습니다.

그리고 고인이 세상에 계실 때, 형제로서의 사랑을 제대로 베풀지 못했고, 마음을 열어서 더 가까이 다가가지 못했음을 생각하면서 안타까운 마음으로 하나님 앞에 참회합니다.

고인의 시신을 흙으로 다시 돌려보내는 이 시간, 성령께서 이 자리에 임재하셔서 슬퍼하는 모든 이들의 마음을 위로하여 주시고, 주님을 향한 믿음과 소망을 더욱 굳세게 하여 주옵소서.

그리고 고인이 당한 사고를 생각하면서, 우리 모든 인생은 미래가 언제 어떻게 전개될지 한치 앞을 보지 못하는 연약하고 무력한 존재라는 사실을 다시 한번 마음에 새기게 하옵소서. 주님께서 언제 오라고 하실지라도 부끄럽지 않은 모습으로 주님 앞에 설 수 있도록 후회 없는 삶을 살게 하여 주시옵소서.

부활과 생명 되신 예수 그리스도의 이름으로 기도합니다. 아멘(남)

하관예배기도(사고사)

전능하시고 사랑이 많으신 하나님 아버지, 은혜와 사랑을 인하여 감사합니다. 이 시간 이 자리는 믿음이 없고 장래의 소망이 없는 사람에게는 기가 막히는 듯한 처절함을 금할 길 없어 망연자실할 수밖에 없지만 우리에게 믿음 주셔서 전능하신 하나님 아버지께 기도드리게 됨을 감사합니다.

하나님 말씀에 "여호와께서 너를 실족하지 아니하게 하시며 너를 지키시는 이가 졸지 아니하시리로다 이스라엘을 지키시는 이는 졸지도 아니하시고 주무시지도 아니하시리로다 여호와는 너를 지키시는 이시라 여호와께서 네 오른쪽에서 네 그늘이 되시나니 낮의 해가 너를 상하게 하지 아니하며 밤의 달도 너를 해치지 아니하리로다 여호와께서 너를 지켜 모든 환난을 면하게 하시며 또 네 영혼을 지키시리로다 여호와께서 너의 출입을 지금부터 영원까지 지키시리로다"(시 121:3~8)라고 하신 약속의 말씀을 의지하며 살아온 고인의 영혼을 지키실 줄 믿습니다.

또한 불의의 사고로 인한 고인의 사망에 대한 신앙적 해답을 깨닫게 해주옵소서.

하나님께서 말씀하시기를 "내 아들아 여호와의 징계를 경히 여기지 말라 그 꾸지람을 싫어하지 말라 대저 여호와께서 그 사랑하시는 자를 징계하시기를 마치 아비가 그 기뻐하는 아들을 징계함 같이 하시느니라"(잠 3:11~12)고 했습니다. 이 불행한 사태를 믿음으로 수용할 때에는 불행이 크나큰 복으로 바뀌어질 줄 믿습니다.

이런 성경에 확실한 근거에 의한 믿음으로 말미암아 모든 일이 더 좋은 미래로 전개되길 예수님의 이름으로 기도합니다. 아멘   (우)

하관예배기도(사고사)

　사랑이 많으신 우리의 아버지 하나님, 감사합니다.
　저희들이 손을 놓고 낙심하고 절망에 빠져 있을 만큼 어려움에 처해서 전능하신 하나님께 부르짖어 간구할 수 있는 은총을 베풀어 주심을 감사합니다. 우리와 함께 신앙생활을 하던 고 ○○○성도의 하관예배를 드립니다.
　하나님, 불의의 사고로 인한 고인의 죽음이 믿음생활을 잘했던 신앙인이기에 믿지 않는 일가 친척들의 냉소적인 빈정거림과 하나님께 버림받은 것이 아니냐는 말들도 있을 것입니다. 뿐만 아니라 우리들 안에서 솟구치는 의심의 안개가 있을 수 있습니다. 이 모든 의문들을 하나님께서 친히 깨닫게 해주셔서 주의 영광이 가리워지지 않게 하옵소서.
　하나님 아버지, 고인은 우리의 곁을 영구히 떠나지만 그리스도 안에서 다시 사실 것을 믿습니다. 이 소망을 갖고 기뻐하며 위로받게 하옵소서. 이 시간 우리 성도와 유족들은 고인에 대하여 후회되는 일들이 많이 있습니다. 후회한들 아무런 소용이 없음도 압니다. 이 자리에 서 있는 우리 모두, 인생의 남은 날들이 얼마나 될런지 모르지만 서로 사랑하면서 후회할 일들을 줄이고 하나님이 기뻐하시고 인정해 주시는 삶을 살게 하옵소서. 우리가 이제까지 살아온 인생은 비록 후회되는 일이 많사오나 고인의 하관예식을 지켜보면서 길과 진리와 생명이신 예수님을 따라 후회 없고 허무하지 않은 인생을 살겠노라고 다짐하게 하옵소서. 흙으로 돌아갈 육신을 위해 살지 않고 하나님의 영광과 이웃을 위해 살게 하옵소서.
　예수님의 이름으로 기도합니다. 아멘　　　　　　　　　　(우)

하관예배기도(사고사)

　태초에 천지를 지으시고 모든 것 가운데 사람을 지으신 후 크게 기뻐하신 하나님, 지금도 우리의 하나님은 하나님의 사람에 대하여 같은 사랑으로 기뻐하심을 압니다. 하나님의 사람으로 이 땅에 사시던 고인이 갑작스런 부르심을 받아 주님의 곁으로 가셨습니다. 이제 고인은 인간이 본래 왔던 곳으로 돌아갑니다.
　비록 고인의 육체는 이 땅에 모시지만 하나님은 이미 그의 영혼을 하나님의 새 땅에 영접해 주신 것을 확신합니다. 하나님께서 새 하늘과 새 땅을 예비하시고 하나님의 사람들을 영접하며 살게 하심을 감사합니다. 이미 고인의 영혼은 새 하늘과 새 땅에 가 계시며 하나님과 영원히 함께 사는 것을 확신합니다. 이 새 하늘과 새 땅을 예비하기 위하여 우리 예수님은 하늘에 오르시고 우리를 위하여 처소를 예비하면 다시 와서 우리도 그곳에 있게 하리라고 하셨습니다.
　다시는 세상과 같은 고통도 사망도 눈물도 없는 안전한 하나님 나라에서 살게 되실 고인을 생각하며 유족들이 위로받게 하소서. 갑작스럽게 우리의 곁을 떠나 한없는 실망과 아픔이 있지만 우리 주님 또한 세상에 갑자기 오심으로 우리도 머지않아 하나님 나라에서 고인을 만나게 될 것을 우리는 압니다.
　주님, 이 자리를 떠나기 전에 유족들과 우리 모두에게 주님의 부활이 우리의 부활로 믿어지는 은총을 주소서. 주님의 부활과 더불어 고인이 마지막 나팔에 순식간에 부활할 것을 믿게 하시고, 우리도 그 부활의 나팔 소리가 울릴 때 참여자가 되게 하소서. 절망하며 돌아가는 발걸음이 아닌 소망의 발걸음으로 이 산을 내려가게 하소서.
　예수님의 이름으로 기도합니다. 아멘　　　　　　　　　　　(희)

하관예배기도(사고사)

부활의 소망을 주신 주님, 우리는 예수님께서 죽었다가 다시 사심을 믿습니다. 우리가 다 잠잘 것이 아니요, 주님이 다시 오실 때에 아름다운 찬양과 함께 오시며 그 찬양에 우리 모두가 다시 살 것을 믿습니다.
예수님 안에서 자는 이들이 다시 깨어 영원히 잠들지 않는 나라에 들어갈 것을 믿습니다. 이 믿음 주신 주님께 영광과 감사를 드립니다.
살아 남아 있는 우리보다 먼저 세상을 떠나셨기에 우리보다 먼저 부활의 영광에 참여할 것을 믿습니다.
지금은 이 세상의 차가운 땅에 고인의 육체를 모시지만 영원히 빛나는 아름다운 새 땅에서 다시 부활할 것을 믿습니다. 여기에 모여 고인을 사모하며 아쉬워하는 유족들과 우리 모두에게 하늘의 큰 소망으로 채워 주소서.
예수님을 사랑하는 마음에 무덤에 갔다가 예수님 부활의 첫 목격자가 되었던 막달라 마리아처럼 고인을 하관하는 이 자리에 모인 우리 모두가 예수님 다시 오실 때에 재림의 첫 목격자가 되기를 원합니다. 예수님의 재림 때, 첫 부활에 참여하는 자가 되게 해주소서.
예기치 못한 사고와 환난이 매일 우리의 삶을 엄습하는 이때에 불의의 사고로 먼저 부름받은 고인을 떠나보내고 경황없이 장례식을 치른 유족들에게 위로의 성령께서 충만하게 임재하여 주소서. 그리하여 마음 깊이 주님을 의지하고 주님의 인생에 대한 뜻을 이해하고 주님의 계획에 순종하는 마음을 주소서.
예수님의 이름으로 기도합니다. 아멘 (희)

하관예배기도(사고사)

인간의 생사화복을 주장하시는 하나님 아버지! 예측하지 못한 상황으로 인해 갑자기 닥친 일을 치르면서 하나님의 생각은 사람의 생각과 다름을 우리는 알게 되었습니다. 이같이 어려움을 주심도 하나님의 뜻과 섭리 가운데 이루어지는 것임을 믿사옵니다.

환난 중에도 감사하옵기는 예수 그리스도로 말미암아 우리에게 사망을 이기게 하시고, 영원한 천국을 소유하게 해주신 것을 생각할 때 영광과 찬양을 돌립니다.

어떤 경우에든지 주님을 의심하지 말게 하시옵고, 어려운 일을 당할수록 주님을 더욱 의지하게 하시옵소서.

하나님의 도성은 "그 성은 해나 달의 비침이 쓸 데 없으니 이는 하나님의 영광이 비치고 어린 양이 그 등불이 되심이라"(계 21:23)고 말씀하셨습니다. 지상에는 밤이 있사옵고 동시에 죄악의 밤도 깊었사오나 주님은 빛이시매 그 나라는 하나님의 영광이 비칠 뿐이므로 등이 되시는 주님과 함께 사랑하는 고 ○○○성도는 쉼을 누리고 계심을 믿사옵나이다.

지상에 그 수고를 끝낸 고 ○○○성도가 이제 영광의 나라에서 쉬기 위하여 이 동산에서 영면에 들겠사오니 슬픔 중에 있는 유가족이나 여기 모인 모든 성도들도 이 말씀으로 위로받게 하시고 영원한 본향을 사모하게 하시옵소서.

이 장례예식이 은혜 중에 잘 마치도록 주님께서 인도해 주시기를 원하옵고 예수님의 이름으로 기도드립니다. 아멘   (수)

하관예배기도(사고사)

　자비로우신 하나님 아버지시여, 오늘 고 ○○○성도의 하관예배를 드리면서 다시 한번 하나님의 섭리 앞에 복종하며 감사와 찬양을 드립니다. 죽음은 다시 돌아오지 못하는 길임을 알면서도 다시금 기대와 아쉬움으로 슬픔을 느낍니다.

　하나님 아버지, 불의의 사고 중에서도 우리를 주목하시고 누구에게나 당할 수밖에 없는 한계 앞에서 하나님의 인도를 바라나이다. 종이 주인의 손을 바라는 마음같이 주 여호와를 바라나이다. 유족들의 슬픔과 좌절을 아시는 주님께서 하나님의 평강과 위로로 채워 주시옵소서.

　인생을 지으시고 불러 가시는 하나님의 손길 앞에 거역할 자 아무도 없나이다. 주님께서 위로를 베풀어 주옵소서.

　하나님 아버지, 인간이 겪는 일은 우리가 다 이해할 수 있는 것이 아니므로 우리는 모든 삶을 하나님께 맡기나이다. 주여, 긍휼과 자비를 베풀어 주시옵소서. 유족들에게 죽음의 공포를 해소해 주시고 슬픔을 극복하는 슬기와 용기를 더하여 주시옵소서.

　특별히 여종에게 긍휼을 베푸셔서 아이들을 보살피며 살아가는 용기와 지혜를 더하여 주옵소서. 아이들이 믿음으로 자라서 아버지가 못다 하고 간 일을 이루어 드리게 하옵소서.

　하나님 아버지, 고인의 영혼과 시신을 부활의 날에 다시 살리실 것을 믿습니다. 소망 안에서 굳건히 세워지게 하옵소서.

　주 예수 그리스도의 이름으로 기도합니다. 아멘　　　　　(호)

하관예배기도(사고사)

　우주의 만상을 통치하시는 하나님 아버지여, 오늘 하관예배를 통하여 살아계신 하나님의 존재를 다시 한번 기억하는 시간이 되게 하여 주옵소서.
　불의의 사고로 세상을 떠난 고인에게는 남겨진 유족들이 있나이다. 이들을 긍휼히 여기사 하나님은 반드시 살아계신다는 것을 믿게 하여주옵소서. 성령께서 그 마음을 열어 주옵소서.
　하나님 아버지, 그리스도 예수를 믿음으로써 구원받는 은혜를 저들에게 베풀어 주옵소서. 사람의 마음은 자신이 다스릴 수 없으며 부모나 형제 자매, 친구들이 믿게 할 수도 없나이다. 오직 성령께서 마음을 열어 주시고 예수를 영접하게 하옵소서. 오늘의 충격과 슬픔을 이길 수 있는 길은 믿음으로 하나님을 의지하고 순종하는 것뿐인 줄 압니다.
　우리를 긍휼히 여기시는 하나님 아버지, 이 하관의 자리에 참석한 모든 사람들이 하나님의 존재를 믿고, 당신의 다스리심을 받아들이게 하옵소서. 하나님은 만물을 지으시고 인간의 출생과 죽음을 다스리시는 주권자이심을 믿게 하옵소서. 나아가 말씀을 순종하며 살기를 기도합니다.
　하나님 아버지, 온갖 위험이 스쳐 지나가는 이 땅 위에서 하나님의 보호와 인도하심을 받으며 살아가기를 원합니다. 유족들을 지키시고 더 좋은 길로 이끌어 주옵소서. 때를 따라 위로를 베푸시고 필요한 것으로 공급하여 주시옵소서.
　주 예수 그리스도의 이름으로 기도합니다. 아멘　　　　　(호)

하관예배기도(사고사)

구하는 이마다 받을 것이요 찾는 이는 찾아낼 것이요, 두드리는 이에게는 열릴 것이라고 하신 주님(눅 11:10), 지금 저희가 위로를 구하오니 주실 줄 믿사오며 저희들의 마음을 여시어 주님께서 주시는 위로와 평안을 받아들이게 하옵소서.

사고로 세상을 떠난 고 〇〇〇성도의 죽음에 숨어 있는 하나님의 섭리와 사랑을 찾고자 하오니 찾게 하옵소서. 하나님의 오묘하신 비밀의 문을 두드리니 열어 주셔서 이 일에 담겨있는 하나님의 뜻을 알게 하소서.

주여, 저희들은 지금 땅을 열어 고인의 육신을 안장하고자 합니다. 하나님께서는 이미 천국문을 여시고, 고 〇〇〇성도의 영혼을 받아들이셨음을 믿나이다.

"평안을 너희에게 끼치노니 곧 나의 평안을 너희에게 주노라 내가 너희에게 주는 것은 세상이 주는 것과 같지 아니하니라 너희는 마음에 근심하지도 말고 두려워하지도 말라"(요 14:27)는 음성을 유족들이 받아들이게 하시고, 말씀 위에 서서 용기를 가지고 담대하게 이 세상을 살아가게 하옵소서.

요나가 고기 뱃속에 들어갔을 때 하나님께서는 그를 그곳에 오래 두지 않으시고 사흘 만에 다시 토하여 내게 하셨나이다. 이 무덤은, 고 〇〇〇성도가 영원히 머물 곳이 아니요, 부활의 날에 다시 일어나기 위해 잠시 머무는 곳임을 알게 하소서.

예수님의 이름으로 기도합니다. 아멘 (지)

하관예배기도(사고사)

고 ○○○성도의 영혼을 사랑하사 멸망의 구덩이에서 건지셨고, 그의 모든 죄를 주의 등 뒤에 던지신 주님(사 38:17), 고 ○○○성도가 독생자 예수 그리스도를 믿어 심판 받지 아니함을 감사 드리나이다.

고 ○○○성도가 세상의 빛인 예수님을 따라 살기에 힘써 어둠에 다니지 아니하고 생명의 빛을 얻게 하심을 감사 드리나이다. 또한 충성되고 지혜 있는 종으로 살게 하심도 감사 드리나이다.

주인이 올 때 충성되고 지혜 있는 종에게 그의 소유를 맡길 것이라고 하신 주님(마 24:47), 하나님 나라의 복을 고인에게 허락하신 줄 믿습니다.

갑작스런 사고로 육신의 호흡이 끊어진 고인의 유해를 장사 지내기 위해 우리가 이곳에 모여 이제 그의 육신을 캄캄한 땅속에 묻으려 하나 그의 영혼은 영원한 생명의 빛 가운데 거하고 있음을 믿으며 감사를 드립니다. 그의 영혼에 은총을 더하옵소서.

유족들에게는 위로와 용기와 소망을 더하옵소서.

저희들에게는 교훈을 더하옵소서.

언제 주님이 나를 부르더라도 후회와 아쉬움 없이 주님의 나라로 갈 수 있는 삶을 살아야 하겠다는 교훈을 얻게 하옵소서.

주님께서 주시는 하루하루가 내 생애 첫날인 것처럼 많은 것을 계획하고 또 그날이 내 생애 마지막날인 것처럼 성실과 최선을 다하겠다고 다짐하게 하옵소서.

'아멘 주 예수여! 어서 오시옵소서'하며 언제라도 주님을 영접할 수 있는 삶을 살게 하옵소서.

예수님의 이름으로 기도합니다. 아멘 (지)

하관예배기도(사고사)

시험받는 자들을 능히 도우시는 주님, 우리의 연약함을 동정하시며 우리와 똑같이 시험을 받으신 주님, 저희가 주님의 긍휼하심을 받고 때를 따라 돕는 은혜를 얻기 원하나이다(히 4:15~16).

지금은 주님의 특별한 도움이 필요한 시간이고, 이 자리에 머리 숙인 유족들은 주님의 특별한 도움이 필요한 자녀들이오니 오 주님, 특별하신 사랑으로 함께하여 주옵소서.

여기 누워 있는 고인이 사고로 세상을 떠난 것은 이해가 되지 않는 일이고 원망스러운 일임에 틀림이 없습니다.

주님, 우리가 이해되는 것들만이 진리가 아니옵고, 우리가 복을 받는 것만이 주님의 사랑이 아님을 알게 하옵소서.

우리가 이해할 수 없는 것에 더 큰 진리가 숨어 있고, 하나님의 은혜는 흰 보자기에 싸여 오기도 하지만 검은 보자기에 싸여 오는 경우도 많음을 알게 하여 주옵소서.

주님, 이제 고인의 육신을 땅속에 내리고 흙을 덮으려고 합니다. 흙을 덮을 때 우리의 슬픔도 함께 묻게 하옵소서. 특별히 남아 있는 원망이 있으면 함께 묻어 다시 드러나지 않게 하옵소서. 사고와 관련된 사람들을 원망하지 않고 이해하기에 힘쓰며 그들의 편에 서서 일을 처리하게 하옵소서. 여기 누워 있는 고인의 성품으로 볼 때 그가 그것을 원하고 있음이 분명하오니 고인의 뜻을 따르게 하옵소서. 무엇보다도 주님께서 그것을 원하며 그렇게 할 때 많은 칭찬과 상급을 베풀어 주실 것을 알게 하옵소서.

예수님의 이름으로 기도합니다. 아멘 (지)

하관예배기도(불신자)

　은혜로우신 우리 하나님 아버지, 뜻하지 않은 사고로 하나님의 부르심을 받은 고 ○○○님의 하관예배를 드리고자 저희들은 이곳에 모였습니다.
　갑자기 돌아가셔서 너무나 당혹스러웠지만, 저희들은 이제 마음을 추스리고 '너희는 흙이니 흙으로 돌아가리라'고 하신 하나님의 말씀처럼 고인을 흙으로 돌려보내려 합니다.
　사랑했던 고인과 헤어지게 되는 슬픔이 너무나 커서 힘들어하는 유족들의 마음을 인간의 말로는 위로할 수 없사오니 주님께서 그 마음에 함께하시고, 이들을 친히 위로하여 주시옵소서.
　나는 너희들의 하나님이 되고 너희는 내 백성이 되리라고 약속하신 하나님, 그 말씀대로 친히 이들의 아버지가 되어 주시고, 유족들에게 강건한 믿음으로 영원한 세상을 바라보며 살게 하여 주옵소서.
　인생의 실체는 한 번 가면 다시 못 오는 덧없고 연약한 존재들이며, 아침의 안개와 같고 아침에 피었다가 저녁에 시드는 들의 꽃과 같은 것이 인생임을 깨닫게 하셔서, 영원한 세상과 영생에 대한 소망을 가지고 살게 하옵소서. 그리고 이 세상이 전부가 아니며 이 세상의 삶이 끝나는 순간부터 영원한 다음 세상이 있음을 알게 하옵소서.
　유족들에게 주님의 은혜를 베푸시어 슬픔을 이기게 하시고, 이 시간 이후로 더욱더 주님을 의지하면서 살겠다고 하는 새로운 결단을 갖도록 은총 베풀어 주시옵소서. 그리하여 온 유족들이 하나님의 자녀로 영원한 천국 소망 가운데 살게 하여 주옵소서.
　예수님의 이름으로 기도합니다. 아멘　　　　　　　　　　　(남)

하관예배기도(불신자)

　우리의 연수가 칠십이요 강건하면 팔십이라도 그 연수의 자랑은 수고와 슬픔뿐이요(시 90:10)라고 하신 성경의 말씀처럼, 모든 인생은 수고와 슬픔 가운데 살다가 앞서거니 뒤서거니 하면서 언젠가는 이 세상을 떠나야 할 존재들임을 고인의 죽음을 통해 다시 한번 우리에게 보여주고 있습니다.
　그리고 흙으로 지어진 질그릇 같은 인생들이기에, 이 시간 진행되는 하관예식을 끝으로 저희들은 고인을 흙으로 다시 돌려보내게 됩니다.
　하나님 아버지, 저희들은 고인의 장례를 통해서, 인생들이 이 세상에서 좀 더 넓은 땅을 얻기 위해 새벽부터 밤까지 앞만 보면서 달려가지만, 마지막으로 차지할 수 있는 땅은 한 평밖에 안 된다는 것과 오래 살기 위해 몸부림을 치지만 결국에는 모두 다 한 줌의 흙으로 돌아갈 수밖에 없다는 엄연한 진리를 한 번 더 확인하게 됩니다.
　살아계신 하나님, 이 자리에 둘러선 모든 조객들이 미구에 닥쳐올 자신의 죽음과 함께 또한 죽음 이후의 문제를 생각할 수 있는 지혜를 주시옵소서. 이 세상에서 더 많은 땅을 얻기 위하여 내세를 생각할 여유도 없이 바쁘게 살다가 천국을 포기하는 일이 없도록 심령들을 붙들어 주시기를 원합니다.
　천지만물과 인생의 주인은 하나님이시며, 하나님의 허락이 없이는 어떤 일도 이루어지지 않는다는 사실을 깨닫게 하시고, 이 땅에 사는 날들이 자신의 영혼을 위하여 생명과 부활의 씨를 파종하는 복된 날들이 되게 하여 주옵소서.
　부활과 생명 되신 예수님의 이름으로 기도합니다. 아멘　　　(남)

하관예배기도(불신자)

생명의 주인이 되시는 우리 하나님 아버지, 오늘 뜻하지 않은 사고로 우리의 곁을 떠나게 된 고 ○○○님의 시신을 이 땅에 묻습니다. 아직도 할 일이 많이 남아 있는데 너무나 갑작스럽게 우리의 곁을 떠나니 안타까운 마음을 금할 수 없습니다.

평소에 열심히 땀 흘려 일했고, 늘 밝은 모습으로 긍정적인 생각을 하며 살던 그의 모습을 기억해 봅니다. 늘 우리에게 기쁨을 주었고 용기를 주었던 그의 모습을 이제 더 이상 볼 수 없다고 생각하니 더욱 슬픔이 큽니다.

하나님 아버지, 사랑하는 고인을 한 줌의 흙으로 돌려보내는 유족들의 마음을 위로하여 주옵소서. 이 세상의 그 어떤 말로 이 슬픔을 위로할 수 있겠습니까? 주님의 영으로 그들의 아프고 텅 빈 가슴을 채워주시고 그들의 상처를 치유하여 주옵소서.

지금까지는 죽음이란 우리와 관계없는 것처럼 살았지만, 고인의 돌연한 죽음을 보면서, 이 자리에 모인 우리 모두에게 인생은 어느 누구도 죽음 앞에서 항거할 수 없는 연약한 존재임을 깨닫게 되었습니다. 오직 그리스도 안에 있는 영생을 통해서만 이 죽음의 권세를 이김을 알게 하옵소서.

또 남아 있는 유족들에게 은혜를 베푸셔서 앞으로는 이 험난한 세상을 믿음으로 승리하며 살 수 있도록 힘을 주시고, 주님의 크신 날개로 이들을 품어서 세상에서 보호하여 주시옵소서. 영원한 세상에 대한 소망과 주님께 대한 믿음이 자라가게 해 주시옵소서.

예수님의 이름으로 기도합니다. 아멘   (남)

하관예배기도(불신자)

하나님 우리 아버지, 은혜를 감사합니다. 지금 여기 성도의 가족이신 고 ○○○님의 하관예배를 드립니다. 고인이 예수 그리스도를 영접하지 못한 채 세상을 떠나셨기에 그의 유가족이 못내 아쉬워합니다. 보다 더 진지하게 권하고 전도하지 못한 우리 교회 믿음의 식구들, 이 시간 게으르고 나태했음을 참회하오니 용서해 주옵소서.

아버지 하나님, 이 시간 우리는 매우 비통한 심정으로 고인의 시신을 땅속에 하관합니다. 결국 한줌 흙으로 돌아가는 인생인데 우리가 세상에서 그처럼 힘들게 살아야 했던가 반성하게 됩니다.

고인뿐만 아니라 우리 모두 흙에서 왔으니 흙으로 돌아가야 할 존재들입니다. 모든 욕망과 갈등과 싸움도 다 헛되고 헛된 것뿐입니다. 인류의 모든 수고와 노력으로 찬란한 문명을 건설했다 하더라도 흙으로 돌아가는 사람에게 그것이 무슨 유익이 있습니까. 성경은 우리 인생을 나그네로 표현하고 있습니다. 자신의 삶을 '나그네의 길' '험악한 세월' 이었다고 회고하는 야곱을 통해, 우리의 삶을 뒤돌아보게 하시고 나그네 인생이 되지 않기를 위해 참된 길과 생명으로 인도하실 예수 그리스도께 우리의 인생길을 맡기게 하옵소서. 그분만이 우리를 나그네 길에서 천국의 길로 인도하실 것을 믿습니다.

지금 이 시간 이 자리에, 아직 예수님을 마음에 영접하지 못한 사람이 있다면 주의 성령께서 역사하셔서 구원자이신 예수님을 영접할 수 있는 복을 허락해 주옵소서. 참 생명이신 예수 그리스도를 만나게 하시고 그분으로 인해 인생의 새 출발을 하게 하옵소서.

주 예수 그리스도의 이름으로 기도합니다. 아멘 (우)

하관예배기도(불신자)

거룩하시고 자비로우신 우리의 아버지 하나님 감사합니다.
"어리석은 자는 그의 마음에 이르기를 하나님이 없다 하는도다 그들은 부패하고 그 행실이 가증하니 선을 행하는 자가 없도다"(시 14:1)라고 말씀하셨는데 저희들은 하나님의 엄위하시고 영존하심을 믿을 뿐 아니라 간구할 수 있는 기도의 영을 부어 주심을 감사드립니다.

주여, 지금 여기 우리 교회에서 충성하는 〇〇〇성도의 가족이시고 〇〇〇님의 시신을 땅속에 내려 매장(혹은 화장)하고자 합니다. 땅속에 하관함으로 그 시신은 한줌 흙(재)으로 변할 것입니다. 인생의 연약함을 다시 한번 깨닫는 순간입니다. 누구나를 막론하고 거쳐야 할 일이건만 안타깝고 마음이 심히 어렵습니다. 더욱이 우리의 할 일인 영혼 구원의 사명을 감당치 못함으로 인해 고통스럽습니다. 하나님께서 우리에게 주신 기회를 놓쳤기에 하나님 뵙기가 어렵습니다. 용서해 주시고 이제 우리에게 남겨진 시간을 통해 주의 명령을 준행하는 믿음의 사람들이 되게 해주옵소서.

하나님 아버지, 사람이 흙에서 와서 흙으로 돌아가는 것은 마땅한 것이라 하지만 얼마 전까지 삶을 함께하던 가족이 이곳 찬 흙 속에 눕게 된다는 사실을 유족들이 받아들이기가 어려울 줄 압니다. 착잡한 심정으로 고인의 하관을 지켜보는 유족들의 마음을 위로자이신 하나님께서 위로해 주옵소서. 이제 하관예식을 마치고 하산할 텐데 고인의 떠나간 빈자리로 인해 너무 힘들어하지 않게 하옵소서. 고인이 하시던 가정에서의 모든 일들도 가족들이 협력하여 어려움 당하지 않게 하시고 낙망 가운데 있지 않게 하옵소서.

주 예수그리스도의 이름으로 기도드립니다. 아멘   (우)

하관예배기도(불신자)

　사랑과 은혜가 풍성하신 하나님 우리의 아버지시여, 지금 여기에 우리 교회 ○○○성도의 가족이신 고 ○○○님의 시신을 하관(화장)하려 하고 있습니다. 갑작스러운 사고로 작별 인사도 하지 못한 채 고인을 떠나보낸 유가족들을 위로하여 주시옵소서.
　하오나 하나님께서 인간의 생사화복을 주장하실진대 모든 일이 하나님의 섭리하시고 계획하심 가운데 이뤄짐을 믿게 하여 주시옵소서. 하나님의 시간인 영원이라는 세월 가운데 십 년, 백 년이란 순식간에 불과할 것이옵니다. 그러기에 인생의 장수는 복이요, 단명은 저주라는 생각은 인간의 어리석은 소견인 동시에 하나의 착각에 불과할 것입니다. 모세의 기도에 "우리의 모든 날이 주의 분노 중에 지나가며 우리의 평생이 순식간에 다하였나이다 우리의 연수가 칠십이요 강건하면 팔십이라도 그 연수의 자랑은 수고와 슬픔뿐이요 신속히 가니 우리가 날아가나이다"(시 90:9~10)라고 했사오니 유가족들과 우리 교회 모든 성도들의 마음속에 하나님의 말씀이 살아서 약동하게 해주옵소서. 그리하여 오래 사는 것보다 한순간을 살더라도 주의 말씀대로 사는 것이 복 받은 인생임을 깨닫게 하여 주시옵소서.
　고인이 교회를 다니지 못하고 그리스도를 구세주로 믿지 않는 상태에서 사고를 당해 세상을 떠났다는 사실이 저희들을 안타깝게 하고 있나이다. 고인이 이렇게 빨리 가실 줄 알았다면 좀 더 열심히 전도했어야 했지만 앞일을 예측하지 못한 우둔한 인생들이기에 주님 주신 사명을 다하지 못했음을 용서하여 주시고, 이 안타까운 사고를 거울삼아 이 땅에서 사는 동안 최선을 다하여 복음을 전하게 하옵소서.
　주 예수님의 이름으로 기도합니다. 아멘 　　　　　　　　(우)

하관예배기도(불신자)

　하나님 아버지, 이 시간 이 땅에서 살다가 이 세상을 떠난 고인의 시신이 다시 흙으로 돌아갑니다. 아무 불평도 원망도 없이 이 세상의 생을 마감할 수밖에 없는 유한한 생이기에 우리 곁을 떠나갔습니다.
　세상에서 장막집 같은 자신의 몸을 의지하고 살던 고인이 이제 장막을 벗었습니다. 바람이 심하게 불어 날아가기도 하고, 오랜 비바람에 찢어져 비가 새기도 하던 몸이었습니다. 오랜 병중에 바람도 들고 비도 새며 무한한 우주 가운데 작은 몸 하나 가누지 못하던 세월을 살다가 이제 세상을 떠났습니다. 그래서 사랑하는 유족들의 슬픔과 아쉬움은 더할 나위 없습니다.
　영원한 나라의 주인이신 하나님, 구원받은 자에게 이 세상에서의 장막집이 무너지면 하나님께서 예비하신 영원한 집이 준비되어 있는 것을 알게 하소서. 그 영원한 집을 위해 쉼 없이 달릴 줄 아는 지혜로운 경주자가 되기를 원합니다. 그리하여 생명의 면류관도 함께 얻는 유족들과 우리 모두가 되게 하옵소서.
　땅과 하늘을 지으신 하나님, 이제 고인의 시신을 이곳에 안장하며 주님께 간구합니다. 이렇게 한줌의 흙으로 돌아갈 인생이 세상에서 온갖 피땀을 흘리며 살아왔습니다. 이 모든 수고가 이제는 다 자신의 이름과 함께 이 자리에 묻힙니다. 고인의 사랑과 삶을 유족들과 조객들은 가슴에 묻고 이 산을 내려갈 것입니다. 그 이상으로 하나님을 기억하고 하나님을 가슴에 안고 이곳을 내려가게 하옵소서.
　예수님의 이름으로 기도합니다. 아멘　　　　　　　　　　(희)

하관예배기도(불신자)

　세상의 모든 사람이 태어날 때와 떠날 때가 있고, 빈손으로 왔다가 빈손으로 갑니다. 어떤 이는 조금 더 많이 가지고 살고, 어떤 이는 조금 더 건강하게 삽니다. 이 땅에서 건강을 상실하고 병고에 시달리던 고인이 이제 모든 인생의 여정을 마치고, 마지막 항구에 다다라 고인이 왔던 영원한 대지로 그의 육신은 다시 돌아갑니다.
　다윗은 아들 솔로몬에게 세상의 모든 사람이 가는 길로 가게 되었다고 했습니다. 누구나 다 가는 길을 가지만 그 길의 목적지를 아는 지혜로운 걸음이 되기를 원합니다. 우리의 한걸음 한걸음은 주님과 함께 동행하며 주님의 가신 길을 좇아가는 길이 될 때에 안전하며 복이 있는 삶이 되는 것을 확신하게 하소서.
　세상의 사람들은 우리의 걸음걸이를 봅니다. 그러나 주님은 그 걸음의 목적지를 보고 계신다는 것을 깨닫게 하소서. 이제 고인도 이 세상을 강하게 살았고 최선의 삶을 살았지만 병으로 인한 많은 고통을 당했고, 온 천하를 다 주고도 바꿀 수 없는 생명을 잃었습니다. 이제 그가 세상에서 소유하고 살던 많은 것에 비해 아무것도 아닌 작은 땅으로 돌아갑니다.
　소망의 주님, 이 시간 사랑하는 유족들과 이곳에 둘러서 있는 모든 조객들에게 다시 한번 위로의 주님이 찾아오셔서 그 마음을 두드려 주시고, 그 마음에 하나님 나라의 소망이 넘치게 하소서. 우리 모두가 언젠가 모든 사람들이 가는 그 길로 가야 할 텐데 그 길이 천국의 길이 되게 하소서. 하관을 마치고 가정에 도착할 때까지 하나님께서 동행하시며 위로의 성령이 마음을 감화해 주시기를 원합니다.
　예수님의 이름으로 기도합니다. 아멘　　　　　　　　　　(희)

하관예배기도(불신자)

　우리는 나그네와 같이 세상 어디에도 우리의 영원한 집이 없습니다. 행인과 같이 세상 어디에도 우리의 편안한 자리가 없습니다. 우리 모두가 세상에서 하염없이 걷고 또 걷는 떠돌이에 불과합니다. 세상에서 힘없어 지치고 쓰러지고 갈 곳을 몰라 방황하는 사람이 눈앞에 닥친 죽음의 순간도 알지 못한 채 천년을 살 것처럼 힘겹게 이 땅에서 살아갑니다.
　시간을 정하시고 섭리하시는 하나님, 여기에 나그네와 같이 이 세상에 왔다가 불의의 사고로 세상을 떠난 한 행인 같은 인생을 하나님이 지으신 땅에 돌려보냅니다. 유족들과 평소에 그와 사랑을 나누던 친지, 친구들이 그가 돌아가는 작은 자리를 보며 애석해합니다. 이 지구상에 수십 억의 인구 가운데 한 사람이 방대한 우주의 한 모퉁이에 자신의 몸을 맡기는 이 순간에 주님의 지혜가 이곳에 함께하시고 위로의 영이 임재하시기를 원합니다.
　작은 미물들도 다 자신의 길을 알고 가는데 가는 길을 알지 못하는 어리석음이 우리 가운데 없게 하시고, 작은 풀 하나도 이 자연과 조화하여 창조주를 찬양하며 사는데 창조주 하나님을 알지 못하는 무지가 우리 가운데 없게 하소서.
　사랑하는 사람을 이 차가운 땅에 두고 떠나는 유족들과 이곳에 둘러서 지켜보는 이들에게 위로의 영께서 함께하셔서 고인에 대한 그 사랑을 간직하며 살게 하소서. 홀로 이 땅에 두고 발걸음을 옮겨야 하는 유족들의 발걸음에 힘을 주셔서 그동안의 피곤이 건강을 상치 않게 하소서. 고인이 없는 삶을 주님과 더불어 살 수 있게 하소서.
　예수님의 이름으로 기도합니다. 아멘　　　　　　　　　　(희)

하관예배기도(불신자)

사랑의 아버지 하나님! 사람은 오래 사나 짧게 사나 생명의 아쉬움은 남는 법인가 봅니다.

그렇게 고생하면서 병마에 시달리시던 고 ○○○님은 이제 세상을 떠났사오며 그 유족들은 슬피 울고 있나이다.

여기 잠들어 있는 주검 앞에서 슬프고 안타까운 마음으로 기도드리는 것은 고 ○○○님이 예수님을 영접하지 못한 채 죽음을 맞이한 까닭입니다. 먼저 믿은 우리들이 주님께 인도하지 못한 죄책에 가슴이 미어집니다.

이제 남은 날 동안 모든 사람들에게 복음을 다 전하여 우리 교회 성도들의 가정에서 한 사람도 불신 죽음을 맞지 않도록 부활의 증인이 되게 해주옵소서.

주님이시여! 사랑하는 남편과 작별하고 돌아가야 하는 ○○○집사님을 주님의 자비로운 손으로 붙들어 주셔서 험난한 세상을 꿋꿋이 살아가도록 도와주옵소서.

2남1녀의 자녀들에게 더 큰 믿음 주셔서 아버지가 안 계신 가정을 믿음으로 잘 세워나아가게 하시고, 홀로 계신 어머니에게 더욱 효성을 다할 것을 다짐하며 산을 내려가게 하옵소서. 남은 산역도 도우시는 은혜 가운데 잘 마치게 해주옵소서.

인간을 죄악 가운데서 구원하여 주신 예수님의 이름으로 기도드립니다. 아멘 (수)

하관예배기도(불신자)

　살아계신 주 하나님 아버지시여, 만물을 창조하시고 또한 다스리시며 인간의 생사화복을 주관하시는 주 하나님께 경배를 드립니다.
　이 시간 한 사람의 시신을 하관하는 이 자리에서 다시 한번 하나님의 존재와 그 손길을 생각해 봅니다.
　하나님 아버지, 사고와 질고가 많은 이 땅 위에서 인간의 몸은 질그릇과 같아 부서지고 상하면서 죽음에 이르게 되는 줄을 압니다. 불의의 질고로 고인이 된 한 생명을 통하여 생명의 소중함을 깨달으며 우리에게 생명을 주신 하나님을 경배합니다.
　주권자이신 하나님,
　이 시간 하나님을 믿고 의지하며 살 것을 다짐합니다. 하나님 아버지, 남아 있는 유족들이 하나님을 믿고 의지하면서 살도록 주님을 영접하게 하옵소서. 긍휼을 베푸시옵소서.
　하나님을 알지 못하는 인생의 허무함과 무지함을 극복하고, 믿음안에서 소망 있는 인생으로 살게 하여 주시옵소서. 또한 하나님을 아는 것이 지식의 근본임을 알게 하시고, 하나님을 섬기는 것이 인생의 가장 보람 있는 가치임을 알게 하여 주옵소서.
　하나님 아버지, 모든 인생의 생사가 하나님의 손에 있습니다. 피할 수 없는 죽음이 오기 전에 살아계신 하나님을 알고 믿으면서 사는 복을 허락해 주옵시고. 온 가정이 복음을 전파하게 해주옵소서.
　주 예수 그리스도의 이름으로 기도합니다. 아멘　　　　　　(호)

하관예배기도(불신자)

사랑과 은혜가 풍성하신 하나님, 욥이 고통을 받을 때 "땅은 어두워서 흑암 같고 죽음의 그늘이 져서 아무 구별이 없고 광명도 흑암 같으니이다"(욥 10:22)라고 탄식했나이다. 사랑하는 사람이 병으로 세상을 떠나 이제 그 육신을 땅에 묻기 위해 여기 서 있는 유족들의 심정이 그와 같을 줄로 압니다. 그러나 주님께서는 욥에게 큰 깨달음을 주셨고 그에게 전보다 더 큰 복을 주셨습니다.

주님, 유족들에게 무엇보다도 믿음이 얼마나 소중한 것인지 깨닫게 하여 주옵소서.

고인은 믿음을 받아들이지 않아 우리가 아쉬움 속에서 장례를 치르지만 이제 유족들과 이 자리에 함께한 조객들은 모두 믿음을 가져 주님께서 부르실 때 "나는 선한 싸움을 싸우고 나의 달려갈 길을 마치고 믿음을 지켰으니 이제 후로는 나를 위하여 의의 면류관이 예비되었으므로"(딤후 4:7~8)라고 말할 수 있게 하옵소서.

고인의 육신은 이제 땅에 묻히지만 고인이 선하게 살려고 힘쓴 일은 오래 기억되게 하옵소서. 고인의 도움을 받은 사람들이 많습니다. 그들도 남을 돕기에 힘쓰게 하옵소서. 고인은 원칙대로 살기에 힘쓰고 공의를 실현하기에 힘썼습니다. 그와 같은 정신이 널리 퍼져 나가게 하옵소서.

유족들이 풍랑 이는 세상을 살아갈 때에 갈릴리의 험한 풍파를 잔잔하게 하신 주님, 이 시간 마음에 일어나고 있는 슬픔의 풍랑을 잠재워 주옵소서.

예수님의 이름으로 기도합니다. 아멘 (지)

추모예배기도

† 신자(고인) 10편
† 첫성묘(고인) 1편
† 불신자(고인) 1편

하나님이 그들과 함께 계시리니 그들은 하나님의 백성이 되고
하나님은 친히 그들과 함께 계셔서 모든 눈물을
그 눈에서 닦아 주시니 다시는 사망이 없고 애통하는 것이나
곡하는 것이나 아픈 것이 다시 있지 아니하리니
처음 것들이 다 지나갔음이러라
(계 21:3-4)

추모예배기도

영원히 살아계셔서 저희와 함께하시며 우리를 영생의 길로 인도하시는 하나님 아버지 감사합니다. 오늘 고 ○○○성도의 ( )주기 추모예배를 드리게 되었습니다. 우리들은 고인을 영원히 잊을 수 없기에 천국 가신 그날을 기억하고 그분이 베풀어 주신 사랑이 그리워 이렇게 모였습니다.

고인을 주님께 먼저 보내고 이 땅에 남았던 유족들이 사랑하는 사람을 잃은 슬픔에서 회복되게 하시어 다시금 주님을 믿음으로 이 세상을 살아갈 수 있게 해주심을 감사드립니다.

뿐만 아니라 모든 유족들이 고인의 신앙을 본받아 믿음생활에 더욱 힘쓰며 주님을 더 가까이 하는 아름다운 신앙의 삶을 살게 하시니 감사합니다.

고인은 후손들이 이 세상에서 풍족하고 어려움 없이 잘사는 것도 기뻐하시겠지만 고인이 진정으로 기뻐하는 것은 후손들이 순전한 믿음을 가지고 자신의 신앙을 증거하며 믿음의 길을 가서 마지막날, 하나님 나라에 영광의 입성을 함으로 하나님 아버지를 기쁘게 하는 것이라 믿습니다.

사랑하는 우리 하나님 아버지, ( )주기 추모예배를 드리며 우리가 이것을 다시 한번 생각하게 하시고, 주님 오시는 그날까지 고인과 같이 우리도 신앙의 경주를 하는데 최선을 다하게 하옵소서.

주님께서 이 가정과 늘 함께하시며 인도하여 주시옵소서. 자녀들에게 복을 주시며 부모님께 더욱 효도하는 자녀들이 되게 하시며 서로 사랑하고 격려하며 우애 깊은 형제들로 살아가게 하옵소서.

예수님의 이름으로 기도합니다. 아멘   (남)

추모예배기도

사랑이 많으시고 자비가 풍성하신 하나님 아버지, 오늘 고 ○○○ 성도님의 (　)주기 추모예배로 모이게 하신 것 감사합니다. 고인이 세상을 떠난 지 벌써 몇 해가 지났건만 열심히 살면서 밝고 건강하게 웃으시던 그 모습이 아직도 눈에 선합니다.

고인이 이제는 우리 곁에 계시지 않지만 그의 성실한 삶의 모습과 그의 정신은 자녀들의 마음속에 영원히 기억될 줄로 믿습니다. 고인이 돌아가신 후에 슬픔과 고통이 컸지만 이제는 그 슬픔과 고통을 이겨내고 삶을 개척하며 최선을 다하는 모습을 볼 때에 주님께 더욱 감사드립니다.

이제 유족들에게 믿음의 복을 주셔서 영원히 살아계시고 전지전능하신 하나님을 믿는 믿음을 주시기를 바랍니다. 우리가 세상에 사는 동안 사람의 힘을 의지하지만 어느 누구도 우리를 영원히 지켜 줄 수 없다는 것을 압니다. 하오니 오직 죽음의 권세를 이기신 주님을 믿고 의지하며 살게 하옵소서.

남아 있는 가족들에게 은혜를 베푸시고 특별히 자녀들에게 복을 내려 주시옵소서. 자녀들이 홀로 계신 어머니께 더욱 효도하고 감사하게 하옵소서.

경영하는 사업에도 복을 주시어 물질적으로도 어려움이 없이 살게 하여 주시옵소서. 또한 하나님께서 이 가정의 대소사에 간섭하여 주시며 가장 좋은 길로 인도하여 주시옵소서.

예수님의 이름으로 기도합니다. 아멘　　　　　　　　　　(남)

추모예배기도

우주만물을 주재하시고 섭리하시며 인간의 생사 화복까지도 일일이 다 맡아 주장하시는 하나님, 지금 이 자리에는 ( )년 전에 하나님께서 데려가신 고 ○○○성도(직분)의 ( )주기 추모예배로 모였습니다. "두세 사람이 내 이름으로 모인 곳에는 나도 그들 중에 있느니라"(마 18:20)고 약속하신 만유의 주 예수께서 지금 이 자리에 임재해 계신 줄 믿습니다.

지금 저희들이 마음을 합하여 경건하게 드리는 예배의 찬양을 통해 영광을 받으시옵소서. 하나님의 말씀을 읽고 설교를 들을 때에 큰 감화 감동을 받게 하시옵소서. 그리고 우리가 합심해서 드리는 기도를 다 들어 주시옵소서.

고 ○○○성도께서도 경건한 신앙생활과 충성스러운 교회 봉사를 잘 감당했던 모범적인 성도였습니다. 그러기에 그가 떠나간 교회의 빈자리가 허전함을 더 절실히 느낍니다.

하나님 아버지, 감사하옵는 것은 고인의 자손들이 지금 이 자리에 모여서 진지하게 고인을 흠모하고 있으며, 고인의 훌륭한 유덕을 본받고자 마음의 자세를 낮추고 있습니다. 저들의 장래를 전능하신 하나님께서 이끌어 인도해 주옵소서.

지금 여기 고인을 추모하며 그 신앙을 자손만대에 신앙유산으로 물려줄 것을 다짐하며 결단하는 유족들이 되게 하옵시고, 우리 모두 이 세상을 떠날 때에 향기로운 신앙의 발자취를 남길 수 있게 하옵소서.

예수님의 이름으로 기도합니다. 아멘   (우)

추모예배기도

　위로하시는 하나님, 슬픔 가운데서도 감사와 기쁨을 잃지 않게 하신 하나님의 은혜를 감사합니다. 고 ○○○성도님은 세상을 떠나셨지만 우리의 마음에 살아있게 하심과 참 좋은 가족을 주셔서 예수 믿게 하시고 화목하게 하셨으니 또한 감사드립니다. 이제 고인을 잃은 슬픔 대신 하나님을 아버지로. 예수님을 남편으로, 친구로 모시고 위로하시는 성령님과 더불어 살수 있게 되기를 원합니다.
　의인의 자손은 그 걸음을 여호와께서 정하시고, 그 길을 기뻐하신다고 했사오니 후손들의 그 걸음을 여호와께서 정하시고 기뻐하시는 길을 가게 하소서. 또한 의인의 자손이 걸식하는 것을 보지 못하였다고 하였사오니 고인의 후손들이 늘 물질도 풍성하여 나누어 주는 삶을 살게 하소서.
　하늘의 하나님, 이제는 고 ○○○성도께서 영원하신 하나님 나라에서 하나님과 더불어 사는 것을 우리는 믿습니다. 구주를 생각만 해도 마음이 좋은데 주 얼굴 뵈올 때에야 얼마나 좋겠습니까. 그 영광 주신 것을 감사합니다. 생명수가 강같이 흐르고 사시사철 열두 과일이 열리는 나라에서 천사들의 노랫소리와 함께 영원히 사시는 고 ○○○성도님을 생각하니 우리의 마음도 설렙니다. 사랑하는 유족들과 고인은 영원히 헤어진 것이 아니라 잠시 헤어졌다가 다시 변화된 몸으로 영원히 하나님 나라에서 살 것을 우리는 확신합니다.
　주님 다시 오실 때 기쁘게 만날 수 있게 하소서. 의인들이 들어가는 평안의 침상에 편히 쉬게 하신 하나님의 안식을 감사하며 이 복을 우리도 누리게 하소서.
　예수님의 이름으로 기도합니다. 아멘　　　　　　　　　　(희)

추모예배기도

사랑과 은혜가 충만하신 아버지 하나님! 아버지의 부르심을 받은 고 ○○○성도님이 세상을 떠난 지 일 년이 되는 날을 맞아 유가족들과 생전에 함께 교회를 섬기던 성도들이 그의 유덕을 추모하고자 이 자리에 모여 예배 드리오니 영광과 존귀와 찬양을 받으시옵소서.

고 ○○○성도님의 장례예식을 치를 때는 너무도 슬프고 살아갈 일이 막막했으나 우리 주님은 이 가정을 버려 두지 않으시고 친히 가장이 되시어 지켜 주심으로 아무 염려 없이 일 년을 지나온 것을 생각할 때 감사 또 감사할 뿐입니다. 저가 지상에서 사는 동안 모든 사람들에게 본을 보여준 것처럼 우리들도 고인의 뒤를 따라서 주님의 뜻대로 선하게 살게 하시고 주님의 일을 힘써 행하게 하시옵소서.

고인은 죽음으로 이별을 고했으나 1년, 2년, 세세연년 지나갈수록 주님 앞에서 우리와 만날 날은 다가올 것입니다. 언젠가 그리운 분을 만나 할렐루야로 주님께 영광 돌리는 그날까지 성령께서 도와주옵소서.

지상에서의 이별은 잠깐이려니와 주 앞에서의 다시 만남은 영원한 것인즉 그 영원함이 우리 앞에 있나이다. 더욱 믿음으로 부활을 사모하며 살도록 남은 가족들에게 영적인 유익을 덧입혀 주옵소서.

고 ○○○성도님이 섬기던 교회도 후손들이 그의 믿음을 본받아 잘 섬길 수 있도록 권고해 주옵소서.

주 예수님의 이름으로 기도드립니다. 아멘   (수)

추모예배기도

　우리의 위로자가 되시는 주 하나님 아버지, 고 ○○○성도님이 작고하셨을 때 이별은 슬펐으나 많은 시간이 흘러간 지금 지난날을 돌아보면 모든 일들이 주님의 계획하심이었음을 깨닫습니다.
　인간의 생사화복을 주장하시는 아버지 하나님께 감사와 찬송과 영광을 돌립니다. 고인께서 살아생전에 신앙생활에 본이 되었고 성도들을 사랑으로 섬기며 선한 삶을 살았으매 그의 옛 모습이 더욱 그리울 뿐입니다.
　그립고 보고 싶어하는 모든 가족들에게 주님의 말씀과 성령의 감화로 위로하시고 권고하여 주옵소서.
　고 ○○○성도님이 생전에 남긴 유훈과 가르침을 기억하며 그의 뜻을 따라 사는 자녀손들이 되게 하옵소서. 한 사람이라도 믿음에 시험받지 않게 하시고, 먼저 가신 부모님을 욕되게 하는 후손이 없도록 은총을 베풀어 주옵소서.
　혹, 이 자리에 아직 주님을 영접하지 못한 분이 있다면 성령께서 강권적으로 그의 마음문을 열어 주시사 주님을 마음에 모시어 구원받는 인생이 되게 해주옵소서.
　이 예배의 시종을 주님께 온전히 의탁하옵고, 모든 사람을 구원하시는 우리 주 예수님의 이름으로 기도드립니다. 아멘　　　　　(수)

추모예배기도

영원한 소망이 되신 주 하나님 아버지여, 오늘 이 추모예배 위에 성령이 충만케 하옵시고 하나님께서 찬양과 영광을 받아 주시옵소서.

고인을 하나님 나라로 불러 가신 지 ( )년이 지났지만 이 가정을 한결같은 은혜로 늘 지켜 주시고 인도해 주신 주님의 손길에 감사를 드립니다.

앞서 하나님 나라로 간 고인은 하나님의 안식과 천국의 영광을 누릴 줄 믿습니다. 또한 이 땅에는 여전히 질병과 굶주림과 재난과 죽음이 있지만 고인은 예수 그리스도 안에서 평강과 위로를 누릴 줄로 믿습니다.

우리를 긍휼히 여기시는 하나님 아버지, 이 가정이 소망 가운데서 더욱 발전하게 된 것을 감사합니다. 지극히 거룩한 믿음 위에 자기를 세워가게 하시고 기도하며 살게 하옵소서.

고난의 땅에서, 늘 하나님의 사랑 안에서 자기를 지키며 역경을 만날 때마다 하나님의 긍휼을 기다리는 자세로 승리하게 하옵소서. 자녀들로 하여금 고인이 살아계실 때의 그 열정을 배우게 하시고, 앞으로도 성실하고 건강하게 자라가도록 지켜 주옵소서. 또한 지혜와 총명을 주셔서 학업에 발전이 있게 해 주시고, 전문성을 갖춘 훌륭한 하나님의 일꾼으로 자라게 하옵소서.

지금까지 베푸신 은혜가 놀랍지만 앞으로 남은 때에도 우리의 목자가 되사 늘 인도해 주실 줄을 믿습니다.

주 예수 그리스도의 이름으로 기도합니다. 아멘   (호)

추모예배기도

영원한 소망과 사랑의 주 하나님 아버지여,
　고인이 이 세상을 떠난 지 일 년의 시간이 지난 지금 온 가족들이 하나님 앞에 추모예배를 드리려고 모였습니다. 성령께서 우리 가운데 함께하심을 믿습니다.
　우리는 앞서가신 고인을 천국에서 만나길 소원합니다. 우리의 소망은 오직 예수 안에서 같은 믿음을 가질 때만 가능한 줄 믿습니다. 아직도 예수를 알지 못하는 가족이 있습니다. 하나님께서 그들을 불쌍히 여기시고 그들의 영혼을 속히 불러 주시기를 바랍니다. 한 가족이 한 믿음으로 묶어지게 하시고, 한 소망 안에서 하나님을 섬기는 복을 허락하여 주시옵소서.
　하나님 아버지, 이 땅에 가정을 세우시고 가정 교회를 통하여 영광스러운 전도사역을 이루어가시는 하나님께서 이 가정을 복음으로 무장시켜 크게 사용하여 주시옵소서.
　자녀들이 갖고 있는 재능과 은사들이 잘 개발되고 발전하여 고인이 못다 한 일들을 이루어가게 해주옵소서. 고인이 남기고 간 믿음의 유산들을 이 자손들이 계승해 나아가게 하옵소서.
　이미 천국에 간 고인은 하나님의 영광 안에서 안식을 누릴 줄 믿기에 위로와 소망을 갖습니다. 이 땅에 있는 가족들에게도 풍성한 하나님의 위로와 소망 안에서 살아가게 하시고, 범사에 감사할 일들이 많아지게 하여 주옵소서.
　주 예수 그리스도의 이름으로 기도합니다. 아멘　　　　　(호)

추모예배기도

저희에게 영원한 생명을 주신 주님을 찬양합니다. ( )년 전, 고인이 하나님의 부르심으로 이 세상을 떠나 하나님 나라로 가셨기에, 오늘 이와 같이 모여 추모예배를 드립니다.

고인이 세상을 떠났을 때는 슬픔을 이기기 어려웠으나 이제 시간이 지남에 따라 슬픔이 사라져 가고 우리도 믿음으로 살다가 고인을 다시 만날 수 있다는 소망으로 새로워지게 하심을 감사 드리나이다.

고인이 저희에게 남긴 많은 것들 가운데 특별히 믿음의 유산을 가장 귀히 여기게 하시어 저희들이 세상을 떠날 때는 더 큰 믿음의 유산을 후손들에게 물려주게 하옵소서. 그리하여 저희 가문이 대대손손 믿음의 가문이 되게 하옵소서.

고인이 이 세상에 계실 때 저희들이 고인에게 잘못한 것이 많았고 효도를 다하지 못했음을 회개하나이다. 남아 있는 집안 어른들을 잘 공경하게 하시고 일가 친척이 우애를 나누며 화목하게 지내게 하옵소서. 고인이 다하지 못한 일을 저희가 하게 하시고 특별히 교회 봉사에 힘쓰게 하옵소서. 고인이 저희에게 들려준 많은 교훈들과 믿음의 이야기들을 고인이 살아있을 때는 제대로 실천에 옮기지 못했으나 이제 실천에 옮기기를 힘쓰게 하옵소서.

내년 추모예배 때에 저희들이 더 깊은 믿음과 경건함으로 예배를 드릴 수 있도록 인도하여 주옵소서. 믿음의 역사와 소망의 인내가 저희 가운데 항상 함께 있게 하옵소서.

예수님의 이름으로 기도합니다. 아멘 (지)

추모예배기도

저희 가정에 믿음을 주신 하나님, 감사합니다. 고인의 기일을 맞이하여 추모예배를 드리며 기도하게 하심을 감사 드립니다. 이 추모예배야말로 살아있는 제사인 것으로 믿나이다.

올해는 제사 대신 추모예배를 드리기 위해서 많은 설득과 노력이 필요했고, 아직도 주님을 영접지 못한 친척들이 있으나 성령께서 그들의 마음을 감화시켜 주시어 내년에는 한마음으로 추모예배를 드리게 하옵소서.

주님, 고인이 세상을 떠났을 때 성도들이 베풀어 주신 사랑을 기억하며 감사를 드리나이다. 그 사랑에 힘입어 우리가 이와 같이 예수를 믿는 가정이 되었나이다. 저희도 남을 도우며 사랑을 베풀기에 힘쓰는 가정이 되게 하옵소서. 또한 그때 저희는 알지 못했지만 성령께서 저희에게 한없는 위로를 베풀어 주시고 장례의 절차, 하나하나 함께 하여 주신 것을 감사 드리나이다.

"한 알의 밀이 땅에 떨어져 죽지 아니하면 한 알 그대로 있고 죽으면 많은 열매를 맺느니라"(요 12:24)는 말씀이 진리인 것을 다시 한번 깨닫나이다. 고인의 죽음은, 땅에 떨어져 죽은 한 알의 밀알이 되어 이같이 믿음의 열매를 많이 맺었음을 감사 드리나이다.

주여, 이제 저희 가정이 걷는 믿음의 길을 지켜 주옵소서. 흔들리지 않게 하시고 곁길로 가지 않게 하옵소서. 에녹과 같이 주와 동행하는 삶을 살게 하옵소서. 오늘 우리는 고인이 바르게 살기 위해서 힘쓰던 모습을 다시 한번 기억합니다. 그 모든 것을 잘 이어받게 하시고, 그 위에 믿음을 덧입게 해주옵소서.

예수님의 이름으로 기도합니다. 아멘 (지)

추모예배기도(첫 성묘)

    우리의 힘이신 여호와 하나님, 사랑하는 고인을 잃은 슬픔을 이제 거두시고 다시 마음에 평안을 주시니 감사합니다. 경황없는 장례식에 어찌할 바를 몰랐지만 유족들 곁에 고인을 극진히 사랑하며 유족들을 아끼고 염려하는 많은 사람을 두신 것을 감사드립니다. 또한 주님께서 유족들을 떠나지 않으시고 때마다 적절한 은총으로 함께하셔서 위로하시며, 모든 장례 절차가 은혜로이 끝나게 하심을 감사드립니다.
    슬픔을 당했지만 그 속에서 하늘에 더 큰 소망을 두게 하심과 특별히 이번 기회를 통하여 하나님의 말씀으로 위로받게 하심을 감사합니다. 이제부터 모든 유족들이 하나님의 살아계심을 믿으며, 예수님이 우리의 구주가 되심을 믿고, 하나님 나라를 소유하며 살게 하소서. 유족들의 마음에 아직도 슬픔이 남아 있습니다. 속히 이 슬픔을 극복하고 이전보다 더 사랑하며 더 건강한 삶을 살게 하소서. 고인이 없는 자리를 하나님이 친히 채워 주시고, 마음의 빈자리를 믿음의 열매로 가득한 곳간처럼 채워 주소서. 고인이 이 세상에 계실 때보다 가족들을 더 화목하게 하시고 사업도 잘되게 하셔서 하나님이 이 가정의 주인이심을 알게 하소서.
    고인을 사랑하는 마음이 변치 않게 하시고 남겨 놓으신 사랑과 유업을 잘 이어받아 길이길이 가문을 빛내는 후손들이 되게 하소서. 이제 이 가정에서 하는 모든 사업과 이 가정의 계획들을 주님이 친히 도와주시기를 원합니다. 예수 믿는 자가 잘되는 것을 체험하며 전할 수 있는 가정이 되게 하소서.
    예수님의 이름으로 기도합니다. 아멘   (희)

추모예배기도(불신자)

　알파와 오메가가 되시는 하나님 아버지여, 지금 여기에 주님의 이름으로 모여 추모의 예배를 드리오니 열납해 주시옵소서. 아쉽게도 고인이 주 예수그리스도를 믿지 않고 세상을 떠났나이다.
　그러나 지금 이 가정 식구들이 교회에 다니며 신앙생활을 잘하고 복음의 진리를 깨달으매 제사 드리는 전통에서 하나님 앞에 추모예배로 드리는 신앙의 결단을 했습니다. 하나님께서 기뻐 받으시고 모든 영광을 홀로 받으옵소서. 그리고 이 자손들의 그 결단력을 크게 칭찬해 주시고 미래에 놀라운 복으로 채워 주옵소서.
　하나님께서 "그가 나를 사랑한즉 내가 그를 건지리라 그가 내 이름을 안즉 내가 그를 높이리라 그가 내게 간구하리니 내가 그에게 응답하리라 그들이 환난 당할 때에 내가 그와 함께 하여 그를 건지고 영화롭게 하리라"(시 91:14~15)고 약속하셨사오니, 이 가정의 온 식구들에게 그대로 적용해 주시옵소서.
　고인의 자손들과 여기 모인 추모객들에게 영적인 귀가 열려서 고인이 외치는 유언도 다 듣게 해주옵소서. "내가 이제 세상 모든 사람이 가는 길로 가게 되었노니 너는 힘써 대장부가 되고 네 하나님 여호와의 명령을 지켜 그 길로 행하여 그 법률과 계명과 율례와 증거를 모세의 율법에 기록된 대로 지키라 그리하면 네가 무엇을 하든지 어디로 가든지 형통할지라"(왕상 2:2~3) 하신 말씀은 모든 사람 즉, 이미 세상을 떠난 사람이나 이제 막 떠나려 하는 사람이 사랑하는 자녀손들에게 혹은 측근자들에게 남기고 싶은 유언의 본체일진대 여기 모인 우리들이 다 그대로 받아 순종하게 하시옵소서.
　예수님의 이름으로 기도합니다. 아멘　　　　　　　　　　(우)

내가 진실로 진실로 너희에게 이르노니
내 말을 듣고 또 나 보내신 이를 믿는 자는 영생을 얻었고
심판에 이르지 아니하나니 사망에서 생명으로 옮겼느니라
- 요한복음 5장 24절 -

장례예식기도

2002년 9월 10일 초판 1쇄 발행
2023년 12월 10일 초판 8쇄 발행

지은이 | 홍순우 이성희 한명수
　　　　이용호 장차남 유관지
펴낸이 | 황성연
펴낸곳 | 한국문서선교회
등 록 | 1981. 11. 12. NO. 2020-000012호
주 소 | 경기도 파주시 혜음로 883번길 39-32
이메일 | mission3496@naver.com
디자인 | 청우(열린유통, 한문선) 황인애
전 화 | 031)947-7777
팩 스 | 0505-365-0691
ISBN　 | 89-8356-189-0-03230

잘못된 책은 바꾸어 드립니다.
판권 본사 소유